EGYPT EXPLORATION SOCIETY

GREEK OSTRACA
IN THE BODLEIAN LIBRARY AT OXFORD
AND VARIOUS OTHER COLLECTIONS

EDITED BY
JOHN GAVIN TAIT

VOLUME I

LONDON
Sold at
The Offices of the EGYPT EXPLORATION SOCIETY, 13 *Tavistock Square, W.C.* 1
and RIVERBANK LODGE, ANTRIM, NEW HAMPSHIRE, U.S.A.
also by
BERNARD QUARITCH, 11 *Grafton Street, New Bond Street, W.* 1
OXFORD UNIVERSITY PRESS, *Amen House, E.C.* 4, *and*
114 *Fifth Avenue, New York, U.S.A.*
CAMBRIDGE UNIVERSITY PRESS, *Fetter Lane, E.C.* 4
KEGAN PAUL, TRENCH, TRUBNER & CO., 38 *Great Russell Street, W.C* 1
GEORGE SALBY, 65 *Great Russell Street, W.C.* 1
1930

3 Doughty Mews, London WC1N 2PG.
also Sold by
BERNARD QUARITCH LTD.
5/8 Lower John Street. Golden Square
London W1V 6AB.

Reprinted in Offset by Anton Hain KG.
Meisenheim/Glan
Western Germany.
1973.

PREFACE

LIKE Part I of the Tebtunis Papyri, published in 1902, and Part III of the same series, now in course of preparation, the present volume deals with material in the discovery of which the Egypt Exploration Society was not concerned. This material is the Greek Ostraca which are preserved in various British libraries and museums and have been deciphered by Mr. J. G. Tait. Their publication, which, though obviously desirable, might perhaps have been a matter of some difficulty, was felt to be an undertaking which could very suitably be sponsored by the Graeco-Roman Branch; and it has been substantially assisted by generous contributions from All Souls College, Oxford, and the University Library of Cambridge.

The great majority of the ostraca included in the present volume consists of those in the Bodleian Library (Ptolemaic period) and the Ashmolean Museum, Oxford, the Cambridge University Library, and the Flinders Petrie collection at University College, London. A second volume will contain the Bodleian ostraca of the Roman and Byzantine ages, together with the indices to the whole work.

A temporary departure has been made from the usual format of the Graeco-Roman Memoirs, which was unsuitable to the brevity which commonly characterizes texts inscribed upon ostraca.

A. S. HUNT.

QUEEN'S COLLEGE, OXFORD,
23 *May*, 1929.

I wish to thank Professor Hunt and Mr. H. I. Bell for the assistance which I have received from them in the revision of the proofs of this volume. I have also to express my gratitude to the staff and employees of the Clarendon Press for having successfully overcome the difficulties involved in the printing of matter of this nature, difficulties which I am better able to realize now that I am myself employed at the Press. I regret the delay in the appearance of the present volume, due chiefly to my own delay in returning the proofs, but of course my duty to my employers had to come first, and for the same reason I can promise nothing as to when the second volume will be ready.

It seems proper to insert here also an acknowledgement to the Carnegie Trustees for the Universities of Scotland, who enabled me to remain at Oxford until I had completed the transcription of the ostraca.

J. G. TAIT.

OXFORD, *July*, 1929.

CONTENTS

(VOLUME I)

ABBREVIATIONS

of names of books quoted in notes in this volume

Archiv = *Archiv für Papyrusforschung.*

B. G. U. = *Ägyptische Urkunden aus den königlichen Museen zu Berlin; Griechische Urkunden*, I–VII.

J. E. A. = *Journal of Egyptian Archaeology.*

M. Chrest. = *Grundzüge und Chrestomathie der Papyruskunde*; Zweiter Band, *Juristischer Teil*; Zweite Hälfte, *Chrestomathie*, von Ludwig Mitteis.

Meyer, G. T. = Paul M. Meyer, *Griechische Texte aus Ägypten* (Part I, papyri; Part II, ostraca).

O. Brüss. = P. Viereck, *Ostraka aus Brüssel und Berlin.*

O. G. = Dittenberger, *Orientis Graeci Inscriptiones Selectae.*

O. Strassb. = P. Viereck, *Griechische und Griechisch-Demotische Ostraka der Universitäts- und Landesbibliothek zu Strassburg im Elsass.*

P. Amh. = Grenfell and Hunt, *Amherst Papyri.*

P. Bad. = F. Bilabel, *Veröffentlichungen aus den badischen Papyrus-Sammlungen.*

P. Cairo Preis. = Preisigke, *Griechische Urkunden des ägyptischen Museums zu Kairo.*

P. Fay. = Grenfell, Hunt, and Hogarth, *Fayum Towns and their Papyri.*

P. Flor. = *Papiri Fiorentini*, ed. Vitelli and Comparetti.

P. Grenf. I = B. P. Grenfell, *An Alexandrian Erotic Fragment and other Greek papyri.*

P. Grenf. II = Grenfell and Hunt, *New Classical Fragments and other Greek and Latin papyri.*

P. Gurob = J. G. Smyly, *Greek Papyri from Gurob.*

P. Hibeh = Grenfell and Hunt, *Hibeh Papyri.*

P. Leiden = Leemans, *Papyri Graeci Musei Antiquarii Publici Lugduni-Batavi.*

P. Lips. = Mitteis, *Griechische Urkunden der Papyrussammlung zu Leipzig.*

P. Lond. = *Greek Papyri in the British Museum*, ed. Kenyon and Bell.

P. Oxy. = Grenfell and Hunt, *Oxyrhynchus Papyri.*

P. Paris = Brunet de Presle, *Notices et Extraits des Manuscrits Grecs de la bibliothèque impériale* 18 (2). 1865.

P. Petrie = Mahaffy and Smyly, *The Flinders Petrie Papyri.*

P. Ryl. = Johnson, Martin, and Hunt, *Catalogue of the Greek Papyri in the John Rylands Library, Manchester.*

P. S. I. = *Papiri Greci e Latini* (*Pubblicazioni della Società Italiana*).

P. Tebt. = Grenfell and Hunt, *Tebtunis Papyri.*

Rev. Mél. = EUGÈNE REVILLOUT, *Mélanges sur la Métrologie, l'Économie Politique, et l'Histoire de l'Ancienne Égypte.*

Savigny Zeitschrift = *Zeitschrift der Savigny-Stiftung für Rechtsgeschichte* (*Romanistische Abteilung*).

S. B. = F. PREISIGKE, *Sammelbuch Griechischer Urkunden aus Ägypten.*

S. I. G. = DITTENBERGER, Sylloge Inscriptionum Graecarum.

Stud. Pal. = C. WESSELY, *Studien zur Paläographie und Papyruskunde.*

Theb. = *Theban Ostraca* (*University of Toronto Studies*), Part III, *Greek Texts*, ed. J. G. MILNE.

U. P. Z. = U. WILCKEN, *Urkunden der Ptolemäerzeit.*

W. Chrest. = *Grundzüge und Chrestomathie der Papyruskunde*; Erster Band, *Historischer Teil*; Zweite Hälfte, *Chrestomathie*, von ULRICH WILCKEN.

W. Grundz. = Ditto, Erste Hälfte, *Grundzüge.*

W. O. = U. WILCKEN, *Griechische Ostraka aus Ägypten und Nubien.*

When the abbreviation 'W. O.' occurs without the number of the volume the reference is to the numbering of the texts published by Wilcken, not to that of the pages.

'Ashm.', 'Petrie', and 'Camb.' refer to Parts II, III, and IV of the present volume.

SIGNS AND ABBREVIATIONS

L or ʃ = ἔτος.
/ = γίνεται or γίνονται.
ϐ = ὧν.
∠ or ʃ = ἥμισυ.
β' = δίμοιρον.
d = τέταρτον.
χ = χαλκοῦς.
χ^{β} or ν = 2 χαλκοῖ = ¼ ὀβολός.
c or c' = 4 χαλκοῖ = ½ ὀβολός.
— = ὀβολός.
═ = 2 ὀβολοί.
ϝ = 3 ὀβολοί.
F = 4 ὀβολοί.
Ϝ = 5 ὀβολοί.
⊢ or ϛ or ϛ = δραχμή.
✕ = δηνάριον = 4 δραχμαί.
Λ̄ = τάλαντον.
϶ = κεράτιον.
ϡ = πυροῦ.
—o = ἀρτάβη.
ϒ = ἄρουρα.
$\overset{\mu}{o}$ or ō = ὁμοίως.
$ϛ^{\delta}$ = ἄνδρες.
ῑ or ⊤ = δεκανός.

Square brackets [ ] indicate lacunae in the original. Round brackets ( ) indicate the resolution of abbreviations. Angular brackets 〈 〉 enclose letters omitted by mistake in the original. Double square brackets ⟦ ⟧ enclose letters deleted in the original. Letters left undeciphered are indicated by dots. Letters with dots placed under them are either indistinctly written or incompletely preserved in the original, or doubtfully deciphered. A blank space within a bracket indicates that the number of letters lost cannot be determined. (I have not attempted to distinguish between letters indistinctly formed when the text was originally written, and those which have become indistinct through subsequent mutilation or effacement of the text, or between cases where, although a particular letter may be indistinct, there is no real doubt, in view of the context, as to what letter was meant, and those which remain doubtful. The method of underlining mutilated letters, recently adopted by some editors, was unknown to me at the time when I made my copies of the ostraca. Letters are only placed within square brackets when no trace of the letters is visible.) It will of course be understood that accents, breathings, iota subscripts, and punctuation are not in the originals, but have been supplied by the editor.

PART I

OSTRACA OF THE PTOLEMAIC PERIOD IN THE BODLEIAN LIBRARY.

NOTE.—Most of the Ptolemaic ostraca here published were originally copied by Professor Grenfell. They are now published for the first time, with the exception of nos. 49, 92, 106, 236, and 237, which were published by Professor Sayce and are reproduced in Preisigke's *Sammelbuch*, and of no. 277, which has been published (from my copy) by P. M. Meyer. Those of the ostraca now in the Bodleian which are included in the publications of Wilcken and Milne are not reproduced here.

The Inventory Numbers assigned to the ostraca in the 'Handlist of Greek Inscriptions' are inserted in brackets.

Most of the ostraca are from Thebes, or presumed to be so in the absence of evidence to the contrary.

The translations of the Demotic texts of the bilinguals have been supplied by Sir Herbert Thompson.

The ostraca in the Bodleian of the Roman and Byzantine periods are intended to be published in the second volume, which will also contain the index to the whole work.

NOS. 1–139. RECEIPTS FOR PAYMENTS IN MONEY.

1 [2868]. 21st November 274 B. C.

Lιβ μηνὸς Θῶυτ κβ ἔχει Ἀ̣- ²ριστοτέλης παρὰ Σαμ̣- ³πᾶ Ψοσνᾶ εἰς τὸ τέλος ⁴τοῦ Μεσορὴ ⊢ε̣.

Ἀριστοτέλης same as in W. O. 1335. For the formula cf. also W. O. 343, O. Strassb. 174–5, B. G. U. 1328–9, 1416, P. Leiden Q, P. Hibeh 100–1, 104, P. S. I. 323, 358, all third century B. C. This is probably the earliest extant Greek ostracon from Egypt, as from the archaic character of the handwriting the reign can only be that of Philadelphus.

2 [2200]. 6th January 272 B. C.

Lιγ Ἀθὺρ θ ἔχει Ἀρισ- ²τοτέλης παρὰ Σ̣ισύιτος ³εἰς τὸ τέλος τοῦ Φαῶφι ⁴⊢β.

Cf. no. 1.

NOS. 3–24. RECEIPTS FOR SALT-TAX.

3 [2161]. 27th September 257 B. C.

Lκθ Μεσορὴ ζ πέπτωκεν ²ἁλικῆς διὰ Κλειτάνδρου ³Θ̣ευδ̣ώρου ⁴Εἰρηνι̣ ∫ ⁵Ι̣ . . . μ̣αν̣ο̣ς̣ ∫ ⁶. . . . . ∫.

Κλείτανδρος same as in nos. 4 and 5, W. O. 313, 1337, 1493–4, Meyer ostr. 7; but the father's name Θευδώρου occurs only here.

4 [1267]. 11th March 256 B. C.

Lκθ Τῦβις ιζ [2]πέπτωκεν ἀλικ- [3]ῆς διὰ Κλειτάνδρου [4]. . . . Ἀρουαστῆς [5]. . ⊢α∫. [6](Demotic) 'Har . . . . son of . . . . salt . . . . [7]Year 2(?)9, Tybi (?) 17. [8]Signed Psen . . . . .'

5 [2133]. 29th June 256 B. C.

Lλ Παχὼνς ζ πέ- [2]πτωκεν ἀλικῆς [3]διὰ Κλειτάνδρου [4]Τιπηλλόλιος ⊢α. [5](Demotic) 'Year 29 Pachons 7 Ti-py-ta-elole ½ kite for the . . . . [6]Signed Thotorches (?). Signed Psenminis ½ kite. [7]Signed Sheshik [son of] Phibis ½ kite'.

Verso (Demotic) 'Pachons 7 Ti-py-ta-elole ½ kite. Signed Horus (?)'.

The name Ti-py-ta-elole = Τιπηλλόλιος is explained by Thompson as a variant of Ταπελᾶλις.

6 [2877]. 9th August 256 B. C.

Lλ Παῦνι ιη [2]πέπτωκεν ἀλι- [3]κῆς διὰ . . . ρ . . . [4]. . . . .

7 [1874]. 15th November 256 B. C.

Lλ Θῶυτ κα [2]πέπτωκεν [3]ἀλικῆς διὰ Πτο- [4]λεμαίου Θοτσύ- [5]τομ Παλλύων ∫—c. [6](Demotic) 'Thotsutmis . . . . . for the salt (?) of year 2(?)9. Signed [7]Amenarteis (?), year 30 Thoth 21. [8]Signed Psenminis . . . . Thoth 21, the . . . . [9]Signed . . . son of Horus'.

Πτολεμαῖος same as in W. O. 314.

8 [2158]. 24th June 255 B. C.

Lλα Παχὼνς β [2]πέπτωκεν ἀλικῆς [3]διὰ Πολιάνθου . . ς [4]Ταυβά-στις . [[5](Demotic) 'Taubastis through Pbekis kite ½, the salt of year 30. [6]Signed Psentotoes (?)'.

Πολιάνθης same as in 9 and 10, W. O. 1340.

9 [2150]. 6th August 255 B. C.

Lλα Παῦνι ιε πέ- [2]πτωκεν ἀλικῆς [3]διὰ Πολιάνθου Κάρ- [4]νις . . . ρβωις ⊢α. [5](Demotic) 'The tax, ½ kite, of salt, year 30. [6]Signed . . . . ortais (?), year 30 Payni 15. [7]Signed Psen . . . . [8]Payni (?) 15 for kite ½. Signed [9]Hor son of Esminis'.

10 [2862]. 21st June 251 B.C.

L λε Φαρμοῦθι λ̄ πέ- ²πτωκεν ἁλικῆς διὰ Πο- ³λιάνθους Ἑριεῦς . . . . ϛ.

11 [2148]. 24th May 242 B.C.

L ϛ Φαρμοῦθι δ̄ ἁλι- ²κῆς διὰ Σωστράτου ³Παβ̣ο̣ῦχις ⁴Μα̣α̣ν̣ . . . . . ⁵⁻⁶Demotic, illegible.

Σώστρατος same as in W. O. 305 &c. The ostraca in which he is mentioned are all to be assigned to the reign of Euergetes. Παβοῦχις possibly same as in W.O. 307.

12 [2159]. 242 B.C.

L ϛ Ἐπεὶφ [². . . . . ασαρ . [³ἁλικῆς διὰ Σ[ωστράτου ⁴Σ̣τ̣ενπ̣νεβ[

13 [2860]. 11th June 239 B.C.

L θ Φαρμοῦθ̣ι ²κ̄γ̣ ἁλικῆς διὰ ³Σωστ̣ράτου ⁴Θ̣οτορταῖος ϛ—.

14 [2149]. 21st June 236 B.C.

L ιβ Παχὼν δ̄ ἁλικῆς ²ἐρεῶν ῥαβδοφορικοῦ Σω- ³στράτωι Ἁρπαῆσις α—εν ⁴Τσεν̣θ̣ώυτις ϛ=ν. ⁵(Demotic) 'Signed Harsiesis, kite 1½'.

1 δ corrected from γ. 5 There is an error in the arithmetic; 1 dr. 1¾ ob. + 5¼ ob. = 2 dr. 1 ob., not 3 dr. The tax ῥαβδοφορικόν is new; for ῥαβδοφόροι cf. U. P. Z., p. 124, and for ἔρια W. Grundz. 245. The dative Σωστράτωι, instead of the usual διὰ Σωστράτου (sc. βασιλεῖ διὰ Σωστράτου), implies that the payment was made to Σώστρατος, and consequently that the receipt was issued by Σώστρατος. Otherwise W. O. i. 67, but it is incredible that the tax-farmers should have been required to pay separately into the bank each separate sum which they had received and to obtain for it a separate receipt on a potsherd. The persons named in the demotic dockets are not τραπεζῖται, since the βασιλικὴ τράπεζα could not have been entrusted to Egyptians ignorant of the Greek language, but rather subordinates of the tax-farmer.

15 [2858]. 5th August 235 B.C.

L ιγ Παῦνι ῑθ̄ ἁλικῆς ²διὰ Σωστράτου ²Πα̣μ̣ῆς ³Ἁρσιήσιος ϝ. ⁴(Demotic) 'Signed Harsiesis for ⅓ in year 13'.

⅓ kite = 4 obols.

16 [2151]. 21st April 234 B.C.

L ιδ Φαμενὼ̣θ̣ γ̄ ἁλικῆς ²διὰ Σωστράτου κα̣ὶ̣ ἐρ̣ε̣ῶ̣ν̣ ³Ἀρ̣οῆρις ⊢ ασν. ⁴(Demotic) 'Signed Amenothes, year 14 Phamenoth . . .'.

17 [1168]. 25th April 232 B.C.

L ιϛ Φαμενὼθ η̣ ²ἁλικῆς ῥαβδ̣ο̣φορικοῦ ³Σωστράτ̣ω̣ι̣ ⁴Ἑριεῦ̣ς̣ . . . . ⁵. . . . . ⁶/ . .

18 [2131]. 245 or 220 B.C.

Lγ Παχὼνς ᾱ [2]πέπτωκεν [3]ἁλικῆς διὰ Διο- [4]νυσοδώρου [5]Τσọνθῶνθ ς. [6](Demotic) 'Senthout (?) for the salt (?) . . [7]Signed (?) Ns-Hor (?) Pachons 1 (?)'.

19 [2132]. 245 or 220 B.C.

Lγ Παχὼνς κη̄ [2]διὰ Διονυσοδώρου [3]ἁλικῆς Πατεορπρῆ ⊢α. [4](Demotic) 'Petearpres [son of] . . . . . . kite ½ (?) the salt (?) [5]. . . . .'

20 [2902]. 245 or 220 B.C.

Lγ Π̣α̣ῦνι κη̄ διὰ Δι- [2]ονυσοδώρου ἁλικῆς [3]Ψ̣ε̣νασοῦχε ⊢α. [4](Demotic) 'Psenbuchis and Peteubastis, kite ½, salt of year . . .'.

Ψενασοῦχε variant of Ψενασῦχις; not the same as the Psenbuchis of the demotic text.

21 [2147]. 236 or 211 B.C.

Lια Χọίαχ̣ [2]κβ̄ ἁλικῆς [3]διὰ Μένωνος [4]Ἀπολλώνιο̣ς̣ [5]Καλλικράτους [6]ς—.

22 [2241]. Third century B.C.

[L . . Π]α̣χὼνς ιθ̄ πέπτω- [2][κεν ἁ]λ̣ι̣κῆς διὰ Ἀ̣σκληπιά- [3][δου π]α̣ρὰ Θεọδώρọυ Πμοίς [4]⊢ας, [5]Σ̣εννα̣ῖος ς.

To the right of lines 4–5, two lines demotic 'Signed Pamuthes . . . . [2]. . . salt . . . . .'. Instead of the usual formula πέπτωκεν ὁ δεῖνα we have here more correctly πέπτωκεν παρὰ τοῦ δεῖνος.

23 [386 + 387]. Coptos, 13th May 250 B.C.

Lλϛ Φαμενὼθ κᾱ πέ- [2]πτωκεν ἁλικῆς Κόπτου [3]εἰς τὸ λϛL διὰ Ἀπολ- [4]λωνίου παρ̣ὰ Θατρῆς [5]Πι̣σ̣ήνιος ς. [6](Demotic) 'Psenminis son of Pasemis (?), year 35 [7]Phamenoth day 21'.

5 Πισῆνις perhaps variant of Πασῆνις; not the same as the Πασῆμις of the demotic text. 6 'The year "35" is not quite certain; it could conceivably be 36, but I think not. The "5" is edged in on the margin of the ostracon and rubbed.' (Thompson.)

24 [2154]. Coptos, 246 or 221 B.C.

Lβ Παχῶνος κϛ̄ [2]πέπτωκε διὰ Πτο- [3]λεμαίου ἁλικῶν Κό- [4]πτου παρὰ Θοτορταί- [5]ου τοῦ Ψεγχώνσιος ⊢α [6]Σεγχῶνσις γυ(νή) ς. [7](Demotic) 'Signed Psen-minis (?) son of Nechutes, year 1 Pachons 26'.

The receipts for ἁλική in this collection are all earlier than the reign of

Epiphanes, who, according to the Rosettana, abolished some taxes and reduced others; but the continued existence of the ἁλική is attested by papyri of the Roman period from the Fayûm, where, however, it was paid by those persons only who paid the poll tax at the maximum rate of 40 drachmae.

25 [1801]. 268 or 230 B.C.

L ιη Παχὼνς [2]*κα ἐρεῶν διὰ Ἀπολλω-* [3]*νίου Ἁροῆρις* ʃ*cν* [4]*. α . κων —c.* [5]Demotic, illegible.

Απολλώνιος same as in W.O. 1624.

26 [2222]. 31st October 230 B.C.

L ιη Θῶυτ ιβ [2]*ἐρεῶν διὰ Σωστρά-* [3]*του Τσενχῶνσις* [4]ʃ*cν.*

Τσενχῶνσις variant of Σενχῶνσις.

27 [2153]. Third century B.C.

Ἐπὲφ κζ Ψενμῖν [2]*ἐλαίου διὰ Μίγαχ* [3]*ϝ.*

Apparently not Μιγ. υς as in O. Strassb. 2.

28 [2152]. Third century B.C.

Λάγως ἐλαί- [2]*ου τοῦ Παῦνι ϝ.*

Cf. W.O. 1230, 1236, P. Hibeh 112–13, Rev. Mél. 202.

29 [2155]. 244 (?) B.C.

L δ Παῦνι ε [2]*Πασχεῦς ελικης* [3]*διὰ Φανίου ⊢α.* [4](Demotic) 'Signed Min (?). . . .'.

ελικης miswritten either for ἁλικῆς or for ἐλαικῆς.

30 [1320]. Third century B.C.

Ψενμει . . ἐπαγο- [2]*μένων =.*

Name of tax omitted.

31 [1202]. 29th March 249 B.C.

Μεχὶρ ζ [2]*πέπτοκεν Διοκλεῖ χωμα-* [3]*τικὸν εἰς τὸ λϛ L Χεσο(   ) παρ' Ἑρ-* [4]*μνεομήνιος ⊢ τέσσαρας.*

2 Read πέπτωκεν Διοκλεῖ = 'paid to Diocles'; for the use of the dative cf. B.G.U. 1326–7. The date was probably Mecheir 7 of the 37th (revenue) year. The place-name Χεσο(   ) is otherwise unknown. The tax called χωματικόν in the third century B.C. was a burden on land, and therefore entirely distinct from the χωματικόν of the Roman period. In the second century B.C. the Greek name of the tax was displaced by the Egyptian name ναύβιον. (P. Tebt. 5, 76, 119.)

32 [2463]. 1st December 232 B.C.

L ιϛ Φαῶφι ιγ [2]*Φιλοκλῆς Νίκωνος* [3]*τῶν ὑπαρχόντων αὐτῶ[ι]* [4]*ἀμπελώνων ἐν τῶι κά[τω]* [5]*πεδίωι τὸ γεινόμενο[ν]* [6]*εἰς τὴν Ἀριστολάου [δω]-* [7]*ρεὰν τ[. . . .] . . υτε [* [8]*κ[*

Φιλοκλῆς same as in 148, W.O. 1253, 1338, 1489, 1491. For δωρεαί cf.

Rostovtzeff *A Large Estate*, also B. G. U. 1415, O. Strassb. 294. Ἀριστόλαος is otherwise unknown. After [δω]ρεάν apparently not τοῦ οἴνου as in O. Strassb. 294. For ὑπάρχειν cf. Archiv viii. 80.

33 [1207]. 238 or 213 B. C.

L ι . . Ἐπεὶφ κδ [2]*ἀμπε̣λ̣ι̣κῶν θL* [3]*Ἀπολλ̣ώ̣νιος Κα̣λ̣λ̣ι-* [4]*κράτο̣υ̣ς̣ εἰς κςc κζ[* [5]*Ἡλιόδωρος.*

For the tax cf. W. O. 1338; it was probably synonymous with the ἐπαρούριον. Ἀπολλώνιος same as in 21, 34, 35, 147. Ἡλιόδωρος perhaps same as in Theb. 7 and O. Strassb. 7. εἰς κςc = at 26½ obols to the stater.

34 [2173]. 29th March 231 B. C.

Lιζ Μεχεὶρ ια [2]*εἰς τ̣ὸ̣ ιςL Χαρακβί̣ο̣υ̣* [3]*Ἀπολλώνιος Κα̣λ̣λ̣ικρ̣ά̣τ̣ο̣υ̣ς̣* [4]*ηβν. ιεL ὁ αὐτὸς α𐅵cν.* [5]*Λυσίμαχος.*

Name of tax omitted. The place-name Χαρακβίου is otherwise unknown. Λυσίμαχος same as in W. O. 1491.

35 [1555]. 18th August 221 B. C.

Lβ Ἐπ̣ε̣ὶ̣φ ς πέπτωκεν [2]*ε̣ἰ̣ς τὸ . . . κ̣ο̣ν τοῦ βL Ἀ̣π̣ο̣λλώνιος* [3]*Καλλικρ̣ά̣τους ⊢ δέκα / ι. Μ̣έ̣ν̣ω̣ν.* [4]*Τρύφων.*

Name of tax illegible.

36 [1319]. 230(?) B. C.

Lιη Φαῶφι ιη π̣έ̣(πτωκεν) νιτρ̣ι̣- [2]*κῆ̣ς̣ π̣αρὰ Ὥρου τοῦ Π . χ . . .* [3]*εἰς τὸν . . . . . . ⊢κ.*

For νιτρική cf. W. Grundz. 252.

37 [2230]. 237 or 212 B. C.

[[*Lι . . . . π̣έ̣π̣τωκεν*]] [2]*Lια̣ Ἐπεὶφ λ πέπτ̣ω̣κεν* [3]*εἰς τὸ ιαL νιτρ̣ι̣κῆ̣ς̣ π̣λ̣ύ̣ν̣ο̣υ* [4]*Ψεμμο̣ῦ̣θις ⊢ πέ̣ν̣τε* [5]*τετρώβολον / ∠ε𐅵—. Ῥόδων* [6](Demotic) '. . . . son of . . . . kite 2⅚ natron (?) [7]according to what is above written. Year 10, 3rd month of . . . day 30'.

38 [797]. 233 or 208 B. C.

Lιε Θῶυθ κς [2]*πέπτωκεν εἰς τὸ ιεL* [3]d *ἰχθυικῶν Ἑρμίας* [4]*∠ δέκα δύο* [5]*/ ∠ιβ. Ῥό̣δ̣ω̣ν.*

For the tax cf. W. O. 343. Ῥόδων same as in 37.

39 [2129]. 207 or 190 B. C.

Lις Θῶυθ κη ιςL [2]*νιτρικῆς πλύνου Ἑρμ̣ο̣-* [3]*κλῆς ⊢ ὀγδοήκοντ̣α̣ ἓ̣ξ̣ [βcν]* [4]*/ π̣ς βcν.*

40 [2700]. 16th August 191 or 190 B.C.

Lιε Ἐπεὶφ ια εἰς τὸ ιεL ²K . . . . . καὶ Ἀσκλωνίας ³καὶ Σαμπαθαῖος εἰς κςτ ⁴∠ εἴκοσι / ∠κ. Διοκλῆς γρα(μματεύς). ⁵Διὰ Διοδώρου ∠κ.

The name Ἀσκλωνίας is otherwise unknown; possibly derived from Ἀσκάλων? Σαμπαθαῖος = Σαμβαθαῖος. Διοκλῆς same as in P. Lond. 1200.

41 [1870]. 189 (?) B.C.

[L]ις Μεσορεὶ δ ²ρ΄ κηρυκικῶν ιςL ³Ἑρμοκλῆς ⊢ ἑκατὸν ⁴/ ⊢ρ. Διοκλῆς.

Said to be from Elephantine; if so Διοκλῆς is not the same as in 40. For the tax ἑκατοστὴ κηρυκικῶν cf. U. P. Z. i. 531.

42 [2211]. *c.* 200 B.C.

Ἐργαστηρίου ²Ψεμμῖνις Παχνού- ³μιος ἀπὸ Παχὼν ⁴ἕως Θῶυθ μη(νῶν) ε ∠ε. ⁵Ἀπολλώνιος.

On the verso a demotic text which appears to have no connexion with the Greek.

The number of the year is omitted; but the handwriting seems to suggest a date in the reign of Epiphanes, a later date being excluded by the reckoning in silver drachmae.

NOS. 43–95. RECEIPTS FROM THE τράπεζα AT DIOSPOLIS.

43 [1151]. 29th June 225 B.C.

Lκγ Παχὼν ιε πέπτωκεν ἐπὶ τὴν ²ἐν Διὸς πό(λει) τῆι με(γάλῃι) τρά(πεζαν) ἐφ' ἧς Διόδοτος ³βασιλεῖ εἰς τὸ κβL ἀπομοίρας ⁴Χίωνις καὶ Ἑρμίας χα(λκοῦ) ἰσονόμου ⁵∠ ὀκτὼ / η. × × × × ⁶Ἀρίστων γρ(αμματεύς).

This is one of the few ostraca of the third century B.C. in which the payment is expressly stated to have been made to the τράπεζα. Διόδοτος same as in W. O. 329, 331, 1338, O. Strassb. 7. The ἀπόμοιρα is here paid in χαλκὸς ἰσόνομος; otherwise in the Revenue Papyrus. The name Χίωνις is new.

44 [1776]. 9th July 222 B.C.

Lκς Παχὼν κε πέπτωκεν ἐπὶ τὴν ²ἐν Διὸς πόλει τῆι μεγάλῃι τρά(πεζαν) ³ἐφ' ἧς Ζώιλος βασιλεῖ εἰς τὸ κςL ⁴[. . . . .] . του Α . υντου ⁵[. . . . .] . . [

4 Apparently not Ἀμύντου.

45 [2175]. 173–2 B.C.

Lθ . [²τέτακται ἐπὶ τ[ὴν] ³ἐν Διὸς πόλει τῆι μ[ε(γάλῃι)] ⁴τρά(πεζαν) ἐφ' ἧς Ἀπολλώνιος ⁵καλλαινοπ(ωλῶν) θL ⁶Πτολεμαῖος χα(λκοῦ) πρὸς ἀργ(ύριον) ⁷∠ διακοσίας πεντή- ⁸κοντα ε / σνε. ⁹Ἡρακλείδης ¹⁰. . .

For Ἀπολλώνιος cf. 46–7 and Theb. 3–4; for Ἡρακλείδης cf. 46, 48, and W. O. 1228. καλλαινοποιῶν = νιτρικὴ κ., distinguished from ν. πλύνου.

46 [457]. 171–0 B.C.

[Lια . . . .] δ̣ τέτακται [2][ἐπὶ τὴν ἐν] Διὸς πόλει [3][τῆι με(γάλῃι) τρά(πεζαν) ἐ]φ' ἧς Ἀπολλώνιος [4][. . . . .]ου ιαL Ἀβιῆτος [5][. . . .]μουτος καὶ τῶν με(τόχων) χα(λκοῦ) ἰσονό(μου) [6][ἐ]νακοσίας πεντήκοντα [7]η / Ϡνη. Ἡρακλείδης.

5 και των με inserted above the line. Read οἱ μέτοχοι.

47 [1134]. 5th March 170 B.C.

Lια Μεχεὶρ β τέ(τακται) ἐπὶ τὴν [2]ἐν Διὸς πό(λει) τῆι με(γάλῃι) τρά(πεζαν) ἐφ' ἧς Ἀπολλώνιος [3]. . ταπιδυφαντικῶν ιαL [4]Πανεχάτης Ἀμορταίου [5]χα(λκοῦ) ἰσονόμου διακοσίας τριάκοντα [6]ἐννέα / σλθ. Ἀπολλώνι[ος τρα(πεζίτης).

The date can only refer to Philometor, as Soter II was deposed before Φαῶφι of his 11th year (P. Grenf. II. 23 a). For ταπίδυφοι cf. W. O. 1213, P. Paris 5, P. Hibeh 112.

48 [2232]. 31st May 169 B.C.

[Lιβ Φαρμοῦθι] λ̄ τέ(τακται) ἐπὶ τὴν [2][ἐν Διὸς πόλ(ει) τῆι] με-γ(άλῃι) τρά(πεζαν) ἐφ' ἧς [3][Ἀντιγένης] . . ταπιδυ(φαντικῶν) ιβL [4][Πανεχάτ]ης Ἀμορταίου [5][χα(λκοῦ) δια]κοσίας / χα(λκοῦ) σ. [6]Ἀντι-γένης. [7](H. 2) Ἡρακλ[ε]ίδης· τέ(τακται) κα(θὼς) πρό(κειται) [8]χα(λκοῦ) ἰσ[ον]όμ[ο]υ ∠ διακοσίας [9]/ σ. Lιβ Φαρμοῦθι λ̄.

Cf. 47. The 12th year of Philometor was the 1st of Euergetes II, but documents written in the χώρα would continue to be dated by Philometor, since it was only in the following year that the two brothers were reconciled.

49 [2865] = S. B. 1093. 10th September 165 B.C.

Ετους ε Μεσορὴ ιγ̄ τε(τάχαται) ἐπὶ τὴν [2]ἐν Διὸς πό(λει) τρά(πε-ζαν) ἐφ' ἧς Ἀντιγένης [3]εἰς τὸ εL ἐννομίου Ἄβραμος [4]καὶ Διοκλῆς ἑκατὸν δέκα [5]ἑπτὰ / χα(λκοῦ) οὗ ἀλ(λαγὴ) ριζ. Ἀντιγένης [6]ρλε.

As the τραπεζίτης is the same who held office in the 12th year of Philometor the 5th year refers probably to the joint reign of Philometor and Euergetes. The ratio of the amount paid to the amount credited is 15 : 13; cf. J. E. A. xi. 269 ff. The reference to S.B. 1093 and 1090 in Liddell and Scott's *Greek Lexicon*, 9th edition, s.v. ἔωλος, should be deleted; in 1090 (= Bodl. Inv. 1187) read ἐνλ(είμματος) τελω(νικῶν) Χάρακ(ος).

50 [63]. 159–8 B.C.

[Ἔτους κγ . . . . . . τέ(τακται) ἐπὶ τὴν] ἐν Διὸς πό(λει) [2][τῆι με(γάλῃι)] τρά(πεζαν) ἐφ' ἧς Ἀπολλώνιος [3]κολλύβου τρα(πέζης) κγL

Ψεγχῶνσις [4]χα(λκοῦ) πρὸς ἀργύ(ριον) χιλίας ἑπτα- [5]κοσίας τριάκοντα [6]τέσσαρας / Ἀψλδ. [7]Ἀπ(ολλώνιος) τρα(πεζίτης) [8]Β.

Verso (Demotic) 'Ḥrmyn̦ [ ] hundred'.

For κόλλυβος cf. B. G. U. 1242. The demotic on the verso is probably not connected with the Greek. Ḥrmyn̦ perhaps = Ἑρμῖνος.

51 [2219]. 26th July 157 B. C.

Ἔτους κδ Παῦνι [2]κθ τέ(τακται) ἐπὶ τὴν [3]ἐν Διὸς πό(λει) τῆι με(γάλῃι) τρά(πεζαν) [4]ἐφ' ἧς Πτολεμαῖος [5]ζυτηρᾶς κδ∟ [6–9] illegible.

Πτολεμαῖος held office from the 24th year to the 30th, i. e. of Philometor.

52 [1201]. 12th January 156 B. C.

Ἔτους κϛ Χοίαχ ιδ [2]τέ(τακται) ἐπὶ τὴν ἐν Διὸς πό(λει) τῆι με(γάλῃι) τρά(πεζαν) [3]ἐφ' ἧς Πτολεμαῖος ἀπὸ τιμῆς ἁλὸς [4]Εὔβιος ὁ παρὰ . . η . . . . ρου [5][. . . . .] χα(λκοῦ) Ā πέντε / Ā ε. [6][Πτολεμ]αῖος τρ(απεζίτης).

Cf. W. O. 341.

53 [1330]. 155–4 B. C.

∟κζ Φα . . . . . β [2]τέ(τακται) ἐπὶ τὴν ἐν Διὸς πό(λει) [3]τῆι με(γάλῃι) τρά(πεζαν) ἐφ' ἧς [4]Πτολεμαῖος πορθμίδων [5]κζ∟ Σαμβαθ(αῖος) οὗ ἀλ(λαγὴ) ἑξα- [6]κοσίας / χ. Π(τολεμαῖος) τρα(πεζίτης) [7]χϥ.

For Σαμβαθαῖος cf. W. O. 1351, 1354, 1504, 1507–8.

54 [424]. 11th August 154 B. C.

Ἔτους κζ Ἐπεὶφ ιε τέ(τακται) ἐπὶ τὴν [2]ἐν Διὸς πό(λει) τῆι με(γάλῃι) τρά(πεζαν) ἐφ' ἧς Πτολεμαῖος [3]πορθμίδων κζ∟ Σαμβα(θαῖος) οὗ ἀλ(λαγὴ) χιλίας [4]ἑπτακοσίας τριάκοντα τέσ-[5]σα[ρ]ας / Ἀψλδ. [6][Πτολεμαῖος τρα(πεζίτης) Β.]

55 [817]. 25th September 154 B. C.

∟κζ Μεσορὴ λ τέ(τακται) ἐπὶ τὴν [2]ἐν Διὸς πό(λει) τῆι με(γάλῃι) τρά(πεζαν) ἐφ' ἧς Πτολεμαῖος [3]πορθμίδων κζ∟ Σαμβαθαῖος [4]χα(λκοῦ) οὗ ἀλ(λαγὴ) ἐνακοσίας ὀκτὼ / ϡη. [5]Π(τολεμαῖος) τρα(πεζίτης) [6]Ἀν.

56 [1596]. 18th November 154 B. C.

[∟]κη Φαῶφι ιθ τέ(τακται) ἐπὶ τὴν ἐν Διὸς [πό(λει) τῆι με(γάλῃι) τρά(πεζαν)] [2]ἐφ' ἧς Πτολεμαῖος πορθμίδων [κη∟] [3]Σαμβα(θαῖος) χιλίας ἑπτακοσίας τρ[ιά]- [4]κοντα τέσσαρας / Ἀψλ[δ. Π(τολεμαῖος) τρα(πεζί-της)] [5]Β.

57 [638]. 29th December 154 B.C.

Ἔτους κη Ἁθὺρ λ̄ τε(τάχαται) ἐπὶ [2]τὴν ἐν Διὸς πό(λει) τῆι με(γάλῃι) τρά(πεζαν) ἐφ' ἧς [3]Πτολεμαῖος ἐπωνίων κηL [4]Ἀπολλώνιος καὶ Πτολεμαῖος [5]οὗ ἀλ(λαγὴ) τρισχιλίας / οὗ ἀλ(λαγὴ) 'Γ. [6]Π(τολεμαῖος) τρα(πεζίτης) 'Γυν.

Verso (H. 2) *Ζήνωνος.*

Ἀπολλώνιος same as in W. O. 1506. It is not clear what, if any, is the connexion of the name on the verso with the text. Cf. 58, 64, 67, 68, 76, 84.

58 [1133]. 154–3 B.C.

Ἔτους κη . [. . . . . τε(τάχαται) ἐπὶ τὴν] [2]ἐν Διὸς πό(λει) τῆι με(γάλῃι) [τρά(πεζαν) ἐφ' ἧς Πτολεμαῖος] [3]ἐπωνίων β γυ( ) κηL Ἀπ̣[ολλώνιος καὶ] [4]Πτολεμαῖος οὗ ἀλ(λαγὴ) τριακοσί[ας . . . . .]- [5]κοντα πέντε / οὗ ἀλ(λαγὴ) τ̣[. ε.

Verso (H. 2)] . οικλ̣ι̣α̣ς.

3 Ἀπ[ολλώνιος restored from 57. The meaning of the abbreviation β γ̆ is obscure.

59 [2204]. 26th March 153 B.C.

Lκη Μεχεὶρ κη̄ [2]τέ(τακται) ἐπὶ τὴν ἐν Διὸς πό(λει) τῆι με(γάλῃι) τρά(πεζαν) [3]ἐφ' ἧς Πτ̣ολεμαῖος [4]π̣ορθ̣μ̣ίδων κη̣L [5]. . . . [

60 [1139]. 24th September 153 B.C.

Ἔτους κη Μεσορὴ λ̄ τέ(τακται) ἐπὶ τὴν [2]ἐν Διὸς πό(λει) τῆι με(γάλῃι) τρά(πεζαν) ἐφ' ἧς Πτολεμαῖος [3]ἀπομοίρας κζL Σαμβα(θαῖος) Σολλού- [4]μ̣ιος χα(λκοῦ) ἰ̣σο(νόμου) ἑξακοσίας [5]εἴκοσι πέντε / χκε.

The signature, if there was any, is effaced. Σαμβαθαῖος Σολλούμιος = Shabbethai son of Shallum.

61 [1190]. 13th July 152 B.C.

Ἔτους κθ Παῦνι ιζ̄ τέ(τακται) ἐ̣π̣ὶ̣ τὴν [2]ἐν Διὸς π̣ό̣(λει) τ̣ῆ̣ι̣ μ̣ε̣γ(άλῃι) τ̣ρ̣ά(πεζαν) ἐφ' ἧ̣ς̣ Π̣τ̣ο̣λεμαῖος [3]. [.] . . . . κθL . . . . . . Λοβά̣ις [4]χ̣α̣[λκοῦ] τριακ̣[οσ]ίας τεσσαρά̣κ̣ο̣ντα [5]/ τμ. Π(τολεμαῖος) τ̣ρα(πεζίτης) υ.

62 [850]. *c.* 157–151 B.C.

[. . .] . [[2]. . . . . Ἀ̣ν̣ι̣κ̣ή̣τ̣ο̣υ̣ [χαλκοῦ] [3]ο̣ὗ̣ ἀ̣λ̣(λαγὴ) χιλίας ἑκατὸν [4]ὀγδοήκοντα / ο̣ὗ̣ ἀ̣λ(λαγὴ) Ἀρπ. [5]Π̣(τολεμαῖος) τ̣ρα(πεζίτης) Ἀτ. [6]Τῶι δὲ πρότερον γρα- [7]φέντι μὴ χρήσηι [8]διὰ τὸ φάσκειν [9]παραπεπτω- [10]κέναι.

1 ρ̣ or φ. 9 παρα corrected. The text presumably began with the same formula as nos. 51–61. Τῶι δὲ κ.τ.λ. = 'previous receipt cancelled'.

63 [587]. 154 or 143 B.C.

Lκζ Μεσορὴ ιθ τέ(τακται) ἐπὶ τὴν [[. . . .]] ²ἐν Διὸς πό(λει) τῆι με(γάλῃι) ṭρά(πεζαν) ἐφ' ἧς Ἀπολλωνίδης ³. πρ . . . [.] καṭα . τι . αḷḷ . ν . L κζL ⁴. . . . . οṿ κρίσεως Πτολεμαῖος ⁵|. [.] . . . χạλ-κ[οῦ] οὗ ἀλ(λαγὴ) χιλίας φ / Ἀφ. ⁶Ἀπολλω(νίδης) τρα(πεζίτης).

The date refers to Philometor or Euergetes; perhaps rather the latter, since in 154 *Πτολεμαῖος* was *τραπεζίτης*; but sometimes two *τραπεζῖται* held office together.

64 [2156]. 150 or 139 B.C.

Ἔτους λα Παῦνι ιγ ²τέ(τακται) ἐπὶ τὴν ἐν Διọ̀ṣ πό(λει) τῆι με-(γάλῃι) ³τρά(πεζαν) ἐφ' ἧς Ἀσκληπιạ́δηṣ ⁴τέλος σκυ(τέων) Ἀπọ( ) Σολλαίọụ ⁵λạL τρισχιλίας ⁶τριάκοντα / Γλ. ⁷Ἀσκλη(πιάδης) τρα-(πεζίτης) ⁸Γυπε.

In lower margin *ασ^κ*, perhaps not belonging to the text (but cf. 65). *Ἀσκληπιάδης* same as in 65–6, W. O. 334, 1359, O. Strassb. 14. The date refers to Philometor or Euergetes, perhaps rather the former.

65 [2140]. 148 or 137 B.C.

Ἔτους λγ Τῦβι ιη τέ(τακται) ἐπὶ τὴν ²ἐν Διὸς πό(λει) τῆι με-(γάλῃι) ṭρạ́(πεζαν) ἐφ' ἧς ³Ἀσκληπιάδης πορθμίδων ⁴λγL Ἑριεῦς χα(λκοῦ) οὗ ἀλ(λαγὴ) πεντα- ⁵κοσίας τεσσαράκοντα ε ⁶/ φμε. (Demotic) 'Asklas'. *⁷Ἀσκλη(πιάδης) ṭρα(πεζίτης) χλ.*

6 Asklas apparently identical with the *Ἀσκληπιάδης* of the Greek text.

66 [2206]. 148 or 137 B.C.

Ἔτους λγ Ἐπεὶφ ζ ṭέ(τακται) ἐπὶ τḥṿ ²ἐν Διὸς πό(λει) τῆι με-(γάλῃι) ṭρά(πεζαν) ἐφ' ἧς Ἀṣκλη(πιάδης) ³θέμα κ' ἐγκυ(κλίου) λγL Ψενμῖνις ⁴ọ̔ πα(ρὰ) Ἀλεξάν(δρου) πεντακισχιλίας ⁵ṭṛịακοσίας ὀγδοή-κοντα ⁶/ Ἐτπ.

The signature, if there was any, is broken off.

67 [1196]. 147 or 136 B.C.

Ἔτους λδ Φαμενὼθ ια τέ(τακται) ²ἐπὶ τὴν ἐν Διὸς πό(λει) τῆι με(γάλῃι) τρά(πεζαν) ³τετάρτου καὶ λL νιτρικῆς κα(λλαινοποιῶν) ⁴Δίφịḷọς χιλίας ἑπτακοσία(ς) ⁵τεσσα(ράκοντα / Ἀψμ. ⁶Ἑρμῶνα(ξ) τρα(πεζίτης) ⁷Β.

In lower margin *Ψενῆσιṣ Φάβιτος.*

The date refers to Philometor or Euergetes, perhaps rather the former.

68 [2141]. 17th October 140 B.C.

Lλα Θὼθ κα τέ(τακται) ἐπὶ τὴν ἐν Διὸς πό(λει) τῆι με(γάλῃι) τρά(πεζαν ²ἐφ' ἧς Ἡρακλείδης πορθμίδων λαL ³Πτόλλις ὀκτακοσίας ξ / ωξ. ⁴Ἡρακλείδης τρα(πεζίτης) Ἀ.

In lower margin Ἁρπαῆσις.

Ἡρακλείδης held office from the 30th year to the 41st, i. e. of Euergetes II.

69 [2172]. 14th February 138 B.C.

Ἔτους λβ Τῦβι κα τέ(τακται) ἀπομοί(ρας) τῶν ἄλλων ²χωρίων δευτέρου καὶ λL Ἄνω τό(που) Πετεμῖνις ³προστάτης τρισχιλίας διακοσίας ⁴/ Ἐσ. ⁵Ἡρα(κλείδης) τρα(πεζίτης) Ἐτ̣.

5 Ἐτ or Ἐν. For Ἡρακλείδης cf. 68.

70 [2863]. 27th November 138 B.C.

Ἔτους λγ Ἀθὺρ β ²τε(τάχαται) ἐπὶ τὴν ἐν Διὸ̣ς̣ π̣ό̣(λει) τῆι μεγάλη) τρά(πεζαν) ³ἐφ' ἧς Ἑρμόφ(ιλος) ἀπο(μοίρας) ο⟨ἱ⟩ ἱερεῖς τοῦ ⁴Ἄμμωνος διὰ Πετεμίνιος ⁵τοῦ Παμώνθου Λ δύο / Λ β. ⁶Ἑρμ(όφιλος) τρα(πεζίτης).

Verso (Demotic) 'Year 3(?)3 Mecheir 13, talents 2. ²Pr. ias it is who (?) saith; the 10 talents, ³let Peteminis pay them to them (?) on the appointed days; ⁴Pharmuthi day 30 [1]500 pieces of silver, Pachons day 30 750 pieces of silver, ⁵Payni day 30 750 pieces of silver, completing the 10 talents. ⁶If [Epip (?) comes (?) and (?)] a balance [remains (?)] ⁷without Peteminis paying it, let a talent be paid. ⁸Pryṭṣ'.

Nos. 70–74 are assigned to the reign of Euergetes on the analogy of 69. The Peteminis of the demotic text is no doubt the same as in the Greek, but it is not clear whether the purpose of the payments was the same. Pryṭṣ perhaps = Φιλώτας. (Thompson.)

71 [1149]. 18th December 138 B.C.

Ἔτους λγ Ἀ̣θὺρ κγ ⟨τετάχαται ἐπὶ⟩ τ̣ὴ̣ν ἐν Διὸς πό(λει) ²τῆι μεγάλη) τρά(πεζαν) ὑπὲρ τοῦ Κοπ(τίτου) ³ἀπομοί(ρας) λγL οἱ ἱερεῖς τοί Ἄμμωνος ⁴διὰ Πετεμ̣ί̣νιος τρισχιλίας ἑκατὸ̣ν̣ [ν] ⁵/ Ἐρν φο̣( ) ρκ. (H. 2) Απ̣ο̣λ̣( )τ̣[ρα(πεζίτης)] ⁶Ἐτιε.

Reading of signature uncertain; so also in 72–4; possibly Ἀπολλόδωρος as in O. Strassb. 16. For ὑπὲρ τοῦ Κοπτίτου cf. Meyer ostr. 1–3.

72 [2630]. 138–7 B.C.

[Ἔτους λγ . . . .] . ς τ̣ε̣(τάχαται) ἐ̣π̣ὶ̣ τ̣ὴ̣ν̣ ²[ἐν Διὸς πό(λει)] τ̣ῆ̣ι̣ μ̣ε̣γ̣ά̣λ̣ηι τρά(πεζαν) τρίτου ³[καὶ λ]L ἀπ̣ο̣(μοίρας) οἱ ἱερεῖς τοῦ Ἄμμ̣ω(νος) ⁴[διὰ] Πετεμίνιος ἑξακοσίας ⁵[. . . .]. Απ̣ο̣λ̣( ) τρα(πεζίτης) ⁶χμ.

73 [2180]. 2nd March 137 B.C.
Ἔτους λγ Μεχεὶρ η̄ τε(τάχαται) ἐ̣π̣ὶ̣ τ̣ὴν ²ἐν Διὸς πό(λει) τῆ̣ι̣ μ̣ε̣(γάλῃι) τρά(πεζαν) ὑπὲρ τοῦ Κοπ(τίτου) ³λ̣βL οἱ ἱερ̣εῖς διὰ Πετεμ̣ί̣νιο̣ς ⁴|ἐνακοσίας ὀγδοήκοντα ⁵/ ϡπ. Απ̣(ο)λ̣( ) τρα(πεζίτης).

74 [2209]. 5th February 136 B.C.
Ἔτους λ̣δ̣ Τῦβ̣ι̣ ιγ̄ τέ(τακται) ἐπὶ τὴν ἐν Διὸ̣ς̣ πό̣(λει) ²τῆι μεγάλῃι) τρά̣(πεζαν) ἐφ' ἧς Α . . . . ( ) ὑπὲρ τοῦ Κ̣οπ(τίτου) ἀπο̣(μοίρας) λγL ³|Πετεμῖνις χιλίας διακοσίας ν / Ἀσν. ⁴λδL ὁ αὐτὸς τρισχιλίας ἑξακοσίας ⁵|τριάκοντα / Γχλ. Α . . . . ( ) τρα(πεζίτης) ⁶Δϡπ.

2 γ in the number of the year corrected from δ.

75 [2208]. 19th September 134 B.C.
Lλϛ Μεσορὴ κθ̄ τέ(τακται) ἐπ̣ὶ̣ τὴν ἐν Δ̣ι̣ὸ̣ς [πό(λει) τῆι με(γάλῃι) τρά(πεζαν)] ²πορθμίδων ἕκτ̣ο̣υ καὶ λ̣L Ἰσί̣[δωρος χιλίας] ³ἑπτακοσίας λ / Ἀψλ. Δι̣[ογέ(νης) τρα(πεζίτης) Ἀβ.]
Cf. Theb. 9.

76 [1132]. 5th November 134 B.C.
Lλζ Φαῶφι ια̅ τε(τάχαται) ἐπὶ ²τὴν ἐν Διὸς πόλει τῆι ³μεγάλῃι τρά(πεζαν) d̄ ἁλιέων ⁴Λίβυς καὶ οἱ μέ(τοχοι) τρισχιλίας ⁵|/ Γ. Διογένης τρα(πεζίτης) ⁶Γυν.
Verso Γλαύκωι.

77 [2497]. 29th March 133 B.C.
¹(Demotic) 'Panechates son of [. . . .]'. ²Lλζ Φαμενὼθ ϛ τέ(τακται) ἐπ̣ὶ̣ τὴν ἐν Δ̣ι̣ὸ̣ς ²πό̣λει τῆ̣ι̣ μ̣εγά̣λῃ̣ι̣ τρά(πεζαν) ἰ̣σ̣(τεων) λινύ(φων) ³ἑβδό̣μου καὶ λL Πανε- ⁴χάτης χιλίας / Α. ⁵Διογέ(νης) τρα(πεζίτης) ⁶Ακ.
Cf. 85, B.G.U. 1359–63, O. Strassb. 17, 23.

78 [2367]. *c.* 134–130 B.C.
Broken off above.
.] . [. . .] . . . ς διακοσία̣[ς] ²[.] . [. . .] . [.] . . . ντα Λ̄ δ σϥ. Διογέ(νης) τρα(πεζίτης) ³Λ̄ δ Γϡμ.

79 [2226]. 2nd February 129 B.C.
Lμα Τῦβι ια̅ τέ(τακται) ἐπὶ τὴν ἐν Διὸς πόλ̣(ει) τῆ̣ι̣ μ̣[ε(γάλῃι) τρά(πεζαν)] ²d ἁλιε̣ίων ἑνὸς καὶ μL Β̣ι̣η̣[ρτᾶς] ³τρισχ̣ι̣λ̣ί̣ας / Γ. Ἡρα(κλείδης) τ̣ρα(πεζίτης) Γυ[ν].

For Βιηρτᾶς cf. 80, W. O. 349, 1522. The name of the fishing tax is written sometimes τετάρτη ἁλιέων and sometimes τετάρτη ἁλιειων, and it is often difficult to decide which is meant. ἁλιειων might be read either ἁλιείων or ἁλιειῶν as genitive of ἁλιεία. The spelling ἁλιειων occurs in W. Chrest. 167, which is an official letter from a βασιλικὸς γραμματεύς, but as in W. Chrest. 9 ἁλιείων is miswritten for ἁλιέων it is probably the same in the ostraca. Similarly ἱερείων is sometimes written in papyri for ἱερέων.

80 [2366]. 27th February 129 B. C.

Lμα Μεχεὶρ ϛ τέ(τακται) ἐπὶ τὴν ἐν Διὸς πό(λει) ²τῆι με(γάλῃ) τρά(πεζαν) d ἁλιέων ἑνὸς καὶ μL Βιηρτᾶς ³. . . . . ⁴[

81 [1199]. *c.* 165–129 B. C.

[Ἔτους . . . .] λ̄ τέ(τακται) ἐπὶ τὴν ἐν Διὸς πό(λει) τῆι με(γάλῃι) τρά(πεζαν) ²[ἐφ' ἧς . . . .] ἐπιζητήσεως παντοπωληίου ³[. . . . . διςχιλί]ας ἑξακοσίας ϵ / Ἐχϵ. ⁴] . . . τρα(πεζίτης) Ἐ.

Cf. 95, W. O. 348–9, P. Oxy. 520. The ratio of the amount paid to the amount credited is approximately 15 : 13; the other ostraca in which this ratio occurs, so far as their dates can be ascertained, belong to the period 165–129 B. C.

82 [829]. 24th February 120 B. C.

[Ἔτους] ν Μεχεὶρ ϛ τε(τάχαται) ἐπὶ τὴν ²[ἐν Διὸ]ς πόλ(ει) τῇ με(γάλῃ) τρά(πεζαν) ἀπὸ τιμῆς πυροῦ ³[. . . . .] . υ περὶ τοῖς ἐλάσσονι ἱεροῖς ⁴[οἱ πασ]τοφόροι τοῦ μεγάλου ⁵[. . . . .]υ δισχιλίας τριακο(σίας) / Ἐτ. ⁶Εἰρη(ναῖος) τρα(πεζίτης) ⁷ Ἐφ.

3 ἐλάσσονι sic. 5 Not Ἀμμωνείου. The purpose of the payment is obscure.

83 [2171]. 22nd August 118 B. C.

[Lνβ] Μεσορὴ ε τέ(τακται) ἐπὶ τὴν ἐν ²[Διὸς πό(λει)] τῆι μεγ(άλῃι) τρά(πεζαν) ἀπομοί(ρας) καὶ ἐπαρου(ρίου) ³[δ]ευτέρου καὶ νL Ἡρακλέα Περι- ⁴γένου χιλίας ὀκτακο(σίας) / Ἀω. Εἰρη(ναῖος) τρα(πεζίτης) ⁵Ἐ.

84 [2216]. 17th October 117 B. C.

[Ἔτους] νδ Θῶυθ κζ τέ(τακται) ἐπὶ τὴν [ἐν] ²[Διὸς] πόλ(ει) τῆι μεγ(άλῃι) τρά(πεζαν) γ' περισ(τερεώνων) νδL . . ³[. . .] κράτης Δημέου Λ ἓν / Λ α. ⁴[. .] . δ ὁ αὐ(τὸς) Λ α / Λ β. Εἰρη(ναῖος) τρα(πεζίτης).

Above l. 1] . . περὶ Κολλούθην [ ] . μι inserted in a different hand, probably not belonging to the text.

The τρίτη περιστερεώνων is attested for the Ptolemaic period by nos. 84 and 88, W. O. 1228, B. G. U. 1377, P. Petrie iii. 119, P. Hibeh 112, P. Tebt.

84, 571, and for the Roman period by P. Ryl. 213, 261. The πηχισμὸς περιστερεώνων is attested for the Ptolemaic period by no. 90, S. B. 1091, O. Strassb. 31–2, and for the Roman by W. O. 1301, P. Oxy. 981, 1283, P. Lond. 119. Cf. also W. O. 1362, 1617–18, P. Lond. 1157, 1171, P. Flor. 361, P. Gurob 13, J. E. A. xi. 273.

85 [2146]. 21st November 117 B. C.

Ἔτους νδ Ἀθὺρ β τέ(τακται) ἐπὶ ̣τὴν ²ἐν Διὸς πόλ(ει) τῆι μεγ(άλῃι) τρά(πεζαν) ³ἰ̣σ̣(τεων) λινύ(φων) νδ∟ Πετε- ⁴αροῆρις Ὥρου ⁵∧ ἓν / ∧ α. Ε̣ἰρη(ναῖος) τρα(πεζίτης) ⁶∧ α σμ.

Cf. 77. Πετεαροῆρις same as in O. Strassb. 23.

86 [1135]. 1st November 115 B. C.

Ἔτους γ Φαῶφι ιβ τέ(τακται) ἐπὶ τὴν ²ἐν Διὸς πό(λει) τρά(πεζαν ἀπομοί(ρας) γ∟ Ἀρίστων ³[Ἀ̣θηνοδότου ∧ ἐν πεντ̣ακο(σίας) ο ⁴/ ∧ α φο. ⁵Εἰρη(ναῖος).

The dates of nos. 86–90 can only refer to Soter II, since Εἰρηναῖος is the same who held office at the end of the reign of Euergetes.

87 [2170]. 4th November 115 B. C.

Ἔτ[ου]ς̣ γ Φαῶ(φι) ιε τέ(τακται) εἰς τι(μὴν) ⳨ ²τοῦ εἰς τὸ ∠η̄ τοῦ γ∟ ³Ἑριεὺς Ἑριέως βα(   ) ⁴τετρακισχιλίας / ͵Δ. ⁵Εἰρη(ναῖος) τρα-(πεζίτης).

1 ⳨ = πυροῦ. 2 ∠η̄ = ἥμισυ ὄγδοον, a tax of five-eights of an artaba to the arura.

88 [1155]. 31st October 114 B. C.

Ἔτους δ Φαῶφι ια ²τέ(τακται) ἐπὶ τὴν ἐν Διὸς πόλ(ει) τῆι ³με-γ(άλῃι) τρά(πεζαν) γ´ περισ(τερεώνων) δ∟ ⁴Ἁρσιῆσις Πετε- ⁵μεσθέως χιλίας ⁶[διακ[ο(σίας)] ν̣ / ͵Ασν. ⁷Εἰρη(ναῖος) τρα(πεζίτης) ⁸͵Αφ.

Cf. 84. Πετεμεσθεὺς variant of Πετεμεστοῦς.

89 [2139]. 27th March 113 B. C.

Ἔτους δ Φαμε(νὼθ) θ̄ τέ(τακται) ἐπὶ τὴν ἐν ²Διὸς πόλ(ει) τῆι μεγ(άλῃι) τρά(πεζαν) προστίμου μετα-³φυτείας Δημητρία Ἀσκληπιά-δου ⁴ὑπὲρ Θεογένου τοῦ Στράτωνος ⁵∧ δύο τετρακισχιλίας υν / ∧ β ͵Δυν καὶ τὰ ⁶[καθή(κοντα) τέλη. Εἰρη(ναῖος) τρα(πεζίτης) ⁷∧ γ ͵Γχξ.

Μεταφυτεία appears to have meant the substitution of one form of cultivation for another; cf. P. Cairo Preis. 12, where a πρόστιμον is exacted because land formerly cultivated had been built upon.

90 [2217]. 5th November 112 B. C.

Ἔτους ς Φαῶφι ιζ τέ(τακται) ἐπὶ τὴν ²ἐν Διὸς πόλ(ει) τῆι μεγ(ά-

λῃι) τρά(πεζαν) πηχ(ισμοῦ) [3]περισ(τερεώνων) ἕκτου L Ψεναπάθης [4]Ἰναρῶτος χιλίας / Ἀ. [5]Εἰρη(ναῖος) τρα(πεζίτης) [6]Ἀσ.

Cf. 84.

91 [2210]. 110 (?) B.C.

Ἔτους ζ Τῦβι ᾱ τέ(τακται) ἐπὶ τὴν [2]ἐν Διὸς πόλ(ει) τῆι με(γάλῃι) τρά(πεζαν) οἴνου [3]τέλ(ους) ζL . . . . [4]χιλίας τριακοσίας ν / Ἀτν [5–6] illegible.

92 [2494] = S. B. 1094. 23rd April 104 B.C.

[1]Demotic. [2]Lιγ τοῦ καὶ ι Φαρμοῦ(θι) η̄ τε(τάχαται) [3]ἐπὶ τὴν ἐν Διὸς πό(λει) τῆι μεγ(άλῃι) τρά(πεζαν) [4]θέμα ι′ ἐγκυ(κλίου) ιL Ἀσκλη- [5]πιάδης καὶ οἱ μέ(τοχοι) Λ̄ [6]τριάκοντα πέντε Ἐ [7]/ Λ̄ λε Ἐ. Κέφα(λος) τρα(πεζίτης) [8]Λ̄ μγ. To the left of l. 8 one line demotic.

The demotic not yet deciphered. The amount here paid is the largest which I have found mentioned on a Ptolemaic ostracon. The date refers to the joint reign of Cleopatra III and Alexander. Κέφαλος occurs elsewhere in the years 14–22 of Alexander and the 32nd year of Soter II.

93 [2878]. 25th September 100 B.C.

Lιε Φαῶ(φι) θ̄ τέ(τακται) ἐπὶ τὴν ἐν Διὸς πό(λει) [2]τῆι μεγ(άλῃι) τρά(πεζαν) . . . . ιεL Χεσ . . [3] . . . χατου χιλίας [4]τριακοσίας μ / Ἀτμ. [5]Κέφα(λος) τρα(πεζίτης) [6]Ἀυν.

Verso (Demotic) 'Year 15 [2]the payment of (?) the bank [3]. . . . . of the $\frac{1}{10}$ . . [4]. . .'

The name of the tax in the Greek text is indistinct, but from the demotic it may be conjectured that it was the ἀπόμοιρα.

94 [1165]. 96 (?) B.C.

Ἔτους ιθ Φαῶφι κ̄. τέ(τακται) [2]ἐπὶ τὴν ἐν Διὸς πόλ(ει) τῆι με(γάλῃι) τρά(πεζαν) [3]πορθμίδων αν . . . . . [4–5]illegible.

95 [2165] 111 or 75 B.C.

Lϛ Παχὼν κζ̄ τέ(τακται) ἐπὶ τὴν ἐν [2]Διὸς πόλ(ει) τῆι μεγ(άλῃι) τρά(πεζαν) παντοπω(λῶν) ϛL [3]Ἀσιῆς Λ̄ τρία Ἐ / Λ̄ γ Ἐ. Κέφα(λος) τρα(πεζίτης) [4]Λ̄ δ. [5](Demotic) 'The payment of Hasies of year 6 [6]talents 4'.

The date refers to Soter II or Auletes, more probably the former; for Κέφαλος cf. 92.

NOS. 96–102. RECEIPTS FROM THE τράπεζα AT HERMONTHIS.

96 [2174]. 20th May 181 or 180 B.C.

῎Ετους κε Φαρμοῦθι ις τέ(τακται) ἐπὶ τὴν ²ἐν [[Διὸς πό(λει) τῆι με(γάλῃι)]] Ἑρμώνθει τρά(πεζαν) ἐφ' [ἧς] ³Ἑρμοκρ[άτ]ης Ψεναμοῦνις . [. . . . .] ⁴ἀπομοίρας κγ∟ χα(λκοῦ) πδ[. . / πδ . .] ⁵φόρων ἀμπέλου κε∟ [⊢λζ—cν] ⁶/ ⊢λζ—cν χα(λκιαίας) [. . . . . .] ⁷Ἑρμοκ(ράτης) . . . .

Verso (Demotic) 'The payment of Thotortais (?)'.

Apparently the writer of this receipt had shortly before been transferred from Diospolis to Hermonthis, and through force of habit wrote Διὸς πόλει instead of Ἑρμώνθει. The use of τέτακται instead of πέπτωκεν appears to exclude a date earlier than the reign of Epiphanes, while a later date is excluded by the reckoning in drachmae and obols on the silver standard. This seems to be the latest document dated in that reign. For χαλκιαία cf. P. Lond. 1200, S.B. 5729. The Thotortais of the demotic text is not mentioned in the Greek.

97 [2871]. 25th May 134 B.C.

Λ̄ γν. ²῎Ετους λς Παχὼν β ³τέ(τακται) ἐπὶ τὴν ⟨ἐν⟩ Ἑρμώνθει τρά(πεζαν) ⁴ἐφ' ἧς Ἡρακλείδης τιμὴν ⁵πλεονάσματος γῆς ἣν ⁶Λεόντιππος κατὰ τὸ ς' ⁷Τίμαρχος κατὰ τὸ ς' χα(λκοῦ) οὗ ἀλ(λαγὴ) ⁸Λ̄ δύο χιλίας τριακοσίας λ ⁹/ Λ̄ β Ἀτλ ¹⁰καὶ διὰ λα . . . . . ¹¹Ἡρακλείδης.

This ostracon is assigned to the reign of Euergetes II on the supposition that Ἡρακλείδης is the same as in B. G. U. 993, yr. 43, and W. O. 350, yr. 44; cf. also B. G. U. 1377, yr. 34. For πλεόνασμα cf. P. Tebt. 344. The name Λεόντιππος is new.

98 [2227]. 16th November 123 B.C.

῎Ετους μη Φαῶφι κε [τέ(τακται) ἐπὶ τὴν] ²ἐν Ἑρμ(ώνθει) τρά(πεζαν) ἐφ' ἧς Ἀμμώ(νιος) ἀπομοί(ρας) μ[η∟] ³Ψεμμώ(νθης) Παχράτου τριακοσίας ⁴τριάκοντα / τλ. ⁵Ἀμμώ(νιος) τρα(πεζίτης).

Below traces of other writing, probably not belonging to the text.
Ἀμμώνιος is attested by ostraca and papyri from the 48th year of Euergetes to the 4th of Soter II.

99 [2177]. 119 B.C.

῎Ετους να Φαμενὼ[θ . . τέ(τακται) ἐπὶ τὴν] ²ἐν Ἑρμ(ώνθει) τρά(πεζαν) ἐφ' ἧς Πτολ(εμαῖος) . [. . . . .] ³χαλκοῦ ἑξακοσία[ς ἑβδομήκοντα] ⁴/ χα(λκοῦ) χο. ⁵Π[τολ(εμαῖος) τρα(πεζίτης).

100 [2166]. 22nd December 111 B.C.

Ετους ζ Χοίαχ δ̄ τέ(τακται) ἐπὶ ²τὴν ἐν Ἑρμ(ώνθει) τρά(πεζαν) ἐφ' ἧς Διονύ(σιος) ³ἀπομοί(ρας) ζL Ἡρακλέα Ἀγαθάρχου ⁴δι(ὰ) Ἡρακλέους χιλίας τριακοσίας μ ⁵/ Ἀτμ. ⁶Ἀφ.

Διονύσιος same as in W. O. 324, P. Amh. 31, 54.

101 [1159]. 4th October 99 B. C.

Ἔτους ις Θῶυθ ιη τέ(τακται) ἐπὶ ²τὴν ἐν Ἑρμ(ώνθει) τρά(πεζαν) ἐφ' ἧ(ς) Πα(νίσκος) ἀπομοί(ρας) ³Φατρῆς Φαρ . . . ου τρισ- ⁴χιλίας ξ / Γξ. Πα(νίσκος) τρα(πεζίτης). ⁵Γτ.

3 Not Φαράθου. The date must refer to Alexander, since the 16th year of Philometor falls within the period of the joint reign.

102 [2137]. 10th September 98 B. C.

Ἔτους ις Μεσο(ρὴ) κθ τέ(τακται) ἐπ[ὶ] ²τὴν ἐν Ἑρμ(ώνθει) τρά(πεζαν) ἐφ' ἧς ³Θεόδ(ωρος) ἐπαρο(υρίου) καὶ $\overline{\beta ʃ}$ ⁴Ἀθηνόδ(οτος) Ἀρίστω(νος) ⁵χα(λκοῦ) χιλί(ας) ρκε ⁶/ Ἀρκε. ⁷Θεόδ(ωρος) ⁸Ἀσμ.

3 $\overline{\beta ʃ}$ perhaps = διδραχμίας. Ἀρίστων probably same as in 86: if so this ostracon though written at Hermonthis was probably found at Thebes.

NOS. 103–4. RECEIPTS FROM THE τράπεζα AT COPTOS.

103 [2224]. 151 or 140 B. C.

Lλ Μεχεὶρ ιζ τέ(τακται) ἐπὶ τὴν ²ἐν Κόπ(τῳ) τρά(πεζαν) ἐφ' ἧς Δωσί[θ]εος ³θέμα προστίμ[ο]υ ἐνάτου καὶ εἰκοστοῦ L ⁴Πανεχάτης . . . ετεαιου ⁵χιλίας πεντακοσίας / Ἀφ ⁶|καὶ τὰ καθή(κοντα) τέλ(η) διπλᾶ. ⁷Δωσίθεος τρα(πεζίτης) ⁸Βλ.

104 [2169]. 22nd April 115 B. C.

Lβ Φαρμοῦθι δ τέ(τακται) ἐπὶ τὴν ἐν Κόπ(τῳ) τρά(πεζαν) ²ἀπομοί(ρας) δευτέρου L Ὧρος Θοτσύτου ³ἑπτακοσίας πεντήκο(ντα) / ψν. ⁴Πανί(σκος) ωλ.

This ostracon is assigned to the reign of Soter II on the supposition that Πανίσκος is the same as in O. Petrie 53.

NOS. 105–6. RECEIPTS FROM THE τράπεζα AT CROCODILOPOLIS.

105 [1208 + 1209]. 19th July 125 B. C.

[Ἔ]τους με Παῦνι ε ²τέ(τακται) ἐπὶ τὴν ἐν Κρο(κοδίλων) πόλ(ει) τρά(πεζαν) ³ἐφ' ἧς Ἀντίοχος ε . . . . ⁴Παθυ(ρίτου) τοῦ αὐ(τοῦ) L Σιεφυεῖς ⁵Ζμήθιος δισχιλίας ⁶[. .] . [

This ostracon is stated to have been found at Gebelen.

106 [1138] = S.B. 1095. 27th May 104 B. C.

∟ιγ τοῦ καὶ ι Παχὼν ιβ τέ(τακται) ἐπὶ τὴν ἐν Κρ̣ο(κοδίλων πόλει) τρά(πεζαν) ²ἀπο̣μο̣ί(ρας) ιγ τοῦ καὶ ι∟ Κόνων Δώρου δισχιλίας ³[ἑπ]-τ̣ακοσίας / Ἀψ καὶ το̣ῦ̣ εἰς Τερμᾶμιν ⁴[............] .. ιακ ...... ψ .....

This ostracon though written at Crocodilopolis can scarcely have been found there, since the same Κόνων occurs in several ostraca from Thebes.

NOS. 107–10. RECEIPTS FROM τραπεζῖται, PLACE UNCERTAIN.

107 [2689]. 114(?) B. C.

Ἔτους γ Παχὼν ²κ[[ζ]]ς τέ(τακται) ἐπὶ τὴν ἐν ... ³τρά(πεζαν) ἐφ' ἧ̣ς̣ Ἀπ̣ο̣λλ̣ώ(νιος) ἀπο̣μο̣ί(ρας) γ∟ ⁴Ψενμώ(νθης) .... χ .. ( ) χ̣ε̣ι̣λ̣ί̣-⁵ας τ̣υ̣ / Ἀτν. ⁶Ἀ̣π̣ο̣λ̣λ̣ώ(νιος) τ̣ρα(πεζίτης) Ἀφ.

1 π corrected from φ.

108 [2215]. 95 or 62 B. C.

∟ιθ Μεχ(εὶρ) ιη̅ τέ(τακται) d̄ ἁλιειων̣ ²τοῦ αὐ(τοῦ) ∟ Φαυῆτις ³τρ̣ι̣ακο(σίας) λ / τλ. υ.

Cf. note on 79.

109 [1924]. 76 or 47 B. C.

∟ς Ἀθὺρ κε̅ τέ(τακται) ἀπο̣μο̣ί(ρας) καὶ ²ἐπα̣ρ(ουρίου) ς∟ Τεικω( ) Νεπερη̣ .... ³χα(λκοῦ) Ἀι̣ε / Ἀιε. Ἡρα(κλείδης) τρα(πεζίτης) Ἀρλ.

110 [2207]. Second century B. C.

Broken off above.

. ρ .. [...] ..... [.....] .... ²το ∟ τρισχιλίας ἑπτα-κοσίας π̣εν- ³τήκοντα / ο̣ὗ̣ ἀ̣λ(λαγὴ) Ἀψν καὶ τὰ καθήκοντα̣ ⁴τέλη διπλᾶ. Α .... νι( ) τρα(πεζίτης) ⁵Ἐσ.

2 π in πεντήκοντα corrected. This is evidently a receipt for πρόστιμον cf. 103.

111 [2495]. 16th December 140 B. C.

Ἔτου[ς λα] Ἀ̣θὺ̣ρ̣ κα̅ δ̣ι̣ὰ Ἀπολλο̣φά̣ν̣ο̣υ̣ς̣ ἐπ̣ιστάτου ²[λ]α∟ Ἀν̣[ω] τό(που) ο̣ἱ̣ ἱερεῖς τοῦ Διὸς δ̣ι̣ὰ̣ [Πε]τ̣ε̣-³μίνιος τοῦ Παμώνθου τρισ-χιλίας δ̣ι̣ακ̣[ο]σ̣ί̣α̣ς̣ ⁴/ [Γσ].

Cf. 69–74. This receipt is issued by an ἐπιστάτης, not like the others by the τραπεζίτης, and the persons there called priests of Ammon are here called priests of Zeus.

112 [2874]. 5th April 121 B. C.

῎Ετους μθ Φαμενὼθ ιϛ ²διαγρέγρα(φεν) εἰς τὸν στέ(φανον) πη( ) ³Τεῶς Χαπονχώνσιος ⁴καὶ Σιρθώτης ὁ ἀδελφὸς ⁵χα(λκοῦ) πεντάκις ᾽Α ἑξακο(σίας) ⁶/ χα(λκοῦ) ᾽Εχ. ⁷(Demotic) 'The payment of the house (of ?) Teos son of Chapochonsis'. ⁸*Θέων.*

2 Read *διαγέγραφεν.* The meaning of *πη*( ) is uncertain; apparently not *κλη*( ). Cf. W. O. 1528. It is not certain that these are bank receipts; the formula is different from the usual formula of the receipts from the *τράπεζα* at this period.

113 [423]. 97 (?) B. C.

Lιζ Μεχεὶρ θ̄ τέ(τακται) Φοτνοῦφις ²Ψενχώνσιος εἰς τὸν στέφανον ³τῶν κατοίκων ἀργυ(ρίου) ϛ τεσσαρά- ⁴κοντα / ϛμ.

The payment in silver, unusual at this period, is accounted for by the peculiar nature of the impost.

114 [2880]. 26th September 158 B. C.

῎Ετους κγ Μεσο- ²ρὴ λ̄ τέτακται ³Πακοῦβις προ- ⁴βάτων θ τὸ γει- ⁵νόμενον τέλος. ⁶᾽Αδαῖος.

A comparison of this ostracon with W. O. 338 and 1510 shows that the date can only refer to Philometor, and also that this receipt, though expressed in the objective form, was issued by a tax-farmer and not by the *τράπεζα.*

115 [1162]. 27th January 131 B.C.

Lλθ Τῦβι ε̄ τέ(τακται) εἰς τὸ ἐννό(μιον) ²τοῦ αὐτοῦ L αρνειας ³Ψεναμενῶ(φις) ῾Εριέως χα(λκοῦ) ὀκτα- ⁴κοσίας / ω. ⁵Τρ . . . . τελ(ώ- νης). ⁶. . . . ωσιος.

2 *αρνειας* derived from *ἀρνός*? or place-name? 5 Apparently not *Τρύφων.* 6 It is uncertain whether this line really belongs to the text.

116 [1176]. 161 or 94 B. C.

Lκ Μεχεὶρ ε̄ τέτακται ὑπὲρ ²τοῦ Περὶ Θή(βας) ᾽Απολλώνιος ᾽Απολ- ³λωνίου π(ροβάτων) ϛ τὸ γινόμενον ⁴ἐννόμιον. Χαρίτων τε(λώ- νης). ⁵(H. 2) *Μοσχίων ἐπηκολούθηκα. ⁶αστ . . ιω . . . . σοι.*

3 *π(ροβάτων)* doubtful.

117 [2873]. 107 (?) B. C.

Lι Φαμενὼθ [. .] *²τέτακται ³Μ . . εν . . τ . . ⁴. . σκ / σκ ⁵τὸ γινό- μενον ⁶τέλος. ⁷Τε . μ . κρατ . . ⁸ερπιμο . .*

Probably receipt for *ἐννόμιον.* 7 It is doubtful whether *Τειμοκράτης* can be read.

118 [2875]. 155 or 144 B.C.

Ἔτους κϛ Παῦνι ιγ̄ ²τέτακται Ταχνοῦμις ³τὸ τέλος τοῦ Φαρμοῦθι ⁴καὶ Παχὼν τοῦ αὐτοῦ ∟. ⁵(H. 2) *Ἀβιήτης.*

119 [791]. Second century B.C.

∟ϛ *Παῦ(νι) κθ̄. Ἀπολλώ(νιος) ²Μνάσωνι . . . ιρ . . . . . . χαί(ρειν). ³Τέτα(ξαι) εἰς τὸ ἐννό(μιον) χα(λκοῦ) χιλίας ⁴[ἐνακοσ]ίας μ / Ἀϡμ ⁵].*

The ostracon had previously been used for other writing.

120 [1203 + 1204]. 146 or 135 B.C.

Ἰσίδωρος Πτολεμαί(ωι) χαί(ρειν). Τέ- ²ταξαι ὑπὲρ τῆς ἀναγρα- ³φομένης εἰς Ὧρον Παθούκιος ⁴ἰδιοκτήτου γῆς ἀρουρῶν τριάκοντα ⁵κατὰ τὸ τρίτον μέρος ἀρουρῶ[ν . .] . . . ⁶. . μθ . . ἀ(ρο)υ(ρῶν) ι τὰ καθήκοντα ⁷|ναύβια. ⁸∟*λε Φαρμοῦθι ια̅.*

2 *αναγρα* corrected. 6 . . *μθ* . . corrected.

121 [2178]. Second or first century B.C.

Πτολεμαῖος Ἁραυτρ[ῆι] ²χαίρειν. Τέ(ταξαι) εἰς τὸ τέλο[ς] ³ἀπὸ Θῶυθ ἕως Φαμενὼ[θ] ⁴[[.]] Ἀψν / Ἀψν.

122 [2716]. 84 (?) B.C.

Ἀπολλώνιος Νεκτα- ²νούφει χα(ίρειν). Τέταξαι ³∠ξ. ∟*λδ Φαώφει ⁴κδ̄. ⁵επικ̄ ∠ξ.*

5 *Ἐπικ(ράτης)* (signature) or *ἐπικ(εφαλαίου)*? The existence of a poll-tax in the Ptolemaic period is elsewhere attested only for the Fayûm.

123 [1125]. Second century B.C.

Ἡρᾶς ὁ παρὰ Πόθου Χεσθώ- ²τη. Ὁμολογῶ ἔχειν παρὰ ³σοῦ δευτέρας ἀναφο- ⁴ρᾶς Σαιμέως ἱππέων ⁵χαλκοῦ τάλαντα ⁶δύο δισχιλίας ἑξα- ⁷κοσίας / ⊼ β ʼΒχξ. ⁸∟*η Φαρμοῦθι θ̄.*

After *ἑξακοσίας ἑξήκοντα* omitted by haplography. The name *Σαιμεύς* (or *Σαῖμις*?) is new.

124 [1607]. 149 or 138 B.C.

Λυσίας ὁ ἐξειλη(φὼς) τὸ ²ἐπώνιον εἰς τὸ λβ∟ *³Χεσθώτηι χαί(ρειν). Ἔχω ⁴τὸ γινόμενον ⁵τέλος Τανεχράτιος ⁶ἰβιοβοσκοῦ. ⁷*∟*λβ Χοίαχ ι̅.*

The meaning of this receipt is obscure. It is a palimpsest over an earlier text incompletely effaced. For *ἐπώνιον* cf. 58.

125 [1932]. 12th November 122 B.C.

Δίδυμος καὶ οἱ παρὰ τοῦ τελοι [2]*ἔχω παρὰ Ὥρος καὶ τὴν γυναῖ-* [3]*κα καὶ τὸν ὑὸν αὐτοῦ τὸ* [4]*τέλος τῆς ζυτηρᾶς.* [5]*L μθ Φαῶφι κα.*

Said to be from Elephantine. 1 Read τελώνου. 2 Read ἔχομεν παρὰ Ὥρου καὶ τῆς γυναικὸς καὶ τοῦ υἱοῦ. 3 In αυτου the second υ corrected from τ.

126 [2884]. 107 (?) B.C.

Καρνεάδης Χεσθώτηι Ὀννώφριος [2]*χα(ίρειν). Ἔχω παρὰ σοῦ πρὸς τὸ τέλος* [3]*τῆς νιτρικῆς τοῦ πλύνου τὰ* [4]*ἕως Τῦβι τ̣ο̣ῦ̣ ι L χα(λκοῦ) Λ τέσσαρα* [5]*δραχμὰς χιλίας διακοσίας / Λ δ Ἀσ* [6]*καὶ ὑπὲρ τοῦ Μεχεὶρ Λ ἓν / Λ ἓν* [7]*ὥστ' εἶναι Λ ε Ἀσ.* [8]*L ι Τῦβι κθ.*

127 [431]. Second century B.C.

Τοτοῆς καὶ Πασῆ(μις) [2]*καὶ Ὀνῶς Ταῦς χαί-* [3]*ρειν. Ἔχωμεν τὸ* [4]*τέλος τοῦ ⟨ὑ⟩φαν-* [5]*τικοῦ τοῦ ς L* [6]*Χοίαχ χαλκοῦ* [7]*ρν / ρν.*

3 Read Ἔχομεν.

128 [304]. Second century B.C.

Ἀπολλώ(νιος) Ἀμμωνίου Πετεαρπρῆι [2]*χαί(ρειν). Ἔχω παρὰ σοῦ ἀπὸ τοῦ* [3]*τέλος χαλκοῦ χιλίας* [4]*/ Ἀ.* [5]*L ε Παῦ̣ν̣ι̣ ια.*

3 Read τέλους. 5 παυνι corrected.

129 [2235]. 12th July 99 B.C.

Σ̣αραπίων κ̣α̣ὶ̣ Σωκρά̣(της) κ̣α̣ὶ̣ [2]*Ἀπολλώ(νιος) Ὀννώφρει χαί(ρειν). Ἔχο-* [3]*μεν ἀπὸ τοῦ τέλους χα(λκοῦ)* [4]*ἑ̣ξ̣α̣κοσίας / χ.* [5]*L ιε̣ Παῦνι κθ.*

Cf. W. O. 328.

130 [2894]. *c.* 99 B.C.

[Σαραπίων] καὶ [2]*[Σωκράτη]ς καὶ Ἀπολλώ(νιος)* [3]*[. . . . χαί(ρειν). Ἔ]χομεν τὸ ἐσ-* [4]*[τάμενον] τέλος ἀπὸ* [5]*[. . . . . ἕω]ς Μεσορὴι* [6]*[τοῦ . .] L κ̣ο̣ὐ̣θέν σοι* [7]*[ἐνκαλο]ῦμεν.* [8]*[L . . Μ]ε̣σ̣ο̣ρ̣ὴ . . .*

Cf. 129.

131 [64]. 84 (?) B.C.

Broken off above.

. . . . . .] . [τὸ τέ]- [2]*λος τοῦ Παχ[ὼν]* [3]*καὶ Παῦνι καὶ* [4]*Ἐπείπ. L λγ* [5]*Μεσορὴ γ.*

132 [740]. Second century B.C.

Πτολεμαῖος . . [. . . .] [2]*τοῦ Περὶ Θήβας Ἡρα̣[. . . . . . .]*

[3]῎Εχω παρὰ σοῦ [. . . . . . .]ọụ . [4]ϵ . ịθισας χαλκοῦ [. . . . . ι]σ- [6]|χιλίας / χα(λκοῦ) [. . . . .] [6]. [

133 [1127]. First century B. C.

Διονύσιος πρά(κτωρ) Ἀπολλωνίω[ι] [2]χαίρειν. ῎Εχω παρὰ σοῦ [3]∠ Ἀϡκ.

Verso *Σωκρά(της) Ἡρα(κλείδου) σ. [2]Ἀπολλώνιος ρξ.*

σ = 200, ρξ = 160, presumably copper drachmae. For the mention of a πράκτωρ in the Ptolemaic period cf. 256 and O. Strassb. 178.

134 [1350]. 147 or 136 B. C.

῎Ετους λϵ. Ἑρμ̣[. . . . .] [2]χαίρειν. ῎Εχω παρ̣[ὰ σοῦ τοὺς] [3]τόκους καὶ ταφικὰ κα̣[ὶ . . . . . .] [4]καὶ στέφανο̣ν̣ τοῦ Φαμενῶ̣[θ . . . . .] [5]λδ∟ ἥως Μϵχεὶρ τρια . [. . . . . .]. [6]Το(ῦ) Φαμενῶνθ Φαρμοῦθ̣[ι . .]. [6]Διὰ Τινᾶτος Παχὼν ρμ. [8]Λο(ιπαὶ) ἥως Μεσορὴ νκ.

5 and 8 Read ἕως. It is not clear whether this is a tax-receipt or private receipt, nor what, if any, was the connexion of the ταφικά mentioned in l. 3 with the τέλος ταφῆς which is attested for the Roman period. There is no other mention of ταφικά in a Greek text of the Ptolemaic period, but cf. Rev. Mél. 204.

135 [813]. 154 or 143 B. C.

Ἀπολλώνιος καὶ Ἑρμίας [2]Ἡρακλείδηι χαί(ρειν). ῎Εχομεν [3]παρὰ σοῦ τιμὴν π̣υ̣ρ̣ο̣ῦ̣ [4]ἀρτα̣β̣ῶ̣ν̣ ὀκτὼι χ̣α̣λ̣κ̣ο̣ῦ̣ [5]. . . . . . κ̣ο̣σίας . . . . [6]∟κη Φαῶφι ιζ.

It is uncertain whether 135 and 136 are tax-receipts or private receipts.

136 [371]. 29th April 101 B. C.

Ἑρμόφιλος Εὐδήμωι καὶ [2]Σαραπίωνι χαί(ρειν). ῎Εχω π̣α̣ρ̣᾽ ὑ̣μ̣ῶν [3]χαλκοῦ δραχμὰς χιλίας ὀγδο- [4]ήκοντα / Ἀπ. ∟ις το καὶ̣ [ιγ] Φαρμοῦθι ιε.

137 [663]. 28th July 102 B. C.

Ἀπολλώνιος Πτολεμαί(ωι) [2]χαί(ρειν). ῎Εχω παρὰ σοῦ [3]ἀπὸ χα(λκοῦ) ⊼ τεσσάρων [4]χαλκοῦ ⊼ ἓν τετρακισ- [5]χιλίας / χα(λκοῦ) ⊼ α ᾿Δ. [6]∟ιϵ τοῦ καὶ ιβ ᾿Επεὶφ ιδ.

Probably private receipt.

138 [420]. Second century B. C.

Ἡρα(κλείδης) Μέμνονι [2]χαίρειν. ῎Εχω [3]παρὰ σοῦ χω- [4]ρὶς ὧν μοι δέ- [5]δωκας ἄλλας [6]χα(λκοῦ) ∠ψμ [7]εἰς πλήρω(σιν) [8]⊼ α φ.

Private receipt.

139 [2135]. 9th December 103 B. C.

Broken off above.

[1–3] illegible [4]-ακοσίων δραχμὰς δισ- [5]χιλίας ἑξήκοντα [6]/ ʼΒξ. Lιε τοῦ καὶ ιβ [7]ʼΑθὺρ κγ.

Probably private receipt. At end of l. 5 a horizontal stroke, perhaps meaningless.

140 [1126]. 148 or 137 B. C.

[ʻΗ]ρᾶς ʼΟννώφρει χαίρειν. [2]ʼΑπέχω τὸ τρίτον μέρος [3][τ]οῦ λινεψίου ἀπὸ ⟨⟨ἀπὸ⟩⟩ [4]Φα⟨με⟩νὼτ ᾱ ἕως Φαρμοῦθι ῑ [5]κοὐθὲν ἐνκαλῶ. [6]Lλγ Φαρμοῦθι ῑ.

3 απο απο dittography; in the second απο α corrected from φ. It is not clear whether this is a tax-receipt or private receipt, nor whether the payment was in money or in kind.

141 [2130]. 148 or 137 B. C.

ʻΗρακλείδης Διογένους [2]ʼΟννώφρει χαίρειν. Ἔχω [3]παρὰ σοῦ τὸ τρίτον μέρος [4]τοῦ λινεψίου ἀπὸ Παχὼν [5]δεκάτης ἕως ʼΕπεὶφ λ̄ [6]τοῦ λγL. [7]Lλγ ʼΕπεὶφ ῑ.

7 π corrected from φ. Cf. 140.

142 [443]. 86 (?) B. C.

Πετεχῶν Φίβιος [2]Σελούλει χα(ίρειν). Ἔχω παρὰ [3]σοῦ ἀπὸ τῆς . . νδεως [4–6] illegible, [7] του ἔτους λα Με ( ) κα.

The text being incomplete it is uncertain whether the payment was in money or in kind. Σελοῦλις possibly same as in Theb. 29.

Nos. 143–241. Receipts for Payments in Kind.

143 [1198]. 9th June 249 B. C.

Lλζ Φαρμοῦθι ιθ ἔχει [2]ʻΡόδων παρὰ Τιαννα- [3]μούνιος Πτιενγέγειος [4]ἀπὸ τῶν βασιλικῶν [5]ἐρίων συρίαν α μόνην.

For the formula cf. 1–2, and for the tax 14, 16, 25–6. For συρία cf. B.G.U 1564, and P. Hibeh 51.

144 [2869]. 215 (?) B. C.

Lη Φαρμοῦθι ς [2]ἔχει Τιμέας παρὰ Τβέλφιος [3]εἰς τὴν ἀπόμοιραν τοῦ ζL [4]οἴνου χό(ας) πέντε κο(τύλας) γ οἰνο- [5]λογίας τοῦ αὐτοῦ L οἴνου [6]χό(ας) δέκα / χό(ες) ιε κο(τύλαι) γ.

In the lower margin the figures κβ, ιας, λγς are inserted, probably not belonging to the text.

Cf. W. O. 711, O. Strassb. 299. The large amount here paid for οἰνολογία is scarcely consistent with the explanation suggested in W. O. i. 270. Perhaps rather the *οἰνολογία* is to be identified with the *οἴνου τέλος* = *σπονδὴ Διονύσου* (cf. P. Ryl. ii, p. 346). If so it would be a plausible conjecture to ascribe the introduction of the impost to Philopator, by whom the cult of Dionysus was specially favoured.

145 [2246]. 227 or 185 B. C.

Lκα Παῦνι κϛ παρὰ Βοστῆτος ^{2}τοῦ ἐπιβάλλον αὐτῶι τοῦ ἡμίσους ^{3}[[κτήματος]] τοῦ Ψεγχώνσιος ^{4}Ψεναμούνιος κτήματος ὃν δεήσει ^{5}[π]αραμεῖναι ἀρεστὸν ἕως τοῦ ^{6}[. . ἀ]νηλωθῆναι οἴνου κεράμια ^{7}[. . . . . .] . . . . τρεῖς κ(οτύλας) ἐννέα ^{8}[. . . . .]. Δι' Ἑρμίου.

2 Read *τὸ ἐπιβάλλον* or *τοῦ ἐπιβάλλοντος*. *α* of *αυτωι* corrected.

146 [1156]. Third century B. C.

Lγ Παχὼν η ^{2}Ἀπολλώνιος καὶ Ἀσινᾶς ^{3}πυροῦ λδγ'ι'β'. ^{4}οἱ αὐτοὶ δι'β' ^{5}κριθ(ῆς) κβι'β'. ^{6}(Demotic) 'Signed Thot-ortais (?) son of Pa-minis (?)'. ^{7}(H. 2) *Πτολεμαῖος.*

NOS. 147–200. RECEIPTS FROM THE *θησαυρός* AT DIOSPOLIS.

147 [2160]. 9th June 220 B. C.

Lγ Φαρμοῦθι κϛ εἰσμε- ^{2}μέτρηκεν εἰς τὴν ἐπιγραφὴν ^{3}τοῦ Περὶ Θήβας τόπου ^{4}Ἀπολλώνιος Καλλικράτους ^{5}καὶ οἱ δα( ) ♃ ἑκατὸν πεντή- ^{6}κοντα δύο τρίτον / ρνβ γ'. ^{7}Κριτόλαος. ^{8}(Demotic) 'Signed Psenamunis (son of) Psenminis for wheat $152\frac{1}{3}$ . . .'.

Cf. 33. 5 *δ* ostr. Perhaps *δα(νεισταὶ)*? 8 Peteminis also possible, but in 148 Psenminis is certain (Thompson).

148 [267]. 15th July 220 B. C.

Lγ Παῦνι β εἰσμ[ε]μ[έτ]ρηκεν ^{2}εἰς τὴν ἐπιγραφὴν τοῦ Π[ε]ρὶ Θήβας ^{3}τόπου Φιλοκλῆς Νίκωνος ^{4}πυροῦ δέκα πέντε / ♃ ιε. Κριτόλαος. ^{5}(Demotic) 'Signed Psenamunis son of Psenminis for wheat 15, according to what is above written'.

Cf. 32 and 147.

149 [2856]. 18th and 23rd June 164 B. C.

Ἔτους ϛ Παχὼν ^{2}ιθ με(μέτρηκεν) εἰς τὸν ἐν Διὸς ^{3}πόλει τῆι μεγάληι θησ(αυρὸν) ^{4}εἰς τὴν ἐπιγρ(αφὴν) τοῦ ^{5}ϛL τοῦ τόπου ^{6}Παθώύτης Παχνού- ^{6}βιος πυροῦ μίαν ἥμισυ ^{8}/ ♃ αL. ^{9}κδ ὁ αὐτὸς πυροῦ τέσσα- [10]ρας ἥμισυ / ⳨ δ∠. [11]γίνονται ⳨ ἓξ / ⳨ ς. [12]Φιλώτας. (Demotic) 'Signed Petiesis son of Portis, wheat 6'. [13](H. 2) Ἀμμώνιος με(μέτρημαι) ⳨ ἓξ / ⳨ ς.

Signatures as in 150–1, W. O. 709. As W. O. 709 is a receipt to Δῶρος Δώρου who is attested by 154 for the 20th year of Philometor, the dates of 149–51 refer probably to the joint reign of Philometor and Euergetes. τοῦ τόπου = τοῦ Περὶ Θήβας τόπου; in later texts we find ὑπὲρ τοῦ τόπου.

150 [2857]. 23rd June 164 B.C.

Ἔτους ς Παχὼν κδ με(μέτρηκεν) εἰς τὸν ἐν Διὸς [2]πόλει τῆι μεγάληι θη(σαυρὸν) εἰς τὴν ἐπιγρ(αφὴν) τοῦ ςL [3]τοῦ τόπου Πατσεοῦς Ἀρτεμιδώρου [[⳨]] πυροῦ [4]διακοσίας εἴκοσι ὀκτὼ ∠ / σκη∠. [5]Φιλώτας. (Demotic) 'Signed Petiesis son of Portis, wheat 228½'. [6](H. 2) Ἀμμμώνιος με(μέτρημαι) ⳨ διακοσίας εἴκοσι ὀκτὼ ∠ [7]/ ⳨ σκη∠. (H. 1) Παχὼν κβ ὁ αὐτὸς πυροῦ [8]πέντει ʹβʹ / ⳨ ειʹβʹ. [9](Demotic) 'Signed Petiesis son of Portis, wheat $5\frac{1}{12}$'.

6 Read Ἀμμώνιος. The payment recorded in l. 7 had been made two days before the other; probably the receipt originally issued for the first payment was returned and cancelled, because the taxpayer preferred to have both payments recorded on one ostracon. The large amount here paid for ἐπιγραφή scarcely agrees with the theory, which seems at present to be generally accepted, that ἐπιγραφή means 'extra tax'. Cf. note on 255.

151 [2859]. 20th August 164 B.C.

Ἔτους ς Ἐπεὶφ κβ [2]με(μέτρηκεν) εἰς τὸν ἐν Διὸς πό(λει) [3]τῆι μεγ(άληι) θησ(αυρὸν) εἰς τὴν [4]ἐπιγρ(αφὴν) τοῦ ςL τοῦ [5]τόπου Πατσεοῦς [6]Ἀρτεμιδώρου πυροῦ [7]εἴκοσι τρίτον / ⳨ κγʹ. [8]Φιλώτας. (Demotic) 'Signed Petiesis son of Portis wheat 20⅓. [9]Signed Patous (?) son of Pathotes wheat 20⅓'. [10]Ἀμμώνιος με(μέτρημαι) ⳨ εἴκοσι γʹ [11]/ ⳨ κγʹ.

11 κ corrected from ει.

152 [2879]. 27th July 163 B.C.

Ἔτους ζ Παῦνι κη εἰσμε(μετρήκασιν) [2]εἰς τὸν ἐν Διὸς πό(λει) τῆι με(γάληι) θη(σαυρὸν) [3]ὑπὲρ τοῦ τόπου εἰς τὸ ζL [4]Πατσεοῦς καὶ Ἐπαίνης [5]⳨ λγ∠γʹ / λγ∠γʹ. [6]Ἀσκληπιάδης. [7](Demotic) 'Signed Petiesis son of Portis'.

Πατσεοῦς same as in 150–1.

153 [2220]. 26th June 162 B.C.

Ἔτους ιθ Παχὼν κζ [2]εἰσμε(μέτρηκεν) εἰς τὸν ἐν Διὸς πόλει [3]τῆι *μεγάλῃι θη(σαυρὸν) ὑπὲρ τοῦ τόπου* [4]*εἰς τὴν ἐπιγρ(αφὴν) τοῦ ιθ∟* [5]*Σίμων Ἀβδιοῦτος* 𐅵 *μίαν* [6]*ἥμισυ* d / 𐅵 *α∠*d. *Πανᾶς.* [7](Demotic) 'Signed Pete . . . . .'. [8]*Ἀπολλώνιος με(μέτρημαι) μίαν* [9]*ἥμισυ τέταρτον* / 𐅵 [*α∠*d].

154 [1158]. 17th June 161 B.C.

Ἔτους κ Παχὼν ιθ [2]*με(μετρήκασιν) εἰς τὸν ἐν Διὸς πό(λει) τῆι* [3]*με(γάλῃι) θη(σαυρὸν) ὑπὲρ τοῦ τόπου κ∟* [4]*Δῶρος Δώρου καὶ οἱ μέ(τοχοι)* [5]𐅵 *δέκα ἐννέα γ´* [6]/ 𐅵 *ιθγ´.* [7]*Πανᾶς.*

155 [2876]. 28th June 160 B.C.

∟κα Παχὼν λ̄ [2]*με(μέτρηκεν) εἰς τὸν ἐν Διὸς πό(λει)* [3]*τῆι με(γάλῃι) θη(σαυρὸν) ὑπὲρ τοῦ τόπου* [4]*κα∟ Εὐτυχίδης* [5]*Λυσιμάχου* 𐅵 *εἴκοσι* [6]*δύο γ´* / 𐅵 *κβγ´.* [7]*Πανᾶς.* [8]*Πανίσκος με(μέτρημαι) εἴκοσι* [9]*δύο γ´* / 𐅵 *κβγ´.* [10] . . . [11] . . . .

156 [1137]. 22nd September 160 B.C.

Ἔτους κα Μεσορὴ κϛ με(μέτρηκεν) [2]*εἰς τὸν ἐν Διὸς πό(λει) τῆι με(γάλῃι) θη(σαυρὸν)* [3]*ὑπὲρ τοῦ τόπου ιθ∟ Ἰνδῶς* [4]*Ἀβιήστου* 𐅵 *μίαν ἥμισυ τέταρτον* [5]/ 𐅵 *α∠*d. *Πανᾶς.* [6](H. 2) *Πανίσκος με(μέτρημαι) καθότι πρό(κειται)* [7]𐅵 *μίαν ∠*d / 𐅵 *∠α*d.

157 [1167]. 17th May 159 B.C.

∟κβ Φαρμοῦθι ιη̄ με(μέτρηκεν) [2]*εἰς τὸν ἐν Διὸς πό(λει) τῆι* [3]*με(γάλῃι) θη(σαυρὸν) ὑπὲρ τοῦ τόπου κα∟* [4]*Θεόδοτος Α . . ε . . . .* [5]. . . . . [6]/ 𐅵 *β*d. *Πανᾶς.* [7](H. 2) *Ἀπολλώνιος με(μέτρημαι) β*d [8]/ *β*d.

4 Apparently not same name as in 159. 5 illegible; one would expect *πυροῦ δύο τέταρτον.*

158 [378]. 30th March 158 B.C.

Ἔτους κγ Μεχεὶρ λ̄ [2]*με(μέτρηκεν) εἰς τὸν ἐν Διὸς πό(λει) τῆι μεγάλῃι) θη(σαυρὸν)* [3]*ὑπὲρ τοῦ τόπου κβ∟ Στράτ[ων]* [4]*Στράτω(νος)* 𐅵 *ϛ∠γ´* / *ϛ∠γ´.* [5]*Πανᾶς.* [6]*Ἀπολλώνιος με(μέτρημαι)* 𐅵 *ϛ∠γ´.*

159 [1160]. 23 November 158 B.C.

(H. 3)] . . *λατος . η* [2]]*ησα(*) *ξζγ̄∠γ´.* [3](H. 1) [*Ἔτου*]*ς κδ Φαῶφι κβ̄* [4][*με(μέτρηκεν) εἰ*]*ς τὸν ἐν Διὸς πό(λει)* [5][*τ*]*ῆι με(γάλῃι) θη(σαυρὸν) ὑπὲρ τοῦ τόπου* [6]*εἰς τὸ κγ∟. Θεόδοτος* [7]*Θαρσητοῦ* 𐅵 *ἑξήκοντα* [8]*ἑπτὰ* ἥμισυ γ´ / ꜩ ξζ∠γ´. [9]Πανᾶς. [10](H. 2) Ἀπολλώνιος με(μέτρημαι) ἑξήκοντα [11][ἑπτὰ ἥμισυ γ´] / ꜩ ξζ∠γ´.

The two lines at the top appear to have been inserted afterwards. The first γ in l. 2 should have been deleted.

160 [582]. 29th January 157 B.C.

Ἔτους κδ Χοίαχ λ̣ με(μέτρηκεν) [2]εἰς τὸν ἐν Διὸς πόλει τῆι μεγάλῃι [3]θησαυρὸν ὑπὲρ τοῦ τόπου κγL [4]Ἕλλην Δωσιθέου ꜩ ἑπτὰ δίμοιρον [5]/ ꜩ ζβ´, τῶι δὲ πρότερον γρ(αφέντι) [6]τοῦ αὐτοῦ . . . . [7]μὴ χρήσηι. Πανᾶς. [8](H. 2) Ἀπολλώνιος με(μέτρημαι) ꜩ ἑπτὰ δίμοιρον / ꜩ ζβ´.

161 [2228]. *c.* 162–157 B.C.

Ἔτου[ς . . . . με(μέτρηκεν)] [2]εἰς τὸν ἐν Διὸς [πό(λει) τῆι με(γάλῃι) θη(σαυρὸν)] [3]ὑπὲρ τοῦ Παθυρί[του] [4]Νήσου Τμουπαρῶ [5]Ὀρθέας Ὀρθέου ꜩ δέκα [6]ἓξ τέταρτον / ꜩ ιϛd. [7]Πανᾶς. [8]Ἀπολλώνιος με(μέτρημαι) ꜩ δέκα [9]ἓξ d / ꜩ ιϛd. [10]Πτολεμαῖος με(μέτρημαι) δέκα [11]ἓξ d.

6 ϛ corrected. This ostracon is assigned to the reign of Philometor on the analogy of nos. 153–60. The place-name Τμουπαρῶ is new. With the payment ὑπὲρ τοῦ Παθυρίτου cf. the payments ὑπὲρ τοῦ Κοπτίτου in 71, 73–4, Camb. 137.

162 [2218]. 27th and 29th November 156 and 30th March 155 B.C.

Ἔτους κϛ Φαῶφι κη̅ με(μέτρηκεν) εἰς τὸν ἐν [2]Διὸς πόλει τῆι μεγ(άλῃι) θη(σαυρὸν) κϛL Νουβίων Ὠνίου [3]πυροῦ τρεῖς / ꜩ γ. Φαῶφι λ ὁ αὐτὸς [4]πυροῦ τρεῖς / ꜩ γ. Φαμενὼθ α̅ [5]ὁ αὐτὸς πυροῦ πέντε ἥμισυ / ꜩ ε∠. [6]Ἀμβρύων.

Ἀμβρύων was in office from the 22nd to the 28th year of Philometor. The name Νουβίων is otherwise unknown.

163 [2231]. 30th March 155 B.C.

Ἔτους κϛ Φαμενὼθ α̅ με(μετρήκασιν) εἰς [2]τὸν ἐν Διὸς πό(λει) τῆι μεγ(άλῃι) θη(σαυρὸν) κεL [3]Στράτων Στράτωνος καὶ Ἰσ- [4]άκις ꜩ ἓξ ∠ / ꜩ ϛ∠. [5]κδL β∠d / ꜩ θd. Ἀμβρύων.

2 In κε ε corrected from ϛ; perhaps in 162 also κϛL is a mistake for κεL. Στράτων same as in 158; Ἰσάκις (= Isaac) was his brother, cf. 164.

164 [787]. 19th June 151 B.C.

Ἔτους λ Παχὼν κγ̅ με(μέτρηκεν) εἰς τὸν [2]ἐν Διὸς πό(λει) τῆι μεγ(άλῃι) θη(σαυρὸν) λL [3]Ἰσάκις Στράτωνος [4]κριθῆς τέσσαρας d / δd.

5–6(Demotic) illegible. 7(H. 2) Ἑρμοκρά(της) με(μέτρημαι) κρ(ιθῆς) τέσσαρας d 8/ κρ(ιθῆς) δd.

Verso one line, in a different hand, partly effaced, perhaps not belonging to the text.

This ostracon is assigned to the reign of Philometor on the analogy of 163.

165 [2212]. 154 or 143 B. C.

Ἔτους κζ Π[. . . . . με(μέτρηκεν)] 2εἰς τὸν ἐν Διὸς [πό(λει) τῆι μεγ(άλῃι) θη(σαυρὸν)] 3κζL Κεφαλ . [. . . . . . .] 4πυροῦ δέκα ἓξ [β] / ꜧ ιϛβ]. 5Ἀσκληπιάδ[ης ꜧ δέκα] 6ἓξ δίμοιρο[ν / ꜧ ιϛβ.]

Space vacant between lines 4 and 5. Ἀσκληπιάδης probably not the same as in 152.

166 [1146]. 153 or 142 B. C.

ἱεροῦ ι'β'. 2Ἔτους κη Ἐπεὶφ κγ μ[ε(μέτρηκεν) εἰς τὸν ἐν] 3Διὸς πό(λει) τῆι με(γάλῃι) θη(σαυρὸν) ὑπὲρ τοῦ τόπου κηL [. . . . .] 4Ψενθώτου πυροῦ ρεῖς ἥμι[συ d / ꜧ γ∠d]. 5(H. 2) Διοκλῆς με(μέτρημαι) εἰς τὴν ∠ϛ κατο(ίκων) ὑπὲρ τοῦ τόπ(ου) εἰς [τὸ κηL] 6κ . . . ꜧ τρεῖς ἥμισυ τέταρτον / ꜧ γ[∠d]. 7(H. 3) Ὁ αὐτὸς πυροῦ τέσσαρες d / ꜧ [δd]. 8(H. 2) Διοκλῆς με(μέτρημαι) εἰς τὴν βϛ κατο(ίκων) ὑπὲρ [τοῦ τόπου] 9ꜧ τέσσαρας τέταρτον / ꜧ δ[d].

167 [303]. 150 or 139 B. C.

ἱεροῦ ι'β'. 2Ἔτους λβ Φαῶφι κθ με(μέτρηκεν) 3εἰς τὸν ἐν Διὸς πόλ(ει) τῆι με(γάλῃι) θη(σαυρὸν) εἰς τὴ[ν] 4ἐπιγρα(φὴν) τοῦ ἑνὸς καὶ λL ὑ[πὲρ τοῦ τόπου] 5ἓξ ἀντιδιαγρ(αφῆς) κατο . ( ) [. . . . .] 6[. . .] . γρα( ) . . . . [

For ἱερὸς πυρός cf. W. O. i. 221. Note that the payment is here made εἰς τὴν ἐπιγραφήν; otherwise Otto *Priester und Tempel* ii. 85. Cf. 171, 175–6.

168 [1143]. 18th June 140 B. C.

ἱεροῦ γ'. 2Ἔτους λ Παχὼν κε με(μέτρηκεν) εἰς 3τὸν ἐν Διὸς πό(λει) τῇ μεγ(άλῃ) θη(σαυρὸν) ὑπὲρ τοῦ 4τόπ(ου) εἰς τὸ λL Ἀμμώνιος Ἑρμίου 5πυροῦ τριάκοντα μίαν ἥμισυ 6τέταρτον / ꜧ λα∠d. Ἡρα(κλείδης). 7(H. 2) Ἡρακλείδης με(μέτρημαι) εἰς τὸ λL ὑπὲρ τοῦ τόπου 8Παχὼν κε ꜧ τριάκοντα μίαν 9ἥμισυ τέταρτον / ꜧ λα∠δ. 13(H. 3) Ἀπολλώνιος με(μέτρημα) εἰς τὸ 14λL ὑπὲρ τοῦ τόπο(υ) 12Παχὼν κε ꜧ λα∠d.

This ostracon is assigned to the reign of Euergetes II on the analogy of W. O. 747, where the same signatures occur.

169 [1191]. 21st June and 12th August 139 B. C.

Ἔτους ἑνὸς καὶ τριακοστοῦ Παχὼν κη με(μετρήκασιν) εἰς τὸν ἐν Διὸς πό(λει) ²τῆι με(γάληι) θη(σαυρὸν) εἰς τὴν ἐπιγρα(φὴν) τοῦ λαL ὑπὲρ τοῦ τόπ(ου) Δ[ί]φιλος Ἀλε- ³|ξάνδρου καὶ οἱ ἀδελφοὶ ⳨ τεσσαράκοντα πέντε ⁴/ ⳨ με. Πτο(λεμαῖος) σιτολόγ(ος). ⁵|Ἐπεὶφ κ ὁ αὐτὸς ⳨ εἴκοσι πέντε / ⳨ κε. Πτο(λεμαῖος) σιτολόγ(ος). ⁶(H. 2) Ἡρακλείδης πυροῦ ἑβδομή(κοντα) / ⳨ ο. Lλα Ἐπεὶφ κ. ⁷(H. 3) . ν . . κλης πυροῦ ἀρτάβας ἑβδομ- ⁸|κοντα / ⳨ ο. Lλα Ἐπεὶφ κ.

The ostraca in which Δίφιλος Ἀλεξάνδρου and Σῶσος Ἀλεξάνδρου, presumably his brother, are mentioned, are all assigned to the reign of Euergetes II on the analogy of 180–1. For the signatures cf. W. O. 735–6.

170 [1145]. 13th July 137 B. C.

ἱεροῦ ι´β´. ²Ἔτους λγ Παῦνι κα με(μέτρηκεν) εἰς τὸν ἐν Διὸς πόλ(ει) ³τῆι με(γάληι) θη(σαυρὸν) εἰς τὴν ἐπιγρα(φὴν) τοῦ τρίτου καὶ λL ⁴|ὑπὲρ τοῦ τόπ(ου) Σῶσος Ἀλεξάνδρου κριθῆς πέντε ∠γ´ι´β´ ⁵/ κ(ριθῆς) ε∠γ´ι´β´. Ιτοω( ).

1 Read ἱερᾶς. 4 ὦσος ostr.

171 [2651]. 23rd November 137 B. C.

ἱεροῦ d. ²Ἔτους λδ Φαῶφι κθ με(μέτρηκεν) εἰς ³τὸν ἐν Διὸς πόλ(ει) τῆι με(γάληι) θη(σαυρὸν) εἰς τὴν ⁴ἐπιγρα(φὴν) τοῦ δευτέρου καὶ λL τοῦ τόπ(ου) ⁵Δίφιλος Ἀλεξάνδρου κρότ(ωνος) εἴκοσι ⁶τρεῖς / κ(ρότωνος) κγ. Ιτοω( ).

Signature as in 170, but no such name is otherwise known.

172 [1147]. 22nd January 136 B. C.

Ἔτους λδ Χοίαχ κθ με(μέτρηκεν) εἰς τὸν ἐν ²Διὸς πόλ(ει) τῆι με(γάληι) θη(σαυρὸν) εἰς τὴν ἐπιγρα(φὴν) τοῦ ³δευτέρου καὶ λL ὑπὲρ τοῦ τόπ(ου) ⁴Δίφιλος Ἀλεξάνδρου ⳨ εἴκοσι ⁵|δίμοιρον / ⳨ κβ´. Ἡρα(κλείδης).

173 [415]. 18th June 136 B. C.

ἱεροῦ ς´. ²Ἔτους λδ Παχὼν κς με(μέτρηκεν) εἰς τὸν ἐν ³Διὸς πό(λει) τῆι μ(εγάληι) θη(σαυρὸν) εἰς τὸ λδL ὑπὲρ τοῦ τόπ(ου) ⁴[Π]ετεαροῆ(ρις) καὶ Ἡρακλῆς ⳨ δέκα ⁵[μίαν τρί]τον / ⳨ ιαβ´. Ἡρα(κλείδης). ⁶[(H. 2) . . . .] πυρο(ῦ) ⳨ ιαβ´ / ⳨ ιαβ´. ⁷[(H. 3) . . . . δέκα μ]ίαν δίμοιρον / ⳨ ιαβ´.

5 β´ corrected from γ´. For the signature cf. 168 and 172.

174 [2168]. 4th June 134 B.C.
ἱεροῦ ϛ΄. ²Ἔτους λϛ Παχὼ̣ν̣ ι̣β̣ ³με(μέτρηκεν) εἰς τὸν ἐν Διὸς πόλει τῆι με(γάληι) θη(σαυρὸν) ⁴εἰς τὴν ἐπιγρα(φὴν) τοῦ λϛ∟ [ὑπὲρ] ⁵τοῦ τόπου Δίφιλος Ἀ̣[λεξάνδρου] ⁶[.

175 [2136]. 6th June 134 B.C.
ἱε̣ροῦ η΄κ̣΄δ΄. ²Ἔτους λϛ Παχὼν ιδ με(μέτρηκεν) εἰς τὸν ἐν Δ̣[ιὸς πό(λει) τῆι με(γάληι) θη(σαυρὸν)] ³εἰς τὴν ἐπιγρα(φὴν) τοῦ ἕκτου καὶ λ∟ ὑπ[ὲρ τοῦ τόπου] ⁴Σῶσος Ἀλεξάνδρου πυροῦ εἴκ̣[οσι ἓξ ἥμισυ d] ⁵κ δ΄/ ⳨ κϛ∠dκ̣΄δ΄. ⁶[Ἕρμων πυροῦ εἴκοσι ἓ[ξ ∠dκ΄δ΄/ ⳨ κϛ∠dκ΄δ΄.]

176 [2214]. 14th July 134 B.C.
ἱεροῦ ϛ΄. Ἔτους λϛ Παῦνι κβ με(μέτρηκεν) εἰς τὸν ἐν Δ[ιὸς πόλει)] ³τῆ̣ι̣ με(γάληι) θη(σαυρὸν) εἰς τὴν ἐπιγρα(φὴν) τοῦ λϛ∟ [ὑπὲρ] ⁴τ̣ο̣ῦ̣ τ̣ό̣π̣ο̣υ̣ Δίφιλος Ἀλεξάνδρου [πυροῦ] ⁵δέκα δύο δίμοιρον / ⳨ ιββ΄. ⁶Ἕρμων ⳨ ιββ΄/ ⳨ ιβ[β΄.

Space vacant between lines 5 and 6.

177 [1871]. 20th August 134 B.C.
∟λϛ Ἐπεὶφ κθ με(μέτρηκεν) εἰς τὸν ἐν Δ̣ι̣ὸ̣ς̣ πό(λει) ²τῆι με(γάληι) θη(σαυρὸν) εἰς τὴν ἐπ̣ιγρα(φὴν) τοῦ λϛ∟ ³ἐξ ἀντιδ̣ι̣α̣γρα(φῆς) Θέωνος τοῦ Δωρίωνο̣ς̣ ⁴ὑπὲρ Διφίλο(υ) τοῦ Ἀλεξάνδρο̣υ̣ ⁵⳨ δέκα πέντε / ⳨ ιε. ⁶Πτ̣ο̣λ(εμαῖος) σιτολ(όγος).

3 Read Θέων Δωρίωνος.

178 [106]. 25th September 134 B.C.
Ἔτους λϛ Μεσορὴ ἐπαγο(μένων) ε̄ ²με(μέτρηκεν) εἰς τὸν ἐν Διὸς πό(λει) τῆι με(γάληι) θη(σαυρὸν) εἰς τὴν ³ἐπιγρα(φὴν) τ̣ο̣ῦ̣ λ̣ϛ∟ ὑπὲ̣ρ̣ τ̣ο̣ῦ̣ τ̣ό̣[που] ⁴Σώστρατος Ξέν[ωνος ⳨ τρεῖς ∠] ⁵/ ⳨ γ∠.

179 [402]. 26th June 132 B.C.
∟λη Παῦνι ε̄ με(μετρήκασιν) εἰς τὸν ἐν Διὸς π̣ό(λει) τῆι με(γάληι) θη(σαυρὸν) ²λη∟ ὑπὲ̣ρ̣ τόπ(ου) ἐξ ἀν(τιδιαγραφῆς) Ἑρμόφιλος Ἡρακλείδο̣υ̣ ³ὃς καὶ Θοτιμη(   ) καὶ Ἡράκλειος ˥ ⳨ δέκα πέντε ⁴δωδέ(κατον) / ⳨ ιει΄β΄. Ἡρα(κλείδης). ⁵(H. 2) Ἡρακλείδης ⳨ ιει΄β΄ / ιει΄β΄. ⁶(H. 3) Πτολεμαῖος ⳨ ιει΄β΄. ∟λη Παῦ(νι) ε.

3 Ἡράκλειος ˥ = Ἡράκλειος Ἡρακλείου. Cf. 196–7.

180 [1141]. 26th June 132 B.C.
ἱερο̣ῦ̣ ⳨ εγ΄ι΄β΄. ²∟λη Παῦνι ε̄ με(μέτρηκεν) εἰς τὸν ³ἐν Διὸς πό(λει)

τῆι με(γάλῃι) θη(σαυρὸν) λη∟ ὑπὲρ τοῦ τόπ(ου) [4]Δίφιλος Ἀλεξάνδρου [5]⳨ ἐννέα ἥμισυ ι΄β΄ / ⳨ θ∠ι΄β΄. [6]Ἡρα(κλείδης). [7]Ἡρακλ(είδης) ⳨ θ∠ι΄β΄ / θ∠ι΄β΄. [8]Ὁ αὐτὸς ἄλλας ἑξήκοντα δύο [9]δίμοιρον / ⳨ ξββ΄.

181 [2213]. 3rd June 131 B.C.

∟λθ Παῦνι θ̄ με(μέτρηκεν) εἰς τὸν ἐν Διὸς [2]πόλει τῆι μεγάλῃι θη(σαυρὸν) ὑπὲρ τοῦ τόπ(ου) εἰς τὸ λθ∟ [3]Δίφιλος Ἀλεξάνδρου πυροῦ [4]τριάκοντα τρίτον / ⳨ λγ΄. [5]Πτο(λεμαῖος) σιτο(λόγος). [6]Ὁ αὐτὸς ⳨ δέκα τέσσαρες β΄ / ⳨ ιδβ΄. [7]Πτο(λεμαῖος) σιτο(λόγος). [8]Ἡρακλείδης ⳨ λγ΄. Ἄλ(λας) ⳨ ιδβ΄ / ⳨ [ιδβ΄.]

At the date of this ostracon the reign of Cleopatra II Philometor Soteira was evidently not yet recognized at Thebes. Cf. Bevan *History of Egypt*, p. 312. W. O. 1358 shows that Euergetes was again recognized on Choiak 19 of his 40th year, if at least that ostracon is from Thebes.

182 [2652]. 14th May 130 B.C.

ἱεροῦ ι΄β΄. [2]∟μ Φαρμοῦθι κβ̄ με(μέτρηκεν) μ∟ [3]ὑπὲρ τοῦ τόπ(ου) Σωσίας Σώσου [4]⳨ ἓξ ἥμισυ / ⳨ ϛ∠. Ἀπολλώ(νιος).

Signature as in W. O. 749, same day. That these ostraca are from Thebes, although the words εἰς τὸν ἐν Διὸς πόλει τῆι μεγάλῃι θησαυρόν are omitted, is proved by comparison of W. O. 749 with O. Strassb. 316.

183 [2221]. 17th September 128 B.C.

∟μβ Μεσορὴ κθ̄ με(μέτρηκεν) εἰς τὸν [2]ἐν Διὸς πό(λει) τῆι με(γάλῃι) θη(σαυρὸν) μβ∟ ὑπὲρ τοῦ τόπ(ου) [2]. . . κων . . . . Ψενθώτου [4]⳨ τέσσαρες ἕκτον / ⳨ δϛ΄. [5]Τρίτου καὶ μ ἔτους . . . [6]. . . . . Ψενθώ(του) [7]. . . . . η( ) . . . .

Space vacant between lines 4 and 5.

184 [363]. 8th August 126 B.C.

∟μδ Ἐπεὶφ ιθ̄ με(μέτρηκεν) εἰς τὸν ἐν [2]Διὸς πό(λει) τῆι με(γάλῃι) θη(σαυρὸν) μδ∟ ὑπὲρ τοῦ τόπ(ου) [3]Ἀπολλώνιος Πραξίου ⳨ ἓξ ἕκτον [4]/ ⳨ ϛϛ΄. Ἀπολλώ(νιος).

4 Ἀπολλώνιος (signature) same as in 182.

185 [1157]. 7th April 123 B.C.

Ἔτους μζ Φαμενὼθ ιζ̄ με(μέτρηκεν) εἰς [2]τὸν ἐν Διὸς πόλ(ει) τῆι με(γάλῃι) θη(σαυρὸν) μζ∟ [3]ὑπὲ(ρ) τ(οῦ) τόπ(ου) Πμεννιδ . . . . . . νι . [4]⳨ εἴκοσι ἓξ / ⳨ κϛ. Ἀπολ(λώνιος). [5](H. 2) Ἀντιγέ(νης) ⳨ κϛ.

186 [1152]. 26th May 122 B.C.

∟μη Παχὼν ς μ[ε(μέτρηκεν) εἰς] [2]τὸν ἐν Διὸς πόλ(ει) τῆι [με(γάλῃι) θη(σαυρὸν)] [3]μη∟ ὑπὲρ [τοῦ τόπ(ου)] Σωκρ[ά(της)] [4]'Ισιδώρου ⳨ εἴκοσι [5]πέντε / ⳨ κε. [6]'Απ̣ο̣λ̣(λώνιος).

187 [2179]. 18th May 121 B.C.

∟μθ Φ̣α̣ρ̣μ̣ο̣ῦ̣θ̣ι̣ κθ με(μέτρηκεν) εἰς τ̣ὸ̣ν̣ [2]ἐν Διὸ̣ς̣ π̣ό̣(λει) τῆι μ̣ε̣(γάλῃι) θ̣η̣(σαυρὸν) μ̣θ̣∟ ὑ̣π̣ὲ̣ρ̣ τ̣ο̣ῦ̣ τόπ(ου) [3]Π̣ε̣τ̣ε̣ν̣ε̣φ̣ώ̣τ̣η̣ς̣ 'Εριέω̣ς̣ [4]⳨ μίαν / ⳨ α. 'Απολλώ(νιος). [5](H. 2) ἔξηρται.

188 [1140]. 13th May 120 B.C.

∟ν Φαρμ̣ο̣ῦ̣θι κδ με(μέτρηκεν) εἰς τὸν [2]ἐν Διὸς πόλ(ει) τῆι με(γάλῃι) θη(σαυρὸν) ν∟ [3]Διοσκουρίδης Κ̣α̣ρου- [4]ίτωνος ⳨ δέκα [5]/ ⳨ δέκα.

189 [2242]. 22nd July 118 B.C.

Ἔτους νβ 'Επεὶφ δ̄ με(μέτρηκεν) εἰς τὸν [2]ἐν Διὸς πό(λει) τῆι με(γάλῃι) θη(σαυρὸν) νβ∟, τῶι δὲ πρό(τερον) γρα(φέντι) [3]τοῦ ἴσου μὴ χρή(σηι) Π̣ . . . . . ο̣ς̣ 'Ηρα( ) [4]Φ̣ο̣τ̣νού(φιος) ⳨ τέσσαρες / ⳨ δ.

190 [630]. 5th June 115 B.C.

ἱεροῦ ∠. [2]Ἔτους β Παχὼν ιη με(μέτρηκεν) εἰς τὸν ἐν [3]Διὸς πόλ(ει) τῆι με(γάλῃι) θη(σαυρὸν) β∟ ὑπὲρ το̣ῦ τόπ(ου) 'Αγαθοκλῆ̣ς̣ [4]Διονυσίου ⳨ τεσσαράκοντα / ⳨ μ.

191 [2205]. 13th June 115 B.C.

ἱερ(οῦ) ι̣ β̣'. [2][Ἔτο]υς β Παχὼν κς̣ με(μέτρηκεν) [3][εἰς τ]ὸ̣ν ἐν Διὸς πόλ(ει) τῆι με(γάλῃι) θη(σαυρὸν) [4]β̣[∟] Π̣ικῶς Ψενετύ- [5]μιος ⳨ ὀκτὼ ∠d / η∠d.

192 [2145]. 21st July 114 B.C.

Ἔτους γ 'Επεὶφ δ̄ με(μέτρηκεν) εἰς τὸ ∠ ἀ̣ρ̣τ̣(άβης) τοῦ αὐ(τοῦ) ∟ [2]Δάμων Πετεχῶ̣ντος ⳨ ἀ(ρτάβας) [3]δέκα δύο / ⳨ ἀ(ρτάβαι) ιβ. [4](H. 2) 'Απολλώ(νιος) σ̣ι̣τ̣ο̣λ̣ό̣γ(ος). [5](H. 1) ὑπὲρ Πραξίου [6]τοῦ Δάμωνος.

'Απολλώνιος same as in W. O. 701; perhaps also same as in nos. 182 and 184–7; if so this ostracon is from Thebes. The ostracon had been previously used for other writing.

193 [1153]. 4th November 114 B.C.

Ἔτους δ Φαῶφι ιε με(μέτρηκεν) εἰς τὸ ∠ [2]—ο τοῦ γ∟ Πραξίας [3]Δ̣άμωνος πυροῦ τέσσαρ[ας] [4]/ ⳨ δ. [5](H. 2) 'Απολλώ(νιος) σιτολ(όγος).

Cf. 192.

194 [216]. 30th December 114 B. C.

῎Ετους δ Χοίακ ια με(μέτρηκεν) εἰς ²τὸν ἐν Διὸς πόλ(ει) τῆι μεγάλῃι) θη(σαυρὸν) γ∟ ³Καλλίας Μενῆτος ♄ ⁴ὀκτὼ / η. ⁵῎Αλλας ε∟ / ε∟.

195 [383]. 20th June 113 B. C.

῎Ετους δ Παῦνι δ μ(εμέτρηκεν) εἰς τὸν ἐν Διὸς πόλ(ει) ²τῆι μ(εγάλῃι) θη(σαυρὸν) εἰς τὸ ∟γ Φίλιππος Φιλίππου ³♄ ἑπτὰ ἥμισυ / ζ∟.

196 [370]. 1st July 112 B. C.

῎Ετους ε Παῦνι ιε ²με(μέτρηκεν) ε∟ Ἑριεῦς ⁊ ³♄ ἥμισυ / ♄ ∟.

Ἑριεῦς ⁊ = Ἑριεῦς Ἑριέως, cf. 197.

197 [248]. 31st August 111 B. C.

῎Ετους ϛ Μεσορὴ ιϛ με(μέτρηκεν) ϛ∟ ²εἰς τὸ ∟ ἀ(ρτάβης) Ἑριεῦς Ἑριέως ♄ ³τρεῖς ἥμισυ / ♄ γ∟. ῎Αλ(λο) ∟ / δ.

Ἑριεῦς same as in 87; this ostracon is therefore from Thebes.

198 [2142 + 2143]. 27th May 109 B. C.

ἱεροῦ ϛ΄. ²῎Ετους η Παχὼν ια με(μέτρηκεν) εἰς τὸ ³η∟ Ἀπολλώνιος Πραξίου ⁴♄ δέκα τέσσα(ρας) τρίτον ⁵/ ♄ ιδγ΄.

Ἀπολλώνιος same as in 184; this ostracon is therefore from Thebes.

199 [57]. 5th June 88 B. C.

῎Ετους κϛ Παχὼν κε με(μέτρηκεν) ²εἰς τὸν ἐν Διὸς πόλει τῆι [μ]ε(γάλῃι) ³θη(σαυρὸν) κϛ∟ Τα . ης . . . . [. . . .] ⁴κρ(ιθῆς) ⊸ πέντε ι΄β΄ [/ ει΄β΄].

Grenfell assigned this ostracon on the ground of the handwriting to the reign of Ptolemy Alexander.

200 [486]. Second century B. C.

῎Ετους . Παχὼν κζ ²με(μέτρηκεν) εἰς τὸν ἐν Διὸς πό(λει) τῆι με(γάλῃι) ³θη(σαυρὸν) ὑπὲρ τοῦ τόπ(ου) εἰς τὸ αὐ(τὸ) ∟ Χαρί- ⁴δημος Ἀλεξάνδρου πυροῦ ⁵[[. . . . .]] τρίτον ι΄β΄ κ(ριθῆς) δέκα ⁶ἥμισυ τρίτον δωδέκ(ατον) ⁷/ ♄ [. . . . . .] . . . . . .

Number of year illegible.

201 [639]. Thebes, 119 B. C.

῎Ετους να Παχ(ὼν) κ. [ἐν Διὸς πόλει] ²τῆι μεγ(άλῃι) με(μέτρηκεν)

Ἀμμώ[νιος . . . .] [3]*εἰς τὸν Νουμη(νίου) στέφα[νον τοῦ . .* L] [4]*πυροῦ δέκα / ⳨ ι [καὶ τὴν . . . . .]* [5]*|τοῦ αὐτοῦ* L . [6]. . . [

202 [1484]. Thebes, 10th June 119 B.C.

῎Ετους να Παχ(ὼν) κβ ἐ[ν Διὸς πό(λει) τῆι με(γάλῃι)] [2]*μεμέτρη(κε) Διονύσιο[ς . . . . . .]* [3]*εἰς τὸν Ν[ο]υμη(νίου) στέφα(νον) [τοῦ . .* L] [4]*[πυ]ροῦ δέκα / ⳨ [ι . . . . . .]* [5][. .] . *τοῦ μζ*L . · [

The formula of nos. 201–2 is somewhat different from the ordinary formula of the granary receipts. Νουμήνιος was at this time the chief minister of Euergetes II; cf. no. 256, W. O. 1360, P. Fay. 14, O. G. 139, S. B. 2100, Otto *Priester und Tempel* i. 57. He was perhaps a grandson of the Νουμήνιος mentioned by Polybius XXX. 11.

Nos. 203–205. Granary Receipts, Memnonia.

203 [9]. 28th July 142 B.C.

῎Ετους κη Ἐπεὶφ δ [2]*με(μέτρηκεν) κη*L *Μεμ(νονείων) Πανεχάτης* [3]*Πετεμίνιος ⳨ μίαν* [4]*ς´ κ´ δ´ / ⳨ ας´ κ´ δ´. Ἡρακλείδ(ης).* [5]*Κρατῖνος ⳨ ας´ κ´ δ´.* [6](Demotic) 'Year 28, wheat . . . .'.

Nos. 203–4 are assigned to the reign of Euergetes II on the analogy of an ostracon at Aberdeen, which has the signature Κρατῖνος in yr. 37. Πανεχάτης same as in W. O. 1520.

204 [1925]. 20th August 142 B.C.

*῎Ετους κη Ἐπεὶφ κζ με(μέτρηκεν) κη*L [2]*Μεμ(νονείων) Πανεχάτης Σαν . ηνιος* [3]*⳨ μίαν ἥμισυ / α∠. Ἡρακλείδ(ης).* [4]*Ἐπεὶφ κζ ἄλλας ⳨ β.* [5]*Κρατῖνος ⳨ τρεῖς ∠ / ⳨ γ∠.* (Demotic) '$3\frac{1}{2}$'.

Cf. 203. 2 Not Πετεμίνιος.

205 [785]. 29th June 150 B.C.

L*λα Παῦνι γ με(μέτρηκεν) λα*L *[Μεμ(νονείων)]* [2]*ἐξ ἀν(τιδιαγραφῆς) Νεχώθης Ἐριέως* [3]*[πυ]ροῦ ςγ´ / ςγ´. Ἀντίοχος.* [4](Demotic) 'Signed Pamonthes son of . . . .'.

Μεμ(νονείων) restored on the supposition that Ἀντίοχος is the same as in Theb. 26, which is assigned to the reign of Philometor on the supposition that Thotsutmis there mentioned is the same who occurs on a wooden tablet of the 24th year of that reign (*Bodleian Quarterly Record*, vol. ii, no. 24, p. 317). Νεχώθης variant of Νεχούθης.

206 [403]. Hermonthis, 13th May 103 B.C.

῎Ετους ιδ τοῦ καὶ ια Φαρμοῦ(θι) [2]*κη με(μέτρηκεν) εἰς τὸ αὐτὸ* L *Ἑρμ(ώνθεως) Ἀμμώ(νιος)* [3]*Ψεναμού(νιος) πυροῦ μίαν / ⳨ α. Ἑρμ(ίας).*

Ἑρμίας same as in W. O. 713 and 1500.

207 [1206]. Crocodilopolis (?), 3rd July 119 B.C.

Ἔτους να Παῦ(νι) ιε με(μέτρηκεν) εἰς τὴν [2]ἐπιγρα(φὴν) τοῦ αὐ(τοῦ) L Ἄνω τό(που) Θοτορταῖος [3]Π . τ . . . ς ꝯ τέσσαρας ς′ / ꝯ δς′. [4]Ὁ αὐ(τὸς) δύο ∠ι′β′ / ꝯ β∠ι′β′. [5]. . . .

Said to be from Gebelen. 4 After δύο ∠ corrected from /.

208 [2167]. Coptos (?), 14th August 120 B.C.

Ἔτους ν Ἐπεὶφ κζ με(μετρήκασιν) εἰς τὴν [2]ἐπιγρα(φὴν) τοῦ αὐ(τοῦ) L Ἄνω τό(που) [3]Ψενθώ(της) Πιτῶτος καὶ οἱ ἀδε(λφοὶ) [4]ꝯ δέκα πέντε / ꝯ ιε. [5]Πανίσκος. [6]Ἀπολλώνιος. [6]Ἀμμώνιος.

I had at first supposed no. 208 to be from Crocodilopolis on account of its resemblance to no. 207, but Ψενθώτης is presumably the same as in O. Strassb. 18, which is from Coptos. If so, the date of O. Strassb. 18 is probably 135 B.C.

Nos. 209–228. Granary Receipts, place uncertain (but probably most of them from Thebes).

209 [2201]. 148 or 137 or 84 B.C.

Ἔτους λγ Φαμενὼθ ια με(μέτρηκεν) εἰς τὴν ἐπιγρα(φὴν) [2]τοῦ λβL Νεχθανοῦ(φις) Ἀρτέμωνος [3]|πυροῦ τέσσαρες / ꝯ δ.

210 [1363]. 115 (?) B.C.

. . . . ′ . ′ [2]Ἔτους . . . . εἰς τὸ βL [3]Ἡρακλείδης . . . . [4]ꝯ ἕξ / ꝯ ς.

211 [1136]. 111 (?) B.C.

Lς Παῦνι ια [2]εἰς τὸ ςL . . . ες Δῶρος Ἀρτε- [3]μιδώρου κριθῶν διακοσίας [4]ἑβδομήκοντα τρεῖς ἕκτον [5]/ κρ(ιθῶν) σογς′. Ὁ αὐτὸς τέσ⟨σ⟩αρας / δ [6]/ σοζς′. Πτο(λεμαῖος). [7]Πλέων κρ(ιθῶν) σοζς′. [8]Πετεαροῆρις κρ(ιθῶν) σοζς′.

212 [598]. 30th August 111 B.C.

Ἔτους ς Μεσορὴ ιε με(μέτρηκεν) ςL [2]Ἡρακλείδης Παμφίλου ꝯ [3]|ἓξ ι′β′ / ꝯ ςι′β′.

213 [2138]. 16th December 110 B.C.

Ἔτους η Ἀθὺρ κη με(μέτρηκεν) εἰς τὸ ζL [2]Ἡράκλειος Ἀπίωνος ꝯ τριάκο(ντα) [3]|τρίτον / ꝯ λγ′.

214 [2176]. 3rd January 109 B.C.

Ἔτους η Χοίαχ ις με(μέτρηκεν) εἰς τὸ ζL Ἀρίστις [2]|Γαλάτου ꝯ δέκα ἐννέα ἥμισυ τρίτον / ꜫ ιθ∠γ'. [3]Ὁ αὐτὸς καὶ Χεσθῴτης ὁ ἀδελφὸς [4]τοῦ Ἀρίστιος ꜫ μίαν ἥμισυ / ꜫ α∠.

215 [372]. 2nd September 107 B.C.

Ἔτους ι Μεσορὴ ιθ με(μέτρηκεν) εἰς τὸ ι∟ [2]Χεσθώτης Πετεχῶντος ꜫ [3]ὀκτὼ ∠d / η∠d.

216 [1154]. 4th August 100 B.C.

Ἔτους ιδ Ἐπεὶφ κβ με(μετρήκασιν) εἰς τὸ [2]αὐτὸ ∟ Περμᾶμις Ὥρου [3] καὶ . . κ . . ꜫ μίαν / α.

217 [2496]. 1st August 99 B.C.

ἱεροῦ ι̣β'. [2]Ἔτους ιε Ἐπεὶφ ιθ με(μέτρηκεν) εἰς τὸ αὐτὸ ∟ [3]Ἡρακλείδης Παμφίλου ꜫ ἑπτὰ ∠d. [4]/ ꜫ ζ∠δ.

Cf. 212.

218 [2864]. 6th September 99 B.C.

Ἔτους ιε Μεσορὴ κε με(μέτρηκεν) [2]εἰς τὸ αὐτὸ ∟ Ὧρος [3]Νεχθανούπιος [4]ꜫ μίαν / α.

219 [2164]. 93 (?) B.C.

Ἔτους κα Παῦνι ι̣ με(μέτρηκεν) εἰς [2]τὴν ἐπιγρ(αφὴν) τοῦ αὐτοῦ ∟ Πετεμενῶ(φις) [3]Χεσθώτου πυροῦ τεσσαράκοντα [4]/ ꜫ μ. [5]Ἐπ(εὶφ) ια ὁ αὐτὸς πυροῦ δέκα ἑπτὰ / ꜫ ι̣[ζ]. [6]Μεσορὴ κε ὁ αὐτὸς πυροῦ ἐ̣ν̣[νέα / ꜫ θ]. [7]Φ̣ . . . . . ꜫ . . κ . . .

220 [2234]. 11th July 54 B.C.

Ἔτους κζ Ἐπεὶφ θ̣ με(μέτρηκεν) [2]εἰς τὸ ∠ ἀ(ρτάβης) Παπορωτο̣υ̣ . . . [3]τοῦ κε∟ Ε̣ὐρυ̣μη . φ . . [4]Εὐμήλου πυροῦ ⏆ δέκα [5]ἥμισυ / ꜫ ⏆ ι∠. [6]Κρό(νιος) καὶ Ἑ̣ρμ̣(ίας) σιτολ(όγοι).

The place-name Παπορωτο̣υ̣ . . . is otherwise unknown. Κρόνιος occurs also in Theb. 13, yr. 21; W.O. 722, yr. 22; W.O. 1335, yr. 28; and Ἑρμίας in W.O. 720 and Theb. 12, yr. 20; Theb. 14, yr. 23. The only reign to which all these dates can refer is that of Auletes, since the handwriting is too late for the reign of Philometor.

221 [767]. 52 or 43 B.C.

[Ἔτους .]θ Παῦ(νι) ιδ με(μέτρηκεν) εἰς τὴν [2][ἐπιγρα(φὴν)] τοῦ αὐ(τοῦ) ∟ Ἑριεῦ(ς) Παμώ(νθου) [3][πυροῦ ἀρ]τάβα(ς) τρεῖς / ꜫ ⏆ γ̣. [4][Πε]τ̣ε( ) σιτολ(όγος).

The date may be either the 29th year of Auletes or the 9th of Cleopatra, the signature being the same as in Theb. 15 which is of the 5th year of Cleopatra.

222 [1192]. 13th July 32 B.C.

[῎Ετους] κ τοῦ καὶ ε̄ ᾿Επεὶφ ιζ̄ [2]. . . . . κηγι( ) τοῦ αὐ(τοῦ) L Πα . . . [3]. . . . . εφυτον πυροῦ [4]ἀρτά(βας) δύο ἥμισυ τρίτο(ν) / ₰ —₀ βL γ΄. Διον(ύσιος) καὶ Κον . . ( ) σιτολ(όγοι).

This is the latest dated ostracon of the Ptolemaic period. There are few ostraca from Thebes which can be assigned with certainty or even with probability to the reigns of Auletes and Cleopatra; probably Thebes had not yet recovered from its destruction by Soter II. Cf. Bevan *History of Egypt* p. 371.

223 [784]. Second or first century B.C.

῎Ετους ι . . . . ν L [2]ε . . . . . . ᾿Απολλώνιος ῾Ηρα κλείδου [3]₰ δύο ἥμισυ / ₰ βL.

224 [1872]. Late third century B.C.

Broken off above.

῾Ερμόφιλος ε[ἰσμεμέ(τρημαι) καθότι πρό]- [2]κειται κριθ[ῆς ἀρτάβας . . . . . .] [3]τέταρτον . . [[4](Demotic) ' . . . . . . according to what is above written '.

This fragment contains only the signatures to a receipt which is lost; it does not appear whether the receipt was written in Greek or demotic.

225 [*Egyptian Inscriptions* 208]. Second (?) century B.C.

[1–3]Demotic. [4]῾Ερμοκλῆς εἰσμε(μέτρημαι) . . . . καθότι [5]προγέ-γρ(απται). Lκγ Παῦνι κᾱ. [6–7]Demotic.

The demotic texts of nos. 225–9 have not yet been deciphered.

226 [*Eg. Inscr.* 209]. Second (?) century B.C.

[1–3]Demotic. [4]῾Ερμοκλῆς εἰσμεμέ(τρημαι) ₰ ις΄ καθ[ό]τι [5]προγέ-γρ(απται). Lκδ Παχὼν ιβ̄. [6]Demotic.

227 [*Eg. Inscr.* 288]. Second (?) century B.C.

[1–3]Demotic. [4]῾Ερμοκλῆς εἰσμεμέ(τρημαι) ₰ λβς΄ καθότι προγέ-γρ(απται). [5–6]Demotic.

228 [*Eg. Inscr.* 245]. Second or first century B.C.

[1–4]Demotic. [5]. . . . . Πετενεφώτο(υ) ἐπ(ηκολούθηκα) . . τριάκοντα [6]ἐννέα τρίτον / λθγ΄. [7](H. 2) Μεμέτρημαι ₰ —₀ λθγ΄. ῾Ομ(οίως) κδL Φαῶ(φι) [8]ιζ̄ ἀνή(θου) γ΄. [9](H. 3) ᾿Απολλώ(νιος) . . ἐπη(κολούθηκα) ₰ —₀ λθγ΄.

229 [*Eg. Inscr.* 1353]. Second or first century B.C.

Recto 9 lines demotic.

Verso ῞Ωρου τοῦ Ἁρσιήσιος ²σύμβολον γῆς ῎Αμμωνος ³πυροῦ ⸏ δέκα.

Nos. 230–241. Receipts for Chaff.

230 [1554]. Late third or early second century B.C.

Lβ Παχὼν ξ̄ παρ[αδέ]- ²δωκεν Π̣ετεμ̣[. . .] ³Χ̣ε̣σ̣θ̣ω̣ύ̣τ̣ου . [. . . . .] ⁴Σαμ̣β̣α̣θαίου [ἀχύ(ρου) μώια] ⁵πεντήκον[τα / μώ(ια) ν]. ⁶Ακ̣[

3 end probably a name in the dative, cf. 238.

231 [2163]. 164 B.C.

῎Ετους ς Παῦν̣[ι ..] ²παραδέδω(κεν) εἰς τὸ καθῆ(κον) ἄχυ̣(ρον) ³τοῦ αὐτοῦ L Πατσεοῦς ⁴Ἀρτεμιδ̣ώρου Σκ̣ο̣ρ̣α̣μ̣ω̣ι ⁵ἀχύρου μώια μα ⁶/ μα. ⁷Πανίσκος.

For Πατσεοῦς cf. 150–2.

232 [2203]. 28th June 161 B.C.

Lκ Π̣α̣χὼν λ̣̄ παραδ̣έδωκ̣ε̣ν̣ ²εἰς τ̣ὸ̣ κα(θῆκον) ἄχυρον τοῦ αὐτοῦ L ³Ἰαφέα̣ς μώια ιε / ιε. ⁴(H. 2) Ἰάσων.

233 [1131]. 154 B.C.

῎Ετους κζ παραδέδωκ̣ε̣ν̣ ²ε̣ἰ̣ς τὸ καθῆ(κον) ἄχυ(ρον) τοῦ αὐ(τοῦ) L ³Ψεναμοῦνις ῞Ωρου μώ(ια) μ ⁴/ μώ(ια) μ. ⁵Ἰωσῆπος. ⁶β̣ . ο̣ . . τ̣ω̣ν̣ ι̣τ . . ου( ).

Ἰάσων who signs no. 232 and Ἰωσῆπος who signs no. 233 occur together in W.O. 1513–14.

234 [2144]. 155 or 144 B.C.

῎Ετους κς ²Φαρμοῦθι κ̣̄ παρα- ³δέδωκεν εἰς τὸ κα(θῆκον) ⁴ἄχυρον τοῦ αὐτοῦ L ⁵῟Ωρος Σούλιος ἀχύ(ρου) μώ(ια) λς ⁶ἐπαντλή(του) καὶ ἐνβρόχου. ⁷Ἀλεξάνδρωι λ. ⁸Σίμωνι Δεξιφά(νους) ς.

Between lines 6 and 7 space vacant.

235 [2134]. 154 or 143 B.C.

῎Ετους κζ παραδέδωκεν ²εἰς τὸ καθῆ(κον) ἄχυ(ρον) τοῦ αὐτοῦ L ³Παθώτης Πατσεοῦ μώ(ια) ρι ⁴/ ρι.

236 [1150] = S.B. 5669. 148 or 137 B.C.

῎Ετους λ̣γ Φαρμοῦθι λ̄ ²παραδέδω(κεν) εἰς τὸ καθ̣ῆ(κον) τοῦ αὐ(τοῦ

L [3]Πετνοῦχις χηνοβοσκὸς [4]ἀχύ(ρου) μώια τριάκοντα / λ. [5](H. 2) Πτολεμαῖος. [6](H. 1) Ἔγρα(ψεν) Ἀλκίμα(χος).

Verso 3 lines, indistinct, probably not connected with the recto.
1 κγ Sayce, λγ Grenfell. 3 Πετνοῦχις or Παπνοῦχις, not Πετεσοῦχος.

237 [2872] = S. B. 1092. 148 or 137 B.C.

Ἔτους λγ Φαρμοῦθι λ̄ παραδεδώ(κασιν) [2]εἰς τὸ καθῆ(κον) ἄχυ(ρον) τοῦ αὐ(τοῦ) L [3]Ἁρυώθης μέγ(ας) Πτολεμαίου καὶ Ἁρυώθη(ς) [4]μικ(ρὸς) Πτολεμαίου καὶ οἱ μέ(τοχοι) ἀχύ(ρου) [5]μώια ἑξήκοντα / ἀχύ(ρου) μώ(ια) ξ. [6]Πτολεμαῖος. [7]Οἱ αὐτοὶ ἄλλας δέκα / ἀχύ(ρου) μώ(ια) ι [8]εἰς χλω( ) ἀχύ(ρου) μω(ίων) ο. [9]Πτολεμαῖος.

Nos. 236 and 237 were written on the same day. The use of μέγας or μείζων and μικρός in the sense of 'older' and 'younger' is evidently imitated from the Egyptian (Griffith). 7 For ἄλλας read ἄλλα. The ostracon had been previously used for other writing, which in some places is still legible; to the left of l. 6 Εὐρυμήδηι μ . . . εις, below l. 9 Πτολεμαίωι Νικομ(άχου) . ισ . . . . . | . . . λκω( ) L ς'.

238 [629]. 6th July 140 B.C.

Ἔτους λ Παῦνι ῑγ παραδέδω(κεν) [2]εἰς τὸ καθῆ(κον) ἄχυ(ρον) τοῦ αὐτοῦ L [3]Ἰναρῶς Μα . . . . ιου Ἀπολλωνίωι [4]Πύρρου μώια πδ. [5](H. 2) Προῖτος.

No. 238 is assigned to the reign of Euergetes II on the supposition that Προῖτος is the same as in 239.

239 [1439]. 129 B.C.

Lμα Φαμενὼθ [.] παρα- [2]δέδω(κεν) ας τὸ καθῆ(κον) ἄχυ(ρον) Ἑριεῦς . . . [3]Ψενμώνθου μώια δέκα [4]|τρεῖς / μώ(ια) ιγ. [5](H. 2) Προῖτο(ς) οἰκο(νόμος).

2 Read εἰς. For the title οἰκονόμος cf. O. Strassb. 6.

240 [1142]. 129 B.C.

Lμα Φαρμοῦ[θι . . παραδεδώ(κασιν) εἰς τὸ καθῆ(κον) ἄχυ(ρον)] [2]τοῦ μαL . . . [. . . . .] [3]καὶ οἱ μέ(τοχοι) ἀχύρ[ου μώια.

241 [2667]. 50 (?) B.C.

Ἔτους β Μεσορὴ παρα(δέδωκε) Παθώ(της) Ψενα(μούνιος) [2]μώ(ια) ι / μώ(ια) ι.

Nos. 242–247. Receipts for work on the Embankments.

242 [1478]. 256–5 B.C.

Ἔτους λ ἀναβέβλη(κε) ²Φμόις Ψενθώτου ³ναύ(βια) ἑπτὰ ∠ / ναύ-(βια) ζ∠. ⁴Ἀρτεμίδωρος.

243 [2123]. 236–5 B.C.

Lιβ ἀπείργασται εἰς τὸν ²περὶ Θή(βας) τόπον Πανοῦφις ³Θοτορ-ταίου ναύβ(ια) κε. Κριτόλαος. ⁴(Demotic) '. . . . . son of . . . . . naubia . . . . . .'.

The first name in the demotic text may perhaps be Petosiris, but the father's name is not the same as in 246 (Thompson).

244 [2861]. 234–3 B.C.

Ἀπείργασται ἐν τῶι περὶ Θή(βας) ²τόπωι εἰς τὸ ιδL Πανοῦφις ³Θοτορταίου ναύβια λ. Ἀπολλώνιος.

245 [2229]. 224–3 B.C.

Lκδ ἀπείργασται εἰς τὸ Παῆτος ²περίχωμα Αρθω . . ψ . . ναύ-β(ια) λ. ³(Demotic) '. . . . naubia 30. ⁴Haryothes . . . for naubia 30'. ⁵*Ἔγρα(ψε) Κριτόλαος να(ύβια) λ.*

246 [765]. *c.* 223 B.C.

[L . . ἀπ]είργασται εἰς τὸ Παῆτος περίχωμα ²[Ἀμενρ]ῶσις Ἀτρή-ους ναύβια λ. ³(Demotic) 'Signed Petosiris son of Senesis (?) naubia 30. ⁴Signed Paapis (?) son of Harsiesis (?) naubia 30. Signed Haroeris son of Haryothes (?) naubia 30'. ⁶*Ἔγρ(αψε) Κριτόλαος ναύ(βια) λ.*

247 [1802]. Second century B.C.

Ἡρᾶς καὶ Ἰμούθης ²Ἀμενώ(θῃ) χαί(ρειν). Ἀνα[βέ]- ³βληκας τὰ β[. . . .] ⁴ναύβια . . . [

3 Apparently not κ[αθήκοντα.

Nos. 248–253. Orders for Payment.

248 [1181]. *c.* 190 B.C.

Διοκλῆ· χρημάτισον Δαμοξένωι ²ν' εισησ( ) κς χαλκοῦ ∠ ἑπτακο- ³σίας ὀγδοήκοντα / ψπ. ⁴Ερη . . νιος.

Cf. 249–50. Handwriting according to Grenfell late third or early second century. Διοκλῆς probably same as in 40. The meaning of ν' εισησ is obscure.

κϛ perhaps = 26 obols to the stater. It is not clear whether the amount is on the silver or the copper standard, but more probably the former; cf. 250. 4 Not Εἰρηναῖος.

249 [2243]. *c.* 190 B.C.

Διοκλῆ· χρ(ημάτισον) τοῖς ²παρὰ Ξένωνος Θεοδώρωι ³καὶ Διοφέλῃ εἰς τὴν Παχράτου ⁴εἰς πλ(ήρωσιν) ιδ . . ε( ) β . . ιε ∠λ. ⁴Ερη- . . . . ο( ).

250 [2712]. *c.* 190 B.C.

Διοκλῆ· χρ(ημάτισον) εἰς τ[ὴν ̄. τοῦ Με]- ²σορὴ Νικιάδῃ Δρ[. . . . .] ³χα(λκοῦ) λϛ / λϛ. Ει . . . . [

251 [1144]. Second century B.C.

Ἀσκληπιάδης καὶ Γοργίας ²Παλοῦτι χαί(ρειν). Δὸς Πτολεμαίωι ³τῷ μετόχῳ σου χα(λκοῦ) ∠ δισχι- ⁴λίας ὀγδοήκοντα / ∠ Ἐβπ. ⁵(H. 2) *Ἀσκλη(πιάδης)· δὸς καθό(τι) πρό(κειται).*

Γοργίας perhaps same as in W. O. 318.

252 [1182]. Second century B.C.

Νικιάτω[ι] γ. ²Ἀβιήτωι β. ³Φίλωνι β. ⁴Σίμω(νι) Σαμβα(θαίου) γ. ⁵Ἰησοῦτι Ἀβιήτου γ. ⁶/ ιγ. ⁷Διονύσιος· μέ(τρησον) τοῖς ⁸προγεγραμμένοις ἑκάσ- ⁹τωι τὸ παρακείμενον ¹⁰πλῆθος. ¹¹Λυσίμαχος· μέ(τρησον).

253 [1614]. *c.* 161 B.C.

Ἰάσων Σναχομνεῖ τῶι ²καὶ Σνακομνεύτιτος ³Πεμσάιτος χαίρειν. ⁴Δὸς μετ . . . . ιγ ⁵. π . . . . ι . . δε . . ἀχύρου ⁶[μώια πε]ντήκοντα.

Ἰάσων probably same as in 232.

Nos. 254–255. Orders to issue Receipts.

254 [1179]. Late third or early second century B.C.

Ἡλιοδώρωι· δὸς ²σύμβολον Πταροήρει ³∠κ εἰς τὴν Πανσανίου ⁴παρουσίαν.

Ἡλιόδωρος perhaps same as in 33.

255 [2244]. Second or first century B.C.

Δὸ(ς) Ἑριεῖ Φανῆτος ²εἰς λύ(σιν) σύ(μβολον) ἐπιγρα(φῆς) δοχι(κῷ) δ∠d ³καὶ ἀρταβιή(ας) β∠ / ζd ⁴αἳ χ^κθ ηϛ'.

2 In επιγρ∟ ε corrected from ⟓. $4\frac{3}{4}+2\frac{1}{2}=7\frac{1}{4}$ artabae by the μέτρον δοχικόν $=8\frac{1}{6}$ artabae by the measure of 29 choinices; therefore the μέτρον δοχικόν contained $32\frac{2}{3}$ choinices. The measure of 29 choinices is mentioned also in no. 339, P. Grenf. i. 18, P. Hibeh 85, O. Strassb. 774, and the measure of $32\frac{2}{3}$ choinices in P. Lond. 125. The tax called ἀρταβίεια is attested only for the later part of the Ptolemaic period; none of the ostraca in which it is mentioned are earlier than the reign of Euergetes II. The actual rate of the tax was not always 1 artaba to the arura, but sometimes $\frac{1}{2}$ artaba or some other fraction. The ἐπιγραφή and ἀρταβίεια were frequently paid together, the ἐπιγραφή being always named first.

256 [2709]. 9th April 128 B. C. Demand for payment.

Broken off above.

] . . . . . . [2][. . . . .] . [· ὀ]φείλουσιν [3]πυροῦ $\overline{\circ}$ ἑκατόν, Ἀπολλωνίωι [4]πράκτορι Νουμηνίου στε(φάνου) [5]πυροῦ $\overline{\circ}$ εἴκοσι μίαν [6]/ ⟓ $\overline{\circ}$ κα· προσδέχο- [7]μαι ὑμῖν αὐτάς. [8]∟μβ Φαμε(νὼθ) ιη.

Cf. 201–2.

257 [2122]. Second century B. C. Contract of lease.

Πμενχῆς Τιμάρχωι [2]χαίρειν. Ὁμολογῶι μεμισ- [3]θωκέναι παρὰ σοῦ τὸ γ μέρος [4]ἀπὸ τοῦ γ μέρους τῆς . . . [5][.] . . . εἰς τὸ εν . ν . . . ν [6][. . . . . .] . εἰς τὸ δ∟ ἐφ' ὧι ὃ ἂν [7][. . . . .] δώσω σοι . . [8][

Verso ὃ ἂν ἐνβαλω κριθῆς [2]δώσω σοι μ . . . [3]ἀρούρας δ ἐφ' ὧι [4]κα . . . [

Nos. 258–263. Letters.

258 [2867]. *c.* 243–225 B. C.

Σώστρατος Θαμε- [2]νεῦτι χαίρειν. [3]Ἤκασιν εἰσπράσσον- [4]τες Ἐπώνυχον / α𐅵 [5]οἱ λογευταί.

Σώστρατος perhaps same as in 11–17. The meaning of the signs in l. 4 is uncertain; apparently not $1\frac{1}{2}$ drachmae.

259 [1164]. Third century B. C.

Μοσχίων Δωρίωνι [2]χαίρειν. Ἀπὸ σοῦ γενόμενος [3]κατέβη εἰς τὰ Κεραμεῖα [4][.]αχινος καλῶς ποιήσηι [5][. . . . .] . . [. . .] . [. . .] [6][

260 [2881]. Third century B. C.

Ἡρᾶ(ς) Πατσεῖ χαί(ρειν). [2]Ἀνάστασον ἤδη [3]Παμώνθην εἰς τὴν [4]προστάδα.

261 [2886]. Second century B. C.

Πόσεις Πετεαρουῆρι ²*χαί(ρειν). Ἀνενήνεκται* ³*πλίνθου δισχιλία* ⁴*τετρακόσια πεντή(κοντα)* ⁵/ *'Βυν.* ⁶ *Lη Τῦβι κα.*

Πόσεις variant of Πόσις.

262 [2707]. Late second century B. C.

Φέρε τὸ διάδημα ²*τὸ χάλκινον* ³*καὶ τὸν ἄβακον καὶ ψυ* ⁴. . . . . *δει . νον καὶ τ .* ⁵. . . . . *καὶ μελα . κ .* [

263 [1095]. Fragment, late Ptolemaic.

Recto 7 lines, indistinct.

Verso] . . . *μ . ια* ²]*ος ἄγετε* ³*π*]*ροσέχετε* ⁴] *ὁμιλεῖ αὐτῶι* ⁵*π*]*ρο-ορώμενος* ⁶] . . *ἐξ ὑμῶν.*

4 ὁμιλεῖ doubtful; for λ perhaps τ.

NOS. 264–272. DOCUMENTS OF UNCERTAIN CHARACTER.

264 [2181]. 22nd May 125 B. C.

Lμε Παχὼν β̄ ²*παραδόντες ἡμῖν* ³*τὰς ἀρτάβας πυροῦ* ⁴*ἴκοσι συν-γέγραφθαι* ⁵*Ἀπολλωνίῳ . ρ . . . .* ⁶*πρὸς Ἑρμοκλ . .* [. . .] ⁷*Lμ .* [

265 [664]. Receipt or contract, 28th May 101 B. C.

Broken off above.

. [. . . . .]- ²*ντα .* [. . . . . *μισ*]- ³*θώσεων τ*[. . . . . . .] ⁴*καὶ ἄλλων χα*[*λκοῦ*] ⁵*τάλαντον ἓν τ*[*ετρ*]- ⁶[*ακισχιλίας* ⁷/ *Λ α'Δ.* ⁸*Ἔτους ις τοῦ καὶ* ⁹*ιγ Παχὼν ιδ.*

266 [786]. Second century B. C.

Ἔτους [. . . . .] ²*λοχου Μνα(* *) ον .* [. . . . . *πυροῦ* —] ³*ὀκτὼ ς'* / ⁊ — *ης' κοιν*[*ωνικῶν*] ⁴*καὶ ἄλλων τέσσαρες ἥμισυ* / [⁊ *δ∠*] ⁵/ *τούτων* ⁊ *ιβ β'* [

2 Λόχου or Ἀντι-]λόχου. μνᴸ = Μνά(σωνος) or Μνά(σιδος).

267 [1163]. Second or first century B. C.

κα]*ταβέβληκεν* ²]*τεις Σωτίωνος γυ(* *)* ³] *ἕως Χοίαχ* ⁴] . *δ̄* ⊢*ρ.*

268 [1183]. Second century B. C.

Φόμβος Ἑρμοφί[*λωι* ²*δεῦρ' εἰς Διοπολ(ίτην)* . [³*παραδε(* *) κογν . γχη(* *)* [⁴⁊ — *ιζ∠.*

269 [1869]. Elephantine, third or second century B. C.

Broken off above.

δέκα πέντε / *ιε* ²*αἴγων πέντε* / *ε* / *κτή-* ³*νων εἴκοσι* / *κ.* ⁴*σ* ⁵*ρ.*

270 [2202]. 3rd January 118 B. C.

(Demotic) 'Year 52 Choiak 14'. [2][L νβ Χ]οίαχ $\overline{\iota\delta}$ κλωστῆρες διακόσιοι [3][. . . . . . .]κοντα ὀκτὼ ἥμισυ.

2 κλωστηρες inserted above the line. Cf. W. O. 1525.

271 [781]. Late second century B. C.

Broken off above.

. . . .] . ρασ[. . .] [2][. . ξύλων δεσ]μὰς πεντα- [3][κοσίας / ξ]ύλων δεσμ(αὶ) φ. [4][L . .] Φαῶφι $\bar{\kappa}$. [5]Ἀπολλώνιος.

272 [2706]. Third century B. C. Palimpsest.

.] . ψον ηκοντα πνευτρος [2]. .]τοῦ Θῶυτ ιγ κδ.

NOS. 273–276. OATHS.

273 [1364]. Thebes, 150 or 139 B. C.

Ὅρκος ὁρ δεῖ ὀμόσαι Ἰσίδωρον καὶ τὴν τούτου γυναῖκα [2]Ἀμμων . . . . Πτολεμαίωι ἐπὶ τοῦ Ἡρακλείου [3]τῆι η τοῦ Τῦβι τοῦ λαL. Νὴ τὸν Ἡρακλῆ [4]καὶ τοὺς συννάους θεοὺς ἦ μὴν . . . . . . [5]ἔχειν παρὰ τῶν . . . . [6]διὰ τῶν . . . . [6]τω[.] . . . . [. . .] . . . . . . [8]τ . . . . [9]χα(λκοῦ) Ἐγψοε . . . . . . ρ . ιος [10]μὴ ὀμνυόντων αὐτῶν [11]ἀπολύεσθαι τὸν Πτολεμαῖον.

1 Read ὅν. 2 Not Ἀμμωνίαν. The Ἡρακλεῖον here mentioned was the temple of Chons at Karnak; cf. W. Chrest. 110 A, M. Chrest. 49, *Theban Ostraca*, p. 57.

274 [1217]. Coptos, 29th September 67 B. C.

Ὅρκος ὃν δεῖ ὀμόσαι [2]ἐπὶ τοῦ ἐν Κόπ(τῳ) Κρονείου [3]τῆι $\overline{\kappa\alpha}$ τοῦ Θῶυθ [4]τοῦ ιεL Τιμόδημον [5]Ἑρμίου Δωρίωνι καὶ Θέωνι [6]ἀμφοτέροις Φιλίππου διότι [7]νὴ τὸν Κρόνον καὶ τοὺς συν- [8]νάους θεοὺς εἰ μὴν ἣν εἴ- [9]χεν ὁ πατήρ μου συνγραφὴν Αἰγυπτίαν ἐν παραθήκηι [11]ταύτην τὴν γυναῖκάν μου [12]Ζμῖθιν ἀποδεδωκέναι [13]Ἀρσινόηι Δωρίωνος. Ὀμόσαντος [14]αὐτοῦ ἀπολύεσθαι τῆς [15][συνγρα]φῆς, μὴ ὀμ[ό]σαντος [16][. . . . .] . . . [

11 Read γυναῖκα. 13 The second ω of δωριωνος inserted above the line. 14 τῆς corrected from τῶν. Grenfell assigned this ostracon on the ground of the handwriting to the reign of Auletes. Κρόνος evidently represents an Egyptian god, probably Geb.

275 [1200]. Second or first century B. C.

Broken off above.

. . . . .] . [[2]. . .]ṿ . ητ . [[3]τιμὴν μὴ εια . [[4]τησαντος τη . . [[5]φορηκέναι αὐτὴν μη[[6]μηδὲ ὠφελῆσθαι απ̣[[7]μηθ' ἕτερόν τι μηδ . . [[8]ὀμνυόντων αὐτῶν ἀπολ[ύεσθαι] [9]αὐτούς, ἐὰν δὲ μὴι ὀμνύωσι [10]ἐκτίσεις τὴν τιμὴν αὐτῷ [11]ἣν ἐὰν ὁμήσηι Ἀχιλλεὺς [12]τιμήν. [13](H. 2) *Δι' ὁρκομότου.*

13 Read ὁρκωμότου.

276 [*Egyptian Inscriptions* 565]. Second (?) century B. C.

Recto 9 lines demotic, not yet deciphered.

Verso Lκβ Τῦβι ιε [2]ὅρκος Δημέου πρὸς [3]Λύκον Πετεχῶντος [4]περὶ τῶν καταμμιν [5]καὶ Φίλιππον τὸν ταύ- [5]της ἄνδρα.

1 τυβι corrected from μεχειρ. 4 Read κατὰ Ταμμῖν?

277 [1169]. Late second century B. C. Extract from law.

Published in *Savigny Zeitschrift* xliv. 512.

['Εκ δια]γράμματος περὶ τῶν ἐπὶ τοῦ βασιλέ- [2][ως καὶ ἐφ'] ἑτέρου χρηματιστοῦ κριθέντων : [3]['Εάν τις] ἐπὶ τοῦ βασιλέως κριθεὶς πάλιν [4][περὶ τοῦ] αὐτοῦ πράγματος ἐπ' ἄλλου τι- [5][νὸς κριτη]ρ̣ίου ἢ δικαστηρίου κρίνητ̣α̣ι̣ [6][ἀποτειν]έτω εἰς τὸ βασιλικὸν δρα(χμὰς) [7][μυρίας καὶ] ἡ δίκη αὐτῶι μὴ εἰσ- [8][αγέσθω. Ἄλλ]ο̣ μέρος̣. [9]['Εάν τις περὶ] τ̣οῦ̣ αὐτοῦ [. . . . . .] [10][. . . . .]το . . [

7 μυρίας conjectured on analogy of M. Chrest. 31, col. 7, l. 11.

278 [2752]. Second or first century B. C. Fragment; copy of edict (?).

[1-3]illegible [4]] . . . ὑμᾶς ἐκκεχυ(μένους) εἰς [5]] . ε̣ι δ' ἡμῖν τὰς ↑ κ̣α( ) μη( ) οὖν [6]]ἐπορευ( ) εἰς τὰς ἰδίας καὶ [7]] . . . σθε πρὸς τοῖς καθε( ).

5 The meaning of the sign ↑ is uncertain.

279 [2260]. First century B. C. (?). Literary.

Μηθὲν δεῖξε ἐν [2]ἐπαχθεῖ [3]εἶτ' ἔνπαλιν α̣ὐθ̣' [4]ἀνεταμέν- [5]ους.

Palimpsest over an earlier text incompletely effaced, probably a Ptolemaic bank receipt.

280 [643]. Late Ptolemaic. School exercise; uncials; palimpsest.

ΑΤΗ̣ [2]ΙΣΤΟ [3]ΟΣ ΚΙΘΑΡ̣[Ι] [4]ΣΤΗΣ ΑΓ̣ [5]ΞΕΤΑΙ̣ [6]ΣΔΥΝ [7]ΔΙΝΑ ΦΟΡΟΥΣ [8]ΑΣΑΣ.

Nos. 281–303. Lists of Names.

281 [1988]. Pathyris, second (?) century B. C.

Ομ . . . . . . [²*Παθύρει τρ[ά(πεζαν)* ³*τοτου(*) *στεφά(νου)* ⁴*Πετεχῶ(νσις) Καυρ* . . ⁵*Παμοῦνις νεώ(τερος).* ⁶*Χενσερτάις,* ⁷*Πτεαρουῆρις* . . . . ⁸*Πετεμεῖνις.* ⁹*Πελαίας γναφεύ(ς).* ¹⁰*Μελανκόμας.*

The name Χενσερτάις is new, but cf. Θοτορτάις and Ἀμεναρτέις.

282 [1568]. Second century B. C.

Col. i. *Οἱ τὴν αμ . . . (*) *τῆι α̅ τοῦ Ἀθύρ.* ²*Πτολεμαῖος Ἀσκλη(πιάδου).* ³*Πτολεμαῖος Ἑρμαίου.* ⁴*Πανσανίας Ἀσκλη(πιάδου).* ⁵*Ἀμμώ(νιος) Πύρρου.* ⁶*Ἀπολλώ(νιος) Ἀμμω(νίου).* ⁷*Δαμοκρίνης.* ⁸*Φιλεταῖρος.* ⁹*Ταυρίσκος.* ¹⁰*Μέμνων Ἡρᾶτος.* ¹¹*Ἀπολλώ(νιος) Μηνοδώ(ρου).* ¹²*Ἀμμώ(νιος) Ἡρα(κλέωνος) χ . μ.* ¹³. *ρ* . . . . *Ἑρμο(κλέους).* ¹⁴*Καλλισθένης.* ¹⁵*Πολυξένης.* ¹⁶*Ἑρμίας Ἀπολλω(νίου).* ¹⁷*Ταύρων Ἡρα(κλείδου).* ¹⁸*Ἑρμοκλ(ῆς) Ἀπολλω(νίου).* ¹⁹*Ταύρων Αἰσχίνου.* ²⁰*Ε . . κης . . νιδ* . [²¹*Ἕρμων Ἡρακλ[είδου* ²²*Πτολεμαῖος* [²³*Ἡρα(κλείδης) Ἀσκ[λη(πιάδου).*

Col. ii. *Ποσειδώνιος.* ²*Ἑρμοκλ(ῆς) Πύρρου.* ³*Ἀμμώ(νιος) Πύρρου.* ⁴*Ἀπολλώ(νιος) Φιμχιλος.* ⁵*Διονύ(σιος) Ἐπικρ(ά)τ(ους).* ⁶*Ἀπολλώ(νιος) Ἀμμω(νίου).* ⁷*Ταύρων Πτολεμα(ίου).* ⁸*Ἀμμώ(νιος) Ἡρακλέωνος.*

283 [1978]. Second century B. C.

Broken off above.

Col. i. *θυ* . . [²*ὀφειλ[* ³*Πρώταρχ[ος* ⁴*Φίλιππος* [⁵*Ἀμμώ(νιος) Σωστρά(του).* ⁶*Ταύρων Σαραπίω(νος).* ⁷*Ἀπολλ(ώνιος) Πτολεμαί(ου).* ⁸*Σαραπίων Ῥόδω(νος).* ⁹*Ἑρμίας Ἀνουβίω(νος).* ¹⁰*Ἀπολλώ(νιος)* ‘ . . . . . *Ἑρμίου.* ¹¹*Ἀμβρύων* (Ἑρμιόνης above) *Ἕρμω(νος).* ¹²*Ἑρμοκλῆς Ἀπολλω(νίου).* ¹³*Σωσιγένης* (Ἑρμιόνης above) *Καλλίου.* ¹⁴*Ἀπολλώ(νιος) Ἀπολλω(νίου).* ¹⁵*Ἀμμώ(νιος) Σκόπα.* ¹⁶*οἱ ενκ(*) *τὸν αι . . . ν τοῦ Θῶυθ* ¹⁷[. . .] . . [. .] . . . . . . *απ.* ¹⁸[

Col. ii. *Δ[* ²*Ἴδας* [³*Ε . μ* . . . [⁴*Στράτω[ν* ⁵*Ἀπολλώ(νιος)* [⁶*Κράτων* . [⁷. . . . . [⁸. [⁹. . [

Col. ii, l. 1 opposite l. 6 of col. i. In col. i below line 2 a horizontal stroke; to the left of lines 3, 4, 6, 7, 10, 15 a slanting stroke; to the left of lines 5, 8, and 13 a dot, to the left of lines 9, 11, 12 an ×, l. 14 bracketed. In col. ii to the left of l. 1 a slanting stroke, at the left of lines 2–6 dots. Ἑρμοκλῆς Ἀπολλωνίου same as in 282.

284 [1873]. Second century B. C.

Recto list, partly illegible, mentioning names Ἀμμώ(νιος) &c.

Verso Εὔμηλος Σιμαρίστου. [2]Λυσίμα(χος) Ἀμμω(νίου). [3]Ἀμμώ(νιος) Σωστρά(του). [4]Θέων ἱερεύς. [5]Ἑρμίας Ἀνουβίω(νος).

Ἀμμώνιος and Ἑρμίας same as in 283.

285 [1987]. Third or second century B. C.

ε̄. [2]Περιγένης. [3]Ἰόλας. [4]Σίμων Λολοῦ. [5]Ἰωσῆπος Μηνοδώρου. [6–7] illegible.

Broken off below. 3 Ἰόλας for Ἰόλαος.

286 [1821]. Second century B. C.

Ἀσκληπιάδης Ἡρα(κλείδου). [2]Πύρρος Ἡρακλεί[δ]ου. [3]. . . . . ου [4]Ἀχιλλεὺς Ἡρακλείδου.

287 [2128]. Second century B. C.

Ἀμμώ(νιος) Γαλά(του). [2]Γαλάτης υἱός. [3]Κομόις. [4]Σποκῆς Κρη( ). [5]Πατσεοῦ(ς) Ἰμού(θου). [6]Λίταχις Ηλ( ).

288 [2162]. Second century B. C.

Νεχθμώνθης Ὀσοροήριος. [2]Σποτοῦς Φρεαλῆς. [3]Ζμῆθις Ψενεμενῶφις.

289 [1184]. Second century B. C.

Θοτσύτης Σεεφίβιος. [2]Π . . . κ . ι Στοτοήτιο[ς [3]Ἀρίστων. [4]Θοτσύτης Σναχομν[έως. [5]Πατῆς Ω . . .

Below traces of earlier writing.

1 Cf. Σεφῖβις in B. G. U. 1258. 4 The name Στοτοῆτις, extremely frequent in papyri from the Fayûm, occurs only here in the ostraca.

290 [399]. Second century B. C.

γ̄ φυ(λῆς) πτετυλοις [2]πέντε τυρίης. [3]Παθιῦς [4]Πατνοῦρις Πα( ). [5]Φατρῆς Πεχ . ω( ). [6]Ἡρώδης Παου . [7]Ψεναμοῦνις Ποήριος. [8]Ταύρων Ἀπολλωνί[ο]υ. [9][.] . [. . . . .] Α[.] . λωατω [10][

7 at υ in Ψεναμουνις change of ink.

291 [1569]. Second or first century B. C.

Broken off above.

Col. i.] . [2]] . . [3][Ἡρα]κλείδης. [4][Ἀπ]ολλώνιος. [5]Ἑρμοκλῆς. [6]Ἀμμώνιος. [7]Ἀπολλωνίδης.

Col. ii. Ἐρωτι . [[2]Ἡρακ⟨λ⟩είδου τ . [[3]Ἀμμωνίου. [4]Μεμασόης. [5]Ἡρακλῆς. [6]Ọὐẹστάρχου. [7]Ταυρω . . [8]Ταυρω . . [9]∟β Μ . . . . . .

ii 1 Ẹ or Π̣. l. 9 begins below the middle of col. 1.

292 [2257]. Second or first century B. C.

Ἀπολλω(νίῳ) Ἀμμω(νίου) τοῦ Φιλ . . [2]Ἑρμοδ(ώρῳ) Ἡπιοδώ(ρου) . . . η . . [3]Ἀπολλω(νίῳ) Ἑρμοδώ(ρου). [4]Ἡρα(ίδι) τῇ τοῦ κ . . . . .λ̣( ) [5]Νικοστρά(τῳ) Ἡρακλε(ίδου). [6]. εελαιτου [7–8]illegible.

Broken off below.

293 [1185]. *c.* 98 B. C.

. [.]ρε . μου( ) Πιμίνι[ος [2]καὶ υἱός. [3]Θοτσύτης [[4]Μεσọῆ(ρις) Δορκίνου. [5]Φμόις ∠. [6]Πετεχῶ(νσις) Λυσιμά(χου).

Verso (H. 2)] . . μω̣( ) [2]]πολω̣( ) [3]Πετε]χῶ(νσις) Λυσιμά(χου).

Recto 2 υ corrected from τ. 5 The meaning of ∠ is uncertain. 6 Πετεχῶνσις same as in Ashm. 10.

294 [426]. First century B. C.

Ἡ̣ρα(κλῆς) Λέοντος. [2]Νικόλαος Ἡρακ̣λέου[ς]. [3]Ἑ̣ρμοκλῆς Ἡρακλέους. [4]Ἀμμώ(νιος) Απ . . ( ). [5]Ἀπολλώ(νιος) Μνάσιδος. [6]Ξένων Μνάσιδος. [7]Ἀμμώ(νιος) Δρύτωνος. [8]Μέμνων. [9]Ἡρώδης Ἀπολλω(νίου) τοῦ Κορρά(γου).

4 Not Ἀπολλωνίου.

295 [369]. First century B. C.

Ψεννῆσις χη(νοβοσκός). [2]Σενβῆ̣ις ι̣μα(τιοπώλης). [3]Ὀννῶ(φρις) Μν(άσιδος). [4]Δίδυμο(ς) Ἀφρọ(δισίου). [5]Πικῶς ἀδελφός. [6]Παμ̄εαις. [7]Πετεμενῶ(φις) ἀδε(λφός). [8]Πετεχνοῦβις [9]καὶ ἀδελφοὶ γ.

To the right of lines 2–3 Πετεχῶ(νσις) παστο(φόρος).

Verso Π⟨ι⟩κῶς Πανε(χάτου). [2]Πάις ἁ̣λ̣[ιεύς. [3]Ψεναμοῦνις. [4][[Πικῶς]] κ(αὶ) ἀδẹλφό[ς. [5]Πμοῦις ἠπη(τής). [6]Βέ[[λ]]ις Ἁρυῶς. [7]Σναχομνε(ῦς) [8]ἁλιεύ[ς.

Recto 6 It does not appear whether the stroke over the μ means anything. Verso lines 1, 3, 4, 6 corrected. 6 Βέις = Βῆς?

296 [1409]. First century B. C.

Broken off above.

. . . . .]ρ̣ος . [[2]. . .]μώνθης [[3]Φ]θωμώνθης κ[[4]Ὡρίων Πικῶς. [5]. .] μεδης Εὐμήλου. [6]. . .]ω . ( ) ἀδελφός. [7]. . .]φ̣ίων Ψενχών̣[σιος.

3 Φθωμώνθης same as Φθουμώνθης.

297 [1675]. First (?) century B. C.

Broken off above.

[. .] . . . [^{2}[. .]σ̣αθηητ . [^{3}[.] . ατων ηρα̣^{κλ}[^{4}Π̣ρ̣οῖτος β̣ . σι . [^{5}π̣ταλη ^{6}Ἀμμώνιο̣ς̣ ^{7}Ψεναμούνιος$^{λ̣ι̣χα}$ ^{8}Ἑρμίας Ἡρα$^{κ̣λ.}$ ^{9}Ἑρμίας ^{10}Ἡρακλείας ου̣ς$^{π̣ι̣κ}$

Verso τ̣ρ̣ικωπας. [^{2}Ἡρακλείδης. ^{3}Ἀγαθῖνος. ^{4}Χαρμάγω[ν ^{5}Παμ̣ο̣ν̣ο̣ν̣. [^{6}Ἡράκλειος ^{7}Δωρίωνος.

Ἀμμώνιος Ψεναμούνιος in 206 may or may not be the same as here. Verso 1 τρίκωπος = with 3 banks of oars.

298 [1218]. Coptos, first (?) century B.C.

Broken off above.

. . . . .] . . . [^{2}. . . . ριος . . . . [^{3}Φ . . . . Ἀρυώτ̣ο̣υ̣. ^{4}Πτολεμαῖος Ἡρακλήου. ^{5}Ἡρακλῆς Κρονίου. ^{6}Νεῖλος Ἡρακλή(ου). ^{7}Πχ . . . τος Ν . . . . ^{8}Ἐ̣π̣ώνυχος Ψενοσίριο̣[ς. ^{9}Χρύσιππος . . τε . . [^{10}/ κϛ.

The list contained 26 names, therefore 17 lines are lost above.

299 [1977]. Second or first century B.C.

Ἰ̣σμαήλου ἱ̣ερέως.

300 [2250]. *c.* 154 B.C.

Σαμβα]θ̣αῖος τοῦ Ἀβιήτου.

Cf. W. O. 1505.

301 [2518]. Second century B.C.

/ ιε. ^{2}Σαμβατ̣αίωι Ἀ̣σίβιος ^{3}Ταυρῖνος.

302 [1678]. Second or first century B.C.

Ἡρακλείδης Πτο(λεμαίου).

303 [1408]. First (?) century B.C.

Πικῶς νε(ώτερος).

Below which a few demotic signs; and traces of other writing, effaced.

304 [1123]. Second century B.C. List of trades.

Col. i. χηνοβοσκοὶ [[α]] β ^{2}χρυσοχοῖ β ^{3}μάγειροι α. ^{4}ναυπηγοὶ α. ^{5}τέκτονες γ. ^{6}ταμίαι ϛ̣. ^{7}κεραμε̣ῖ̣ς̣ ε. ^{8}οἰκοδόμοι α̣. ^{9}γαλακτοφόροι α.

Col. ii. σιτοποιοί ι̣ [^{2}π̣α̣σ̣τοφόροι [^{3}μηχανοποιο̣[ί.

Traces of writing on verso.

305 [107]. Second or first century B.C. List of articles of furniture.

Γ̣ραφὴ σκ̣ε̣ύ̣ω̣ν̣ [^{2}κίστη χαλ̣[κίνη ^{3}στρῶμ̣[α ^{4}α̣φ̣ομε̣ . [^{5}π̣[

306 [2249]. First century B. C.
Ὑδραγωγός. [2]σωλήν. [3]πάσμα. [4]μισθωσος. [5]κάδος.

4 Read μίσθωσις? or μισθωτός?

Nos. 307–358. Accounts.

307 [1166]. 240 or 205 B. C.
/ ∠ζϝν. [2]∟ιη Θῶυθ [3]ἔχω παρὰ Ψεμμίνιος [4]τοῦ Πατῖτος ∠β [5]παρὰ Σενεχάτιος α= [6]παρὰ Δάμωνος ∠δ= [7]/ ∠ζϝ. Τούτων [8]. . . . Σενθεῖ ἀρχικηπου(ρῷ) δ [9]. . . εσ . . . = κρέα = [10]τούτων . . ϝc κεραμ . α [11]ἔλαιον ϝ [12] θρύα cν [13]λάχανα ϝ γάλα [14]. . . . . . ὄψον — [15]. . . . . ων = [16]. . . . . . — [17]. . . . . ν . . = [18] . επιστηιεως . . [19]βαλανεῖ ν [20]. . τος ν [21]. . . =cν.

The ostracon appears to have been previously used for other writing.

308 [2157]. Third century B. C.
Col. i. καργ( ) ∠ [2]τρυγὸς ι . . γ [3]ω . . . χ ιζ / καϝ [4]λ αλα( ) ζ ∠ιδ= ∠ρα—c [5]/ ρκβϝc [6]ρα . η . . ϝ [7] . λη . ε / ριη ρα—β [8]. δϝc.
Col. ii. ριη . [2]αμ . . . υλζ . [3]ϛ=ριϛ [4]μ . . καϝ [5]/ ρκγϝc ϑ [6]ξ . . . . [7]. . . . . . [8]. . . . . [9]. . . . [10]. . . . [11]. κη [12]. . . . ι = . .
Verso υλζ∟ ρκγ= [2]∠β= . ϝ γϝ [3](Demotic) ' . . . . Harsiesis son of Spotous (?) [4]before the matter of Pharaoh . . . [5]behold, I am (agreed ?) with thee (?)'. χα(λκοῦ) κδ. [6]χ / ρκε ρκε [7]ξβ∠ ρκε ξβc [8]ξβc ρκε.

Grenfell assigned this ostracon to the reign of Philadelphus. It is not clear what is the connexion of the demotic text with the Greek.

309 [940]. Third century B. C.
ιβ Συμποῆρ [2]⊢ ας— [3]Σάχανις ⊢ας— [4]Διοσκουρίδης ⊢βς [5]. . α ⊢β [6]Ταυῆς ⊢ας [7]Παθάυτ ⊢ας— [8]Ταομβῆς ⊢ας—c.
Verso Ταιῆς ⊢ας [2]Ἀρβῆς ⊢ας—.

The name Ταομβῆς is probably equivalent to Ταγομβῆς and Ταιῆς to Ταῆς or Ταγῆς.

310 [1986]. Third century B. C.
Ἀρνώθης ιζς [2]αὐτῶι ιε Ἑρμίας βς [3]/ ιζς. [4]Τυφάωνος ιθ αὐ(τῶι) ιε [5]Ἑρμίας δ / ιθ. [6]Ψεμμῖνις ιης αὐ- [7]τῶι ιε Ἑρμίας [8]γς [9]/ ιης.

311 [1535]. Third century B. C.

Ἄρτοι γʃϲ ^{2}ὠιὰ α ^{3}ἔ̣τ̣νος ʃ ^{4}λαπ̣υ . . [^{5}[

Verso *ἔλ̣[αιο]ν̣ ʃϲ ^{2}ὀφειλὴν αʃ ^{3}/ ̣ιδʃ λ(οιπαὶ) ιβ—.*

312 [365]. Late third century B. C.

Λόγος πρὸς Πετσοῖριν ∠ϥ ȣ ^{2}[Παλ]η̣χίτ̣η ϛ Ψεγχώνσει β ^{3}[. .]αστευτι εʃ Δωρίωνι ι ^{4}Ἐπεὶφ ε κη εἰς τὸν θίασον ε ^{5}Παληχίτου ὀψώνιον ∠ι Ψεγχώνσει δ ^{6}/ νʃ.

6 dr. + 2 + $5\frac{1}{2}$ + 10 + 28 + 5 + 10 + 4 = $70\frac{1}{2}$ dr., not $50\frac{1}{2}$.

313 [2256]. Second century B. C.

Στράτων ἕ̣ως Μ̣εχεὶρ ν ^{2}Παυ̣σανί̣α̣ς̣ ρλη ^{3}Ἀσκληπιάδης κβʃ ^{4}Ψε̣νμῖνις βαλλε . . . . νʃ ^{5}κ̣ . . . . . βʃ ^{6}Ψεναμ̣ . . . κατ̣ . . . . ^{7}. . . . . . .

314 [1124]. Second century B. C.

Ἔχομεν Λ̄ ϛ Ἀ ^{2}τούτων ἀργυ(ρίου) στατῆρας ιζ ^{3}ἀνὰ Ἀσ / Λ̄ ϛ Ἀυ ^{4}ἀλλαγῆς χα(λκοῦ) ∠Βυ ^{5}/ Λ̄ ϛ Ἀυμ λο(ιπαὶ) φξ.

4 υ apparently miswritten for μ. The rate of exchange is here 550 : 1.

315 [1603]. Second century B. C.

]τρα χρα(   ) Ἀ . . ^{2}]α δύο̣ ἀργυ(ρίου) ∠μ ^{3}] ἓν ἀργυ(ρίου) ∠η ^{4}]χ . Λ̄ α ^{5}]ν̣ Λ̄ α.

316 [637]. First century B. C.

. . ε . . . . Ἐφ ἀλλα̣γὴ σ / Ἐψ ^{2}Κολλούθῃ Ἀφ ἀλλα̣γὴ σ / Ἀψ ^{3}ὑδρηγῷ̣ . . χω ρκ ^{4}τέ̣σσαρας Ἐφ ἀλλα̣γὴ σ / Ἐψ ^{5}Ἁρυώθῃ Ἀψ ἀλλα̣γὴ τ ^{6}Ἀ ^{7}ε . . αισα(   ) Ἀφ / Βκ ^{8}ἄλλας Ἀ.

317 [1992]. Second century B. C.

Λόγος. ^{2}Ἐν Ἀπόλλωνος πόλεως ^{3}ἐν σ̣φυρμίοις χι . . σπ ^{4}καὶ Πανούρ̣ει τιμὴν ἐλαίου ^{5}χαλκοῦ Ἀω ^{6}καὶ ἐν ὀ̣φειλ̣έτα̣ις Ἐ⊤λ ^{7}καὶ ζμύρνου κινναμώμου ^{8}καὶ . [^{9}. [

2 In Ἀπόλλωνος the second λ inserted above the line. πολεως corrected from πολει. 4 ρ corrected from π. Ἀπόλλωνος πόλις may be either Apollinopolis Magna = Edfu or Apollinopolis Parva = Kûs, more probably the latter.

318 [606]. Second or first century B. C.

Χοίαχ ια̅ ^{2}ὧν ἔδω(κα) ἐγγυ(ῶν) ^{3}Τικῶτι χα(λκοῦ) Ἀσ ^{4}ὧν δώ(σει)

Τικῶτι [5]*πεταχ*( ) *τι*. *ὧν ἔδω(κα)* [6]*Ἔρως χα(λκοῦ) Ἀν* . [[7]*Τῦβι ᾱ οἴνου κ[ε(ράμιον)* [8]. *χα(λκοῦ)* ψ *Μεχε[ὶρ*

5 *πέταχ(νον)*? 6 Read *Ἔρωτι*.

319 [1990]. Second century B. C.

θεσδυριδ . . . [2]*σλε* [3]*κράμβης κ* [4]*ῥηπιδος ν* [5]*κράμβης κ* [6]*λαχάνων ιε* [7]*τριχα μ* [8]*δίφρου κ* [9]*ανθρη κ* [10]*πάλιν ε*.

Verso *κράμβης κ* [2]*σιδηρουργῷι κ* [3]*τέκτωνι ι* [4]*λαχά(νων) ι*.

Recto 1 apparently not *σφυρίδων*. Verso 3 ω inserted above the line. The meaning of the words in recto 4, 7, 9 is unknown to me.

320 [1250]. First century B. C.

. [. .] . . [2]*κράμβη ε* [3]*ξύλα ε* [4]*θρίδαξ ε* [5]*ε[ἰ]ς βαλανεῖον ι* [6]*θρίδαξ ι* [7]*κράμβα ιε* [8][*εἰς*] *βαλανεῖον ιε* [9][. . . .]*μ ε* [10]]*ε* [11][

Verso [. . . . .] . . . [2]*εἰς βαλανεῖον ιε* [3]*ζ̄ κράμβη ι* [4]*η̄ ἐπὶ προσκεφα(λαίῳ) ι* [5]*θ κράμβη ι* [6]*ξύλον ε* [7]*εἰς βαλανεῖον ι* [8]*Τενεμενῶφις ο* [9]*ῑ εἰς βαλανεῖον ι* [10]*ἐλαίου Ἑλλη(νικοῦ)* [[11][. . . . . .]*ηπ*[[12][

Verso 3–9 *ζ, η, θ, ι* are the numbers of the days of the month. 4 Cf. P. Tebt. 127. 8 Apparently not *Ψενεμενῶφις*. For *εἰς βαλανεῖον* cf. 307, Meyer G. T. p. 133, P. Tebt. 112, 117, O. Strassb. 584, 588. The amounts of 10 or 15 copper drachmae here mentioned correspond approximately to the ¼ obol which was the usual amount in the third century B. C. The payments which in the Ptolemaic period had to be made on each occasion of using the bath were commuted in the Roman period, in some places though not in all, for an annual payment assessed *per capita*. There is no proof of such an impost having existed in the Ptolemaic period; Theb. 2 and Meyer ostr. 11 are to be explained as receipts for the *τρίτη βαλανείων*.

321 [593]. Second century B. C.

σάγμα ρκ. [2]*θυλάκου τμ.* [3]*σακκίου οε.* [4]*κάσου λ.* [5]*ἀλάβας τ*[.].

Verso *ὑπόδημα ρι.* [2]*γρύτη μ.* [3]*βαλλαν ι.* [4]*κασσιδήρου λ.* [5][*ἱ*]*μάτιον ξ.*

Recto 5 apparently not *ἀλαβάστρου*. Verso 3 *βαλλαν* perhaps for *πάλλαν*.

322 [= 364]. First century B. C.

Col. i. / *Ἑριεῦ(ς) Ἀρο.* [2]/ *Τίμω(ν) Ἀ.* [3]/ *Ψενχῶ(νσις) Ἀρκ.* [4]/ *Πανεχά(της) Ἀρο.* [5]/ *Ψενεμε(νῶφις) Ἀ.* [6]*Ἰμούθη(ς) ψν.* [7]*Ψεναμοῦ(νις) Ἀρο.* [8]/ *Τεῶς υκ.* [7]/ *Ἁρμάις υ.* [10]*Νέων τλε.*

Col. ii. / *Ἀρτέμω(ν) υκ.* [2]*Διονύ(σιος) υκ.* [3]*Πανεύ(θης) χπ* [4]*Φαμίνει τν.* [5]/ *χα(λκοῦ)*

Col. iii. Λ̄ *α' Δ*ϡ*ε* [2] *'Ερλ* [3]*'Ατκε* [4][[. . *φ* .]] [5]*' Δυν.*

The total of the amounts in columns i and ii is 1 talent 4405 dr., not

1 talent 4905 dr. 5130+1325 dr. = 1 talent 455 dr., which when subtracted from 1 talent 4905 dr. leaves 4450 dr.

323 [401]. Second century B.C.

Broken off above.

[. . . . .] . . ς [²Ἀρσιῆσις φορέτρ[ου ³Ψεναμοῦνις κ[⁴Πετενοῦφις [⁵Μεσορὴ α̣ π[⁶Ἐπεὶφ λ̄ φρ[⁷τιμῆς ῥαφά[νου ⁸εἰς τὸ Ἡρακλῆο̣[ν ⁹εἰς Ταχνουμι[¹⁰εἰς τὸν δρό[μον ¹¹ἐπὶ τοῦ δρό[μου

324 [1177]. Second century B.C.

Νεφ]ώτης Ἀχ. ²]ημτων χε / Ἀβσε. ³] . τη σν . . ⁴] Ἀσο. ⁵] τλ / Ἀω̣[ν. ⁶] κα̣[⁷Ν]ε̣φώτης α . [⁸] Θευδοσίωι Ἀτ . [⁹] ἀπὸ τειμῆς ¹⁰]φοινίκων ε . [

5 λ corrected.

325 [2696]. Late second century B.C.

Πρὸς . . λ . . . . ( ) α̣ . . σ . . ²α . Ἀχι ϑ ³ὑπὲρ Λέον(τος) ⁴ἔχει [[.]] λο(ιπαὶ) [[. . .]] ⁴Σ̣ίμω(νι) φ̣π.

326 [2889]. Second or first century B.C.

Λό(γος) τῶν δεδα̣π̣α̣ν̣[ημένων ²Δοκόφρονι Πρω(τάρχου) ∠Ἀωξ̣. ³ὑπηρέταις ∠σ ⁴. ε̣ικ̣α̣ι̣ου ∠ρ.

2 Δοκόφρων for Λυκόφρων.

327 [1460]. Second or first century B.C.

Ἑρμογέ(νει) [²ὁμοί(ως) αὐτ[ῷ ³αὐτῷ [⁴Ἀμμω(νίῳ) [⁵σ̣υ̣νβό(λου) [
Verso σ . τ . . ελ( ) Ἀ Γ [²Σ̣ενχώ(νσει) Ἀ Γ ³π̣λ̣ουιμα ω ⁴. . . δος.

328 [2628]. Second or first century B.C.

Κεφάλω̣ν̣ι̣ ρμ. ²Σ̣ . . . . . . νενει . . . ³Πετεμε̣νώφε̣ι̣ [⁴/ Ἀ Β̣ . [

329 [775]. Second or first century B.C.

π[²σπ[³ἔτου̣ς [⁴τούτου πρ . [⁵χεσσεβ . [⁶Φαμενῶυθ . [⁷Ἔτους ς στ̣ε̣ Ἀτ[⁸τούτω̣ν̣ Παμώνθο̣υ σ̣ . [⁹Φαμενῶυθ . [¹⁰/ Ἀ Δχ̣[¹¹[. .] . [¹²[

Between lines 6 and 7 space vacant. 8 τούτων inserted above the line.

330 [1094]. Second or first century B.C.

Εἰς πρασειν ιζ ²ἀνὰ Ἀ ͳκ ³ἄλλωι ∠ρ ασ . . . . . ⁴ἀνὰ ⁵ἐκ̣ τῶν κε̣ραμ . . . . ⁶/ Λ̄ δ υπ ⁷/ Λ̄ ς τξ.

1 Read Εἰς πρᾶσιν = for sale.

331 [1072]. Second or first century B.C.

Τόκων διασήμου ²Λ̄ α 'Βλ ³/ τάλαντα γ 'Δ[⁴υπ[

Verso Τῦβι ιε̄ ²ἧρκται 'Ωρος ³φυλάσσειν.

332 [102]. First century B.C.

'Απο( ) κγL ²εἰς τ( ) αμ . . ( ) 'Α. ³εἰς τὰ(ς) ἐμὰ(ς) 'Γ ⁴Πετεχῶν 'Δω ⁵Θεοδώρω(ι) 'Αψ. ⁶ις̄ εἰς οἶκ(ον) 'Β. ⁷ιη̄.

333 [2516]. First century B.C.

/ φλε ²'Επεὶφ λ ³'Ηρακλείδης ⁴συμβό(λου) σλ ⁵Πάριδος σν ⁶⁻⁷ illegible.

Broken off above and below.

334 [2101]. First (?) century B.C.

Πρᾶσις ἐν Μωσίωι ²∠'ΓϠ ἐν Θυμ- ³κω ∠τπ / 'Δσπ.

Θυμκω place-name?

335 [1613]. Second century B.C.

"Εχο(μεν) ἀπὸ λογη . . ς ²ἀν(ὰ) λς ἀνὰ ρ ³χα(λκοῦ) 'Εψξ ⁴καὶ ἄλλων . . ⁵χα(λκοῦ) 'Α.

336 [421]. First century B.C.

"Εχω παρ' 'Απάθου τοῦ τε . μεν( ) ²ἀφ' ὧν ἔχει μου χαλ(κοῦ) Λ̄ γ 'Γ.

The ostracon had been previously used for other writing.

337 [1800]. Third century B.C.

ξ ιθ∠d . . . ²ξ∠d ι'ς' λε∠δ ³κγd δdχ βασι(λικῆς) ⁴ζ∠η'ι'ς' λγd ⁵/ ξd . . . ηd ρα( ) . . ⁶. . . λ ς' / θη'ι'ς' ἀνὰ ιβ ⁷/ ιβ∠d / καγι'β'

Verso 2 lines illegible.

Recto 3 βασι inserted above the line.

338 [1515]. Second century B.C.

Lις Φαρμ(οῦθι) . / ∠ις . ζ οθγ' ². . . . ∠d χ^γγ καὶ ͵βη'ι'ς' ³. . γ'χ^β β ι∠d ∠ις η'ι'ς'λ'β' ⁴. . . . χ^γ ις ϥε .'.' .'.' / λη ⁵. . .

Verso (demotic) 'Payment 11, 7 which are from (?) Pasemis ²artabas (?) wheat (?) for (?) the syntaxis'.

The word σύνταξις is transliterated in demotic. It occurs twice elsewhere so written, once in Rosettana l. 8 (Thompson).

339 [2349]. Early second century B.C.

. . . .] . [. . . .] . [²ἀνη(λωτικῷ) κα αἱ χ^κθ κς∠ι'β' λ κ κα[∠]

³λε / ρλγι´β´ ⁴λῆ(μμα, ρμζd ς κατεχ(ωρίσθησαν)με( )κ ⁵λο(ιπαὶ) ρκζd καὶ Φαγῶ(νις) κ̣δγ´ ⁶/ ρ̣ναL ι´β´ ς μ̣ε(μετρήκασιν) ρλγL ι´β´ ⁷λο(ιπαὶ) ιη καὶ αικ( ) ⁸τῶν ρ̄ γLδ / καLd.

6 $133\frac{7}{12}$ is apparently an error for $133\frac{1}{12}$.

340 [1051]. Third century B. C.

Οὐραρῖνι L α̣[²Καλάμωι β̣[³Ἀκράστωι β̣[⁴καὶ τῆι ἀδελφῆι̣[⁵Φιλουμένηι [⁶Σ̣αμοήλωι [⁷/ πυρῶν [

The ostracon appears to have been previously used for other writing.

341 [2477]. Second century B. C.

Φέρει . . η̣ς̣ τῶ(ν) κ . ( ) ъ κδι´β´ ². . δει . . . εἰσὶν̣ ³αἳ διὰ Δω-ρ̣ίωνος ⁴λο(ιπὰ) ις ι´β´ ς ⁵. . μω( ) ιθ̄ ι´β´ κ̄γ̄ . . . L ⁶Πικῶ(τι) τ . μ . ν( ) κα̣φειτ̣η . β ⁷. . λ( ) δ α̣λ . ευμ( ) εL ⁸/ θL ι´β´ ⁹λο(ιπαὶ) ἐν̣ ἐμοὶ ἃς ¹⁰εἴληφα ςL.

342 [1881]. Second century B. C. Account of chaff.

Π̣α̣ρθένιος καὶ οἱ μέ(τοχοι) μώ(ια) ξ. ²Μ̣ . ν̣ . . μης καὶ οἱ μέ(τοχοι) με. ³Μέν̣ω̣(ν) καὶ οἱ μέ(τοχοι) ξ. ⁴Ἀρσά̣μης καὶ οἱ μέ(τοχοι) ξ.

343 [1130]. Second century B. C.

Φαῶφι κ̄ε̄ ἐπαγγελίας ²οἱ ἱερεῖς δευτέρα̣ Ἁθὺρ χοα (sic) *οἴνου ³Ἄρ̣ης Χοίακ κ̄ς̄ χόεις δύο. ⁴Μέμνων Παῦ̣νι α χόεις δύο.* ⁵⁻⁷indistinct, ⁸*Ἑρμοκλῆς* . . . . ⁹⁻¹⁴indistinct.

It is not clear whether Ἄρης and Μέμνων are here divine or human names.

344 [1509]. Second century B. C.

Col. i. *κενῶ(ν) λη(νῶν) ιε. Ἀπολλω(νίου) δ. ³Ἡρή̣(ου) δ. ⁴Ἰσιή(ου) α. ⁵Ἀγῆς α. ⁶χωρίωι β. ⁷/ κζ. ⁸Ἡρακ(λήου) ιγ / μ. ⁹ἐν τοῖς ἐμοῖς ιβ. ¹⁰Ἀπολλω(νίου) δ ¹¹Ἡρήου δ. ¹²χωρίου β. ¹³κερα( ) ιε / λζ. ¹⁴Ἀγῆς α. ¹⁵Ἰσιήου [.*

Col. ii. *ἀπὸ̣ κ̄ε̄ λθ* (μ above) *²Ἀπ̣ολ(λωνίου) ε ³. . η( ) δ ⁴. . νι . ( ) β. ⁵Δι̣δυμ̣( ) β. ⁶ερ( ) α / ιε ⁷α γ.*

15+4+4+1+1+2 = 27, 27+13 = 40, 12+4+4+2+15 = 37, but 5+4+2+2+1 = 14, not 15. Verso 1 $\lambda\theta = 39$ corrected to $\mu = 40$.

345 [2892]. Second century B. C.

Λόγος ²οἴνου Καλέους ³κερά(μια) πδ ἀπὸ λ̣α̣β̣ρ̣α̣( ) ⁴κεράμ(μια) β / πϛ στα( ) ad [5]/ πζδ ϛ εἰς ποδη( ) [6]κεράμιον) α κηπου(ροῖς) α [7]σṭα( ) α λο(ιπὰ) πδ . [3]ϛ τὸ ∠ μβ [9]ἐν οἷς ἀπὸ [10]λιμ . . τ( )

Verso Μερὶς [2]Καλέους [3]κọρα( ) ξγ∠ [4]ἄλλα β [5]/ ξε∠.

Verso 3 apparently not κεράμια.

346 [1370]. Second or first century B. C.

Πελạίας [2]πε( ) δ̄ λη(νοῦ) οἴνου κολ(οφώνια) ρξα [3]. . ληtου( ) ∠ λο(ιπὰ) ρξ∠ [4]καὶ ạτ . . ( ) η / ρξη∠ [5]ἀφ' ὧ(ν) ἡμη( ) γ λο(ιπὰ) ρξζ [6]ẹλασ( ) ε∠ ϛ π . ε Πελαί(ας) ∠ [7]εἰς ποσε . ν . α / β∠ λο(ιπὰ) γ [8]στάγμ(α) / β̄ οἴνου κ( ) ρμγ∠d [9]ṭεκ( ) ∠ με( ) χ . ( ) ερμ( )

δ . . [

χ . ( ) / [10]— κ( ) α λο(ιπὰ) ρμβ∠ [12]ἀπ̣ορ( ) . . [[12]θ . [

5 ἡμη ( ) γ apparently means 'three halves'; $168\frac{1}{2}-1\frac{1}{2}=167$.

347 [2639]. Second or first century B. C.

Broken off above.

Πελạί̣ạι̣ β [2]Παχνού(μει) α [3]ἡμικά(δια) δ [4]ὀξηι β [5]/ με ϛ [6]Παχνού(μει) α ὀξη β [7]λ(οιπὰ) μβ καὶ ἡμικά(δια) δ.

Πελαίας perhaps same as in 346.

348 [2764]. First century B. C. Fragment of a lid, with the handle.

Recto account, 10 lines, partly illegible; [1]οἱ δεδ⟨ω⟩κότες. [9]Περιγένηι. [10]βαλαντίωι Ἀ.

Verso Ἄρτων λόγο(ς). [2]Εἰρηναῖος. [3]Ἀ̣ρτεμίδωρος η . . α̣ [4]Πεṭεχῶν Ἑρμ̣ί̣(ου). [5]Ἡρακλείδης . . [6]Ἡρᾶ[ς] Ἀριστίπ(που). [7]Ἑ̣ρμογένης. [8]Ἀσκληπιάδης Πτο(λεμαίου). [9]Ἀφροδίσιος λ̣. [10]Ἀρτεμί̣δωρ̣ο̣ς̣ Ἀ̣χιλ(λέως). [11]Ἑριεῦς Ἰμούθ̣ου. [12]Χαιρήμων.

Recto 10 βαλάντιον = pouch; 'Α = 1000, probably copper drachmae.

349 [614]. Second century B. C.

Ὧρος Συνεχήτιος [2]δεμάτ̣ιν α.

2 δεμάτιν for δεμάτιον.

350 [1676]. Second or first century B. C.

Σε . . τει . [2]Ταθαụ́τει α̣ [3]Παήρει α̣ [4]Σενφωτịάσει α̣ [5]Ψ̣ενθώṭης α [6]ἡπητὴς . [7]Τρομσάνει . [8]Τιṭọρσύτμει . [9] [. . . . . .] . .[[10][

351 [615]. First century B. C.

Σπ̣οτοῦς ϛ. [2]Ψενασῦ(χις) γ. [3]Ὧρος Ζμή(θιος) γ. [4]Κόνων χω( ) καὶ Ὀννῶ(φρις) ιβ. [5]Πχορχῶ(νσις) καὶ [6]Νεχθμ(ώνθης) ιε.

352 [1822]. First (?) century B. C.

Πυμητηι α [2]Ἁρπαχράτει ∠ [3]Ἀπόλλων ∠ [4]τέκτων ∠ [5]Παβούτει . . [6]Σενθώτηι . . [7][

Verso *Ἀπόλλων α [2]ἐπιστάτηι α [3]οἰκονόμωι α [4]ἀρχιφυλακίτηι α [5]. . . . . . γραμματεῖ α [6][. . . . .] . . . . α [7][*

Recto 1 read *πυγμητῆι?*

353 [1161]. Second century B. C.

Παῦ(νι) IIIIIIIII[*[2]ηπ . ( )* IIIIIII *η . [[3]ἀρχι( )* III∠I∠ *ε[[4]ἡγου(μένωι)* I∠∠∠∠ *[5]Ἀμμώνιος . . . . ∠ [6]Ἡρακλείωι Θέω(νος) ∠ [7]τέκτω(ν) ∠ [8]νιβλαιοδ( )* d.

Each vertical stroke represents a unit. 4 The first ∠ corrected from I.

354 [2737]. Second or first century B. C.

Κομῶν δ . . . ν λ ϛ κου( ) παθεινὸς λ(οιπαὶ) κθ [2]ἑκάσ(τωι) λ κ . . ϛ . χα( ) ὧν [3]ἄρτων κ χα( ) ε . . ϛ ε ὕδατος κ [4]ἐλαίου κ / ο [5]προάγεται τὴν . . . . . τησαν [6]ἑκάσ(τωι) ι Δημη(τρίῳ) . . αι( ) απ( ) . [7]ψαμγορ . φιμα . . [8]/ ε . .

3–4 20 + 5 + 5 + 20 + 20 = 70, probably copper drachmae.

355 [1365]. 19th September 169 B. C.

L ιβ Μεσορὴ κα [2]κορινους ε [3]ὡσαύτως ι [5]ἡδέ ιε [5]ἡδέ ι [6]μ [7]ρκγ [8]γ.

356 [2245]. 106 B. C.

Πρωτά(ρχῳ) κ . . [. .] . [2]. . α . ὁ αὐ(τὸς) εφλη( ) . . [[3]ἔτους ιβ τοῦ καὶ θ Θ[ῶυθ [4]πρᾶσις στεφά(νου) . [[5]Λητοῦς [[6]φοινίκω(ν) στέφα(νος) ερ[[7]Λητοῦς στέφα(νος) . . . . .

357 [105]. Second century B. C.

. ξένων [2]ιζ Ψεναμῖνε ρ [3]κ στεφ . ε του φαν ρκ [4]. . τρα( ) πα . . πασ . . [[5]πο . . [

358 [*Egyptian Inscriptions* 1147]. Second or first century B. C.

1–3 Demotic. *[4]Πατεύριος Βυ. [5]Πατήμιος Ἀφο.*

Verso *ψ [2]Πατεύριος [3]χ Γυπ [4]/ Δυπ [6]κατα( ) Ҭπ.*

The demotic texts of nos. 358–64 have not yet been deciphered.

NOS. 359–364. GREEK DOCKETS TO DEMOTIC TEXTS.

359 [*Egyptian Inscriptions* 1140]. Third century B.C.
[1–2]Demotic. [3]∟κδ Παῦνι ῑ [4]Σ̣ε̣ναμοῦνις [6]. . ρ̣ . . ∫.

360 [*Eg. Inscr.* 1139]. Third century B.C.
Recto 3 lines demotic.
Verso ∟θ Τρυπτοῦλ ⊢κγ.

361 [*Eg. Inscr.* 953]. Second or first century B.C. Elephantine.
[1–3]Demotic [4]ερ̣ . . . φ . . . . υ dι′ς′ ↄ α̣ι′β̣′ [5]καὶ κρό̣τ̣ωνο̣(ς) α∠γ′.

362 [*Eg. Inscr.* 765]. Second or first century B.C.
A demotic text partly effaced, below which Χοίακ ζ ’Σχ.

363 [*Eg. Inscr.* 1137]. Second or first century B.C.
Recto 9 lines demotic.
Verso Συνε̣ουδοκῶ [2]τοῖς προγεγραμ- [3]ένοις.
Read Συνευδοκῶ and προγεγραμμένοις.

364 [*Eg. Inscr.* 853]. Second or first century B.C.
Recto 5 lines demotic.
Verso]ρα( ) Ψενοβά(στιος).

NOS. 365–406. DESCRIPTIONS.

365 [2223]. 259 B.C. Receipt beginning ∟κζ Φαῶφι κ[.] [2]πέπτωκεν, with demotic docket, partly effaced.

366 [1194]. Fragment of receipt beginning [῎Ετους . . . .] ιζ̄ τέτακτ̣α̣ι̣ [2][ἐπὶ τὴν ἐν Δ]ιὸς πόλει τῆι̣ μ̣ε̣(γάληι) τρ̣ά(πεζαν).

367 [782]. Three lines; apparently bank receipt for payment in copper drachmae.

368 [1193]. *c.* 129–121 B.C.
Recto 6 lines, partly illegible; [3]. . . . ου καὶ μ∟.
Verso ῎Ετους Παῦνι ιβ δ̣ιὰ Ψ̣εναμούνιος [2]τιμὴν σίτου (number of year omitted).

369 [2225]. Second century B.C. Receipt from the granary at Thebes for 25 artabae of barley; partly effaced.

370 [1989]. Fragment of receipt dated Lλγ.

371 [2898]. Parts of 4 lines of a document of uncertain character; [3]*ἀ]δικούμενος ὑπό.*

Below the Greek text 1 line Arabic (modern).

372 [1799]. Land measurements; written on both sides.

373 [1195]. Eleven lines, incomplete and partly illegible; [9]*Ἀσύχιος,* [11]Lκϛ *Μεσορὴ ιθ.*

374 [1823]. Fragment of list ending *Οὐσεργύριος ἀπὸ των Κεραμείων.*

375 [2464]. List mentioning names *Ἡρακλέωνος, Ἀμμώνιος Εἰρηναίου,* &c.

376 [2413]. List mentioning names *Ἀπολλώ(νιος), Πετεχῶ(νσις), Ψενχῶ(νσις),* &c.

377 [2517]. List mentioning names *Ἑρμοκλ(ῆς), Φοτνοῦ(φις), Ἀρσιῆ(σις),* &c.

378 [90]. List containing names of 5 persons, of whom one was named *Ἡρακλέων.*

379 [972]. Fragment of list mentioning names *Σενεριεῦς* and *Πτολεμα[ῖος.*

380 [628]. Five lines; [4]*Ἡρώιδης Ἡρώιδου,* the rest indistinct.

381 [905]. Parts of 7 lines, in which the name *Ἀπολλώ(νιος)* is several times repeated. Verso 4 lines, illegible.

382 [1486]. Second century B.C. The name *Ἑρμῆς* several times repeated.

383 [2866]. Account, third century B.C., mentioning name *Ἑριεῦς.*

384 [2348]. Third century B.C.; fragment of account, written on both sides. Verso 5 ταῖς ἴβισιν.

385 [1570]. Third century B.C.; fragment of account, mentioning the months Παῦνι, Μεσορή, and Παῶφι.

386 [1211]. Coptos, third century B.C. Account.

387 [1510]. Third century B.C. Account.

388 [1843]. Late third or early second century B.C.; account, mentioning name Θεοφάνηι (dat.).

389 [1031]. Account in copper drachmae, mentioning name Ἑρμίας.

390 [597]. Twelve lines, partly effaced, mentioning name Ἑρ̣μογέ(νης) and the months Χοίαχ, Μεχείρ, Παῦνι.

391 [783]. Parts of 4 lines. [2]] ἄνδ(ρες) ιδ. Verso 4 lines, illegible.

392 [973]. Second or first century B.C. Account, 12 lines; [2]Φαρμοῦθι [3]ᾱ κράμβη . [4]β̄ ὀπόν [7]λοιπὸν ∠ν. Verso traces of about 9 lines, perhaps demotic.

393 [1455]. Fragment of account, mentioning ὑδροχόη.

394 [1462 + 1463]. Account, 9 lines, mentioning the numbers τξα, τξϛγ΄, ριδγ΄, 'Τυνζγ΄, Ϡι̣α̣γ΄, 'Βωκθγ΄. Verso 4 lines, account in copper drachmae.

395 [1991]. Account in copper drachmae.

396 [862]. Fragment of account in copper drachmae.

397 [1677]. Fragment of account in copper drachmae.

398 [974]. Account, 19 lines, partly illegible.

399 [2690]. Account, 11 lines, partly effaced.

400 [774]. Fragment of account, written on both sides.

401 [1461]. Fragment of account.

402 [2233]. Fragment of account.

403 [610]. Recto 4 lines Greek, verso 6 lines demotic, illegible.

404 [348]. Seven lines, indistinct; first (?) century B.C.

405 [2713]. Fragment, written on both sides.

406 [2901]. Three lines, indistinct.

PART II

OSTRACA IN THE ASHMOLEAN MUSEUM AT OXFORD.

1 = 3467 (1887). Thebes, 93 B. C.

Lκα Παῦ(νι) . τέ(τακται) ϛʹ ἀκροδρύ(ων) [2]καL Πετεχ(ῶνσις) . . . . . α( ) ʼΒ [3]/ ʼΒ. Κέφα(λος) τρα(πεζίτης) ʼΒυ.

Quoted by Wilcken *Ostraka* i. 821.   2 Apparently not Λυσιμά(χου) (cf. no. 10).   3 Κέφαλος same as in Bodl. 92.

2 = 566 (1892). Thebes, 27th July 156 B. C

῎Ετους πένπτου [2]καὶ εἰκοστοῦ Παῦνι [3]λ̄ τέταικται [4]Σαμβαθαῖος Σολλούμιος [5]προβάτων καὶ αἴγων [6]ἑξήκοντα δύο / ξβ. [7]Ἀδαῖος.

Quoted W. O. i. 524, 822.   1 In πένπτου the first π corrected from κ. Read πέμπτου.   2 Above the Π of Παῦνι a superfluous ε inserted above the line.   3 Read τέτακται. This line seems to have been inserted afterwards. 4 For Σαμβαθαῖος cf. Bodl. 60.   7 For ʼΑδαῖος cf. Bodl. 114.

3 = 3419 (1887). Second or first century B. C.

Νίκων Πετοσείρει χ̣α̣ίρειν. Ἀ̣π̣έ̣χ̣ω̣ [2]παρὰ σοῦ τὸ τέλο̣ς̣ . . . . [3]. ενου ἐν τῷ̣ι Μεσορεὶ κ δ̣ι̣ὰ̣ [4]. ε̣ . . κίβιος.

4 (Inventory number illegible). 113 (?) B. C.

Ten lines partly illegible. *[3]τέταξαι [4]εἰς τὸν τῆς ὠνῆς [5]λ̣ό̣γον [9]χαλκοῦ τρισχιλίας / ʼΤ. [10]Lδ Φαρμοῦθι κ̄.*

Cf. W. O. 1495.

5 = 1168 (1888). 119 B. C.

. . . β̣α̣λ̣α̣νευτὴς [2]. . . . . . . ι Ζωΐ̣λου [3]. . . . ω παρὰ σοῦ εἰς εν . ια [4]. . . . . . [.] . . ας τοῦ . β̄ κα̣ὶ̣ [5]. . . . . ρ . ο̣ις καὶ τὰς ἄλλας̣ [6]. . . . . . . ∠ πεντακοσίας [7]/ ∠φ. Lνα̣ Πα̣χ̣ὼν [8]. . δ . .

Semi-uncial.   6 ς inserted above the line.

6 = 3416 (1887). Thebes, 135 B. C.

῎Ετους λε ʼΕπ̣ε̣ὶ̣φ ῑ̣ . με(μέτρηκεν) εἰς τὸν ἐν Δ̣ι̣ὸ̣ς̣ π̣ό̣λ̣(ει) [2]τῆι με(γάλῃι) θη(σαυρὸν) εἰς τὸ λεL ὑπὲρ το̣ῦ̣ τ̣ό̣π̣ο̣υ̣ [3]|Νεχ̲θμώνθης Ψενθώτου 𐅻 ἐννέ̣α̣ [4]/ 𐅻 θ. ʽΗρα(κλείδης). [5]Ἀπ̣ολλώνιος μ̣ε̣(μέτρημαι) 𐅻 ἐννέα / θ. Lλε̣ . . . . . [6]. . . . ν̣ . . . . / 𐅻 θ̣. Lλε ʼΕπ̣ε̣ὶ̣φ . .

For the signatures cf. Bodl. 168.

7 = 688 A (1888). Thebes, 16th July 123 B.C.

Lμζ Παῦνι κζ με(μέτρηκεν) εἰς τὸν ἐν Διὸς πό(λει) ²τῆι με(γάλῃι) θη(σαυρὸν) εἰς τὸ L— μϛ καὶ μζL ³Δημήτριος Ἐνεσέου ℔ ἐννέα ⁴/ ℔ θ. Ἀντι(γένης).

3 No such name as Ἐνεσέου is known, but nothing else can be read, unless there is a letter lost before the first ε. 4 Signature as in Bodl. 185.

8 = 3425 (1887) = S. B. 3568. 107 (?) B.C.

Ἔτους ι Μεσορὴ ιε ²παρα(δέδωκε) Πετεχῶνσις ³Εὐτυχίδου ἀχύ-(ρου) μώ(ια) ⁴δέκα ⁵/ μώ(ια) ι.

Below traces of other writing.

9 (Inventory number unknown). Second or first century B.C.

Λόγος Ἀμενώ(θου) . . ²τιμὴ σείτου Λ χν ³. . . α( ) ρλ.

Verso Λόγος Ἀμενώ(θου). ²τι(μὴ) σίτου Lωξε. ³τετα( ) L Ἀυ. χα(λκοῦ) Λ ζL Ἀ. ⁴ϛ Ἀπολλω(νίωι) . . . ρα( ) Lψ. ⁵Καλλίας χα(λκοῦ) Λ δ. ⁶Πεβρείχει Lχ. ⁷Πεβρείχει Lτξ. ⁸Εἰσύτει L Ἀ. ⁹Καλλίβει L Ἀ. ¹⁰τι(μὴ) σείτου χα(λκοῦ) Λ α L Β. ¹¹Καλείβει L Ἀ. ¹²Καλείβει Lσ. ¹³Ἀμμω(νίῳ) Lρπ. ¹⁴φόρετρον Lπ. ¹⁵Λ δ L Γξε. ¹⁶Λ ε υκε.

The arithmetic is somewhat obscure.

10 = 2809 B (1887). *c.* 98 B.C.

Πετεχῶνσις Λυσιμά(χου) χα(λκοῦ) ²Πετεαρπρῆς Μ... κ( ) χα(λκοῦ) ³Κρόνιος Ἡρακλείου χα(λκοῦ) ⁴Ἡρακλῆς Κόνδωνος χα(λκοῦ) ⁵Ἅρυων . χ . . Θεινητω( ) χα(λκοῦ) ⁶Ταύρων Χολμέως χα(λκοῦ) ⁷Ἀθηνόδοτος Ἀρίστω(νος) χα(λκοῦ) ⁸Αἰνέας Δημέου χα(λκοῦ) ⁹Πικῶς Πικῶτος χα(λκοῦ) ¹⁰Ἐπικράτης Κεφά(λου) χα(λκοῦ) ¹¹Χολμέως Ἡρα(κλείδου ?) χα(λκοῦ).

The figures after χα(λκοῦ) are all illegible. 1 Πετεχῶνσις same as in Bodl. 293, and perhaps related to the persons mentioned in no. 8 and in Bodl. 155. 7 Ἀθηνόδοτος same as in Bodl. 102.

11 = 3455 (1887). Second century B.C.

Το ἀδελφὸς Ταμε- ²νεῦτος τ. ³Ψενχῶνσις ρ. ⁴Πικῶς υ. ⁵ἄλλας . ⁶Ταχνούμει υ ⁷καὶ εἰς σπέρμα ⁸℔ γ´ ι´ β´.

12 = 3458 (1887). Second or first century B.C.

Θεοδ[.] . ιλει ². . . ἱερεῖ ³Δελλαίας ⁴/ λβL ι´ β´ κ´ δ´.

It is uncertain whether anything is lost above. To the right traces of writing, perhaps figures.

13 = 515 (1892). Second century B.C.

ᾱ ἡμέρα(ι) παῖ(δες) β ἀνὰ ∠ρπ. ²β ὁμοίω(ς) / ρπ. ³γ̄ ὁμοίω(ς) / ρπ. ⁴γ̄ δ ἀνὰ ∠ρι υμ.

Below which a demotic text not yet deciphered.

1 Read ἀνὰ ⟨∠ϙ⟩ ∠ρπ.

14 = 494 (1892). Elephantine, 9th November 34 A.D.

Ἡρακ(λείδης?) ὁ παρὰ Ἀπολ( )... ρ( ) ²δια... ( ).. ρ.. ι-ο( ) ³εἰκοστοῦ ἔτους ⁴ονο. ( ) Σενχνοῦβ(ις) Ονχεο( ) ⁵ἀργ(υρίου) ϛ ὀκτὼι / ϛη. ⁶∟κα Τιβερίου Καίσαρος ⁷Σεβαστοῦ μηνὸς ⁸Νέου Σεβαστοῦ ιγ̄.

4 It is doubtful whether ὀνόμ(ατος) can be read.

15 (Inventory number unknown). Elephantine, *c.* 98–109 A.D.

Διέγραψ(ε) Πατρ[οσζμῆθις] ²ὑπ(ὲρ) λαογραφ(ίας) τοῦ . [. ἔτους] ³Τραειανοῦ Καίσαρ[ος] ⁴ἐπὶ λ(όγου) ϛ τέσσαρας / ϛδ. ⁵(H. 2) Ὁμοίως ἄλλας ϛ τέσσαρες / ϛδ. ⁶Ὁμοίως ϛ τέσσαρες / ϛδ. ⁷Ὁμοίως ϛ μίαν / ϛα. ⁸(H. 1) Ὡ αὐτὸς τὰς λυπὰς ϛδ ⁹σὺν αἷς ἔσχο(ν) δι(ὰ) Σαξίβις.

The misspellings Τραειανοῦ for Τραιανοῦ, Ὡ αὐτός for Ὁ αὐτός, and λυπάς for λοιπάς, occur in several receipts issued by Ἑρμογένης, who was πράκτωρ at Elephantine at the beginning of the reign of Trajan; the first hand here is presumably his and the second that of Σαξῖβις. Πατρ[οσζμῆθις (for Πετορζμῆθις) conjectured on analogy of W. O. 53.

16 (Inventory number unknown). Elephantine, 117 A.D.

Ἀμμώνιο(ς) πράκ(τωρ) δι(ὰ)...... ιο( ). Διέγ(ραψεν) ²Ἁρπαῆσις Φανώφεως μη(τρὸς) Ταχομτβή(κιος) ³ὑπ(ὲρ) ὀψωνίο(υ) ναυτ(ῶν) ποταμοφυλ(ακίδος) κϛ δραχ(μὴν) μίαν ⁴τριώβο(λον). ∟κ Τραιανοῦ Ἀρίστου Φαμενὼ(θ) -.

For Ἁρπαῆσις cf. W.O. ii, p. 471.

17 = 1836 p. 124. Elephantine, 5th September 129 A.D.

Ἀντίοχ(ος) Κασια[νὸς] καὶ οἱ ²λοιπ(οὶ) ἐπιτηρη(ταὶ) ἱερ(ᾶς) πύλ(ης) Σοή(νης). Διέγρα(ψε) ³Πετορζμῆθ(ις) Πουήρε(ως) μη(τρὸς) Τισάτ(ιος) ⁴λαωγ(ραφίας) ιγϛ δραχ(μὰς) δέκα ἑπτὰ c δε(σμοφυλακίας) c' / ϛιζ—. ⁵∟ιδ Ἀδριανοῦ τοῦ κυρίου Θὼθ η̄. ⁶(H. 2) Ἀντείοχος Κασιανὸς σεσημ(είωμαι) δραχ(μὰς) δέκα ⁷ἑπττὰ (sic) *ὀβο(λὸν) ᾱ / ϛιζ—. ιδ∟ Ἀ[δριανοῦ] ⁸τοῦ κυρίου Θὼθ η.*

For Πετορζμῆθις cf. W.O. ii, p. 481.

18 = 505 (1892). Elephantine, *c.* 104–130 A.D.

[........] πράκ(τωρ) ἀργ(υρικῶν) διὰ Ψαν- ²[........]

βοηθ(οῦ). Διέγραψ(ε) Πανε. 3[. . . . . . .] . *λαπατευιο( ) μη(τρὸς) Θιντι-* 4[*θιῶτος ὑ*]*π(ὲρ) μερισμ(οῦ) ποταμ(οφυλακίδων) καὶ σπε( )* 5[. . ∫ . . . ι]*ανοῦ τοῦ κυρίο(υ) ϛ αϝχ*β. 6[L . . . . .]*ιανοῦ τοῦ κυρίο(υ) Χο(ίακ) ιζ.*

The Emperor may have been either Trajan or Hadrian. The use of the title *πράκτωρ ἀργυρικῶν* and of the Egyptian name of the month *Χοίακ* indicates a date not earlier than 104 (cf. W. O. 1268) nor later than 130, when *Χοίακ* was renamed *Ἁδριανός*.

19 = 2817 (1887). Elephantine, 25th November 168(?) A. D.

[. . . . . . .] . . . . [.] . *διὰ Σερήνου.* 2[*Διέγραψ(ε) Π*]*αχνοῦβις . . . Παχομπετενεφῶτ(ου)* 3[. . . . .] . . . . *η∫ δραχ(μὰς) ὀκτὼ / ϛ η.* 4[*Lη Ἀντωνίν*]*ου καὶ Οὐήρου Καισάρων τῶν κυρίων* 5[. . . . . . . *Ὁ*] *αὐτ(ὸς) Ἀθὺρ κθ ὑπ(ὲρ) δε( ) τ[ο]ῦ η∫* 6[. . . . .] . . ( ) *Πετεψ(άιτος) ϛ γϝ κ[αὶ] ὑπ(ὲρ) μερισμῶν* 7[. . . . .] . *λημ(μάτων) ϛ∫ = καὶ ὑπ(ὲρ) ζ∫ = χ*β..

20 = 509 (1892). Elephantine, 13th August 171 (?) A. D.

[*Σατορνῖλ(ος) μισθ(ώτης) ἱερᾶς π*]*ύλ(ης) Σωή(νης) δι(ὰ) Οὐαλερίου βοηθοῦ.* 2[*Ἐμέτρησαν* . . . .] . . . *ων καὶ οἱ μέτοχοι ὑπ(ὲρ) γ̄* 3[*νομ( ) μυροβ(αλάνων) γενήματος ι*]*α L ἀπὸ ματίου ἑνὸς ἥμυσου* (sic) 4[. . . . .] . . . . *ρον δωδεκάτου. Lια* 5[*Ἀντωνίνου Καίσαρος το*]*ῦ κυρίου Μεσορὴ κ.* 6[. . . . . . *καὶ*] *Σατορνῖλος μισθω-τ(αὶ) ἱερᾶς* 7[*πύλης Σοήν*]*ης δι(ὰ) Οὐαλερίου βοηθοῦ.* 8[*Ἐμέτρησεν*] *Ἄρης κε* . . . . 9[. . . . .]*νου γενήματ(ος) ιδ L* 10[. . . . .] . . . . *τετρα . το( )* 11[. . . . .] . *μ* . . . .

Οὐαλέριος same as in Archiv v. 178, no. 32. For *μυροβάλανοι* cf. W. O. i. 258.

21 = 479 (1892). Elephantine, 194 A. D.

Αὐρήλιος Διονύσιος καὶ Ἑρμαῖος 2*Διογένει καὶ οἱ σ(ὺν) αὐτ(οῖς) ἐπιτηρητ(αὶ) ἱερᾶς* 3*πύλ(ης) Σοήνης δι' ἐμοῦ Διονυσοδώρου βοηθ(οῦ).* 4*Διέγ(ραψε) Βιῆνχ⟨ι⟩ς Πετεπτενε(ψίλεως) μ(ητρὸς) Θινπατ . ρ . .* 5*ὑπ(ὲρ) λαογ(ραφίας) λη(μμάτων) β L ϛ ιζ— καὶ ὑπ(ὲρ) μερισμ(οῦ) ἀνδ(ριάντος)* 6*ἀν(α)κ(εχρυσωμένου) λη(μμάτων) α L ϛ δϝ καὶ ὑπ(ὲρ) μερισμ(οῦ) ἀνδ(ριάντος) ἀν(α)κ(εχρυσωμένου)* 7*λη(μμάτων) β L ϛ β—. Αυ*[. . .] . [.] . [

Quoted W. O. i. 821, 822. 2 Read *Διογένους*. As *Αὐρήλιος Διονύσιος* was in office in the 27th year of Commodus (W. O. 1460) the 2nd year can only refer to Severus.

22 = 498 (1892). Elephantine, *c.* 212 A. D.

Αἴλιος Δίδυμος καὶ Ἑ[*ρμόδωρος Σωτῆρος*] 2*πράκ(τορες) ἀργ(υρικῶν)*

'Ἐλεφαντ(ίνης) δι[ὰ [3]. . . . . . . τω . . . . [[4]['Ο]ννῶφρις ὑπὲρ ἐν[οικίου [5]. . ε . . . ὀνό(ματος) Π[[6]. . . φ . . . καὶ τ(ῶν) ἀδελφῶ[ν [7]. . . α κατὰ μέρος [[8]. . . . Θὼθ ⁖ [[9]. . . . δ . . [

Cf. W. O. 281.

23 = 507 (1892). Elephantine, second or third century A. D.

Broken off above.

[καὶ οἱ σὺν α]ὐτ(οῖς) ἐπιτ(ηρηταὶ) ἱερᾶς πύλ(ης) [2][Σοή(νης) διὰ 'Αμ]μωνίου ἀπὸ συν- [3][. . . Διέγρ]α(ψεν) 'Αμμώνιος 'Ηρα- [4][. . . . .] μητ(ρὸς) Θιζ( ) ὑπ(ὲρ) χειρω(ναξίου) [5][. . ∫ τὰς] λοιπ(ὰς) δραχ(μὰς) δώδεκα [6][ὀβολ(οὺς)] δύο / ∫ ιβ =. [7][L] . ⸓ Φαμ(ενὼθ) ιη.

4 Θιζ(μήθιος) or Θιζ(μεντπῶτος). The payment was probably the second instalment of the χειρωνάξιον σιδηρουργῶν, which amounted to 20 dr. 2 ob.; cf. Archiv v. 175.

24 = 540 (1892). Thebes, 11th August 9 B. C.

Τέτακται Νεφερῶς Πετεμίνιος [2]ὑπὲρ Πετεμίνιος πατρὸς [3]ὑπὲρ ἀριθμητικοῦ κατοίκων [4]τοῦ καL Καί(σαρος) ἀρουρῶ(ν) ιδL δι' 'Αμ- [5]φείονος. Lκα Καί(σαρος) Μεσορὴ ιη.

Quoted W. O. i. 820, 822. 3 ν written above the line. We have here a receipt for ἀριθμητικὸν κατοίκων issued to persons who in the same year paid the poll-tax (W. O. 1542). Therefore the status of κάτοικος, which carried with it exemption from the poll-tax, was enjoyed only by the descendants of the Ptolemaic κάτοικοι, and not by any person who had purchased a piece of catoecic land.

25 = 1168 (1888). Thebes, 11th July 59 A. D.

Διαγέγρα(φε) Φαμῖνις Ψενχώ(νσιος) [2]ὑπ(ὲρ) λαο(γραφίας) εL ∫ δέκα βαλ(ανευτικοῦ) ∫ α—c [3]/ ∫ ια—c καὶ τούτω(ν) προσδ(ιαγραφόμενα) [4]ἑξ —c. Lε Νέρωνος [5]Κλαυδίου Καίσαρος [6]Σεβαστοῦ Γερμανικοῦ Αὐτοκράτορος 'Επεὶφ [7]ιζ. Βάσσο(ς) σεση(μείωμαι).

26 = 3460 (1887). Thebes, c. 58–59 A. D.

[Διαγέγρα(φε) Π]αβοῦς νε(ώτερος) 'Εριέως [2][ὑπ(ὲρ) χω(ματικοῦ) . ∫ ∫] ἑξ τετρό(βολον) / ∫ ς F καὶ τούτω(ν) [3][προσδ(ιαγραφόμενα). L . Ν]έρωνος Κλαυδίου Καίσαρος [4][Σεβαστοῦ] Γερμανικοῦ Αὐτοκράτορος [5]'Επεὶφ λα. 'Απίω(ν) σε(σημείωμαι).

1 Χατ]αβοῦς also possible. 5 'Επεὶφ λα = Μεσορὴ α εἰς ἀρίθμησιν 'Επείφ. 'Απίων same as in W. O. 409, 1389, 1392.

27 (Inventory number unknown). Thebes (Charax), 7th August 97 A. D.

Διέγρα(ψε) Πεκύσιο(ς) Νεφερῶτ(ος) ὑπ(ὲρ) [2]χω(ματικοῦ) Χά(ρακος) αL ϛ ἓξ ὀβολ(οὺς) δ κ̣α̣ὶ [3]βαλ(ανευτικοῦ) ϝc καὶ π̣ρο(σδιαγραφόμενα). [4]Lα Νέρουα το̣ῦ̣ κ̣υρίο̣υ̣ [5]'Επε(ὶφ) λ ιδ. 'Ηρακ(λείδης) σ(εσ)η(μείωμαι).

1 Read Πεκῦσις. Cf. W. O. ii, p. 479.

28 = 3453 (1887). Thebes (Charax), 105 A.D.

Δια(γέγραφε) Πεκ̣ῦσις νε̣(ώτερος) Φθ̣ο̣υμίνι(ος) [2]μη̣(τρὸς) Τ̣α̣ν̣εχ(άτιος) ὑπ(ὲρ) χω(ματικοῦ) Χ(άρακος) [3]ηϛ ἑπ̣τ̣ὰ ϝ / ϛϛϝ. L . [4]Τραιανοῦ τοῦ κ̣υ̣ρ̣ί̣ο̣υ . . . . [5]λιθ̣. . . . σ(εσ)η(μείωμαι).

Below traces of other writing, perhaps receipt for a second payment; and two lines in left margin.

29 = 3437 (1887). Thebes (N. Market Quarter), first century A.D.

Δι(έ)γρα(ψε) Χεσθώτη(ς) νε(ώτερος) Πετ̣εχώ(νσιος) ὑπ̣(ὲρ) [.] . [[2]'Αγο(ρῶν) Βο(ρρᾶ) γϛ . . . . [[3]Κ̣α̣ίσ̣α̣ρ̣ο̣ς̣ τ̣οῦ κ̣υ̣ρ̣ί̣ο̣υ̣ Μ . . . [

The Emperor may have been either Vespasian, Titus, Domitian, or Trajan.

30 = 3470 (1887). Second century A.D.

Διέ̣γρ(αψεν) Η . . . ε . [[2]τοῦ γϛ ὑπ̣ὲρ τέλ(ους) [[3]ϛ δέκα τέσσα̣[ρας [4]Lγ . . . . ου.

1 f. perhaps εἰς ἀρίθμησιν μηνὸς . . . . .] τοῦ γϛ.

31 = 562 (1892) = S. B. 2091. Hermonthis, 14th March 108 A.D.

Κρά̣τ̣ης κ̣α̣ὶ μ̣έτο̣χ(οι) πράκ(τορες) ἀργ(υρικῶν) 'Ερ̣μ(ώνθεως) Καμῆτι [2]Πελώκης "Ωρο̣υ̣. "Ε̣σ̣χ(ομεν) ὑ̣π(ὲρ) ι̣δ̣ϛ Δομι̣τ̣ι̣α̣ν̣ο̣ῦ̣ [3]. . φ . . . . Lι̣α̣ Τ̣ρ̣α̣ι̣α̣ν̣ο̣ῦ̣ [4]Κ̣α̣ί̣σ̣α̣ρ̣ο̣ς̣ τ̣ο̣ῦ̣ κ̣υ̣ρ̣ί̣ο̣υ̣ Φα̣μ̣ε̣ν̣ὼθ ιη.

At Hermonthis as well as everywhere else πράκτορες ἀργυρικῶν appear for the first time in the reign of Trajan. 2 Cf. O. Brüss. 33.

32 = 3428 (1887). Thebes (Charax), 109 A.D.

Πετεμενῶ(φις) πράκ(τωρ) ἀργ(υρικῶν) [2]Παμώνθ(η̣) Πετεχώ(νσιος) Πα . . . νω- [3]τουθι( ). "Εσχ(ον) ὑπ(ὲρ) χ̣ω(ματικοῦ) Χά(ρακος) δω̣δεκάτου [ϛ] [4]ῥυ(παρὰς) ϛ ἑπτὰ ϝχ[β]. Lιγ [5]Τραιανο̣ῦ Καίσαρ̣ο̣ς [6]τοῦ κυρίου Φ̣α̣ῶ̣φ̣ι̣ .

33 = 1168 (1888). Thebes (S. Quarter), 6th August 131 A.D.

Ἑρμόδωρος πράκ(τωρ) ἀργυ(ρικῶν) [2]Πασήμιος Ἐπωνύχο(υ). Ἔσχ(ον) [3]ὑπ(ὲρ) χω(ματικοῦ) καὶ βαλ(ανευτικοῦ) Νό(του) ιε∫ ῥυπ(αρὰς) [4]δραχμὰς ἑπτὰ ϝϲ′ / ϛ ζϝϲ′. [5]∟ιε Ἁδριανοῦ τοῦ κυρίου [6]Μεσορὴ ιγ. Ταῦρος σεσ(ημείωμαι).

Ἑρμόδωρος same as in W. O. 1578. 2 Read Πασήμει.

34 = 497 (1892). Thebes (Charax), 12th June 139 A.D.

Αἴλουρ(ίων) καὶ Ὧρο(ς) πράκ(τορες) ἀργ(υρικῶν) Χά(ρακος) [2]Παναμεῦτι Ψεναμο(ύνιος) Παναμ(εῦτος). Ἔσχ(ομεν) [3]ὑπ(ὲρ) σκοπ(έλων) καὶ ἄλ(λων) β∫ ῥυπ(αρὰς) δραχ(μὰς) ἑπτὰ [4]ὀβ(ολοὺς) δ / ϛ ζ ὀβ(ολοὶ) δ. ∟β Ἀντωνείνου [5]Καίσαρος τοῦ κυρίου Παῦνι ιη. [6](H. 2) Αἰλουρ(ίων) (διὰ) Καλ(ήους) σεση(μείωμαι).

35 = 495 (1892). Thebes (Charax), 10th August 141 A.D.

Αἰλουρίων πράκ(τωρ) ἀργ(υρικῶν) Χά(ρακος) [2]Παναμεῦτ(ι) Ψεναμο(ύνιος) Παναμ(εῦτος). [3]Ἔσχ(ον) ὑπ(ὲρ) χωμ(ατικοῦ) καὶ βαλ(ανευτικοῦ) δ∫ ῥυπ(αρὰς) [4]ϛ τέσσαρας / ϛ δ καὶ ὑπ(ὲρ) μερισμ(οῦ) [5]. . . . δ∫ ῥυπ(αρὰς) ϛ τέσσαρας / ϛ δ. [6]∟δ Ἀντωνίνου Καίσαρος [7]τοῦ κυρίου Μεσορὴ ιζ. Αἰλ(ουρίων) διὰ [8]. αν( ) σ(εσ)η(μείωμαι).

36 = 482 (1892). Thebes (Charax), 12th March 142 A.D.

Πόστομος πράκ(τωρ) ἀργ(υρικῶν) Χά(ρακος) Παναμέως [2]Ψεναμούνιο(ς) μη(τρὸς) Σενμώνθ(ου). Ἔσχ(ον) ὑπ(ὲρ) λαογρ(αφίας) [3]καὶ βαλ(ανευτικοῦ) ε∫ ῥυπ(αρὰς) ϛ ὀκτὼ / ῥυπ(αραὶ) ϛ η [4]καὶ ὑπ(ὲρ) μερισμοῦ ἀνακ(εχωρηκότων) κα∫ ὀνόμ(ατος) τοῦ αὐ(τοῦ) [5]ῥυπ(αρὰς) ϛ τέσσαρες ὀβ(ολοὺς) γ / ῥυπ(αραὶ) ϛ δ ὀβ(ολοὶ) γ. [6]∟ε Ἀντωνείνου [7]Καίσαρος τοῦ κυρίου [8]Φαμενὼθ ιϛ. Π . . . ( ) σεση(μείωμαι).

1 Read Παναμεῖ.

37 = 501 (1892). Thebes (Charax), 23rd September 142 A.D.

Παμώνθ(ης) καὶ Πόστ(ομος) πράκ(τορες) ἀργ(υρικῶν) Χά(ρακος) [2]Παναμ(εῖ) Ψεναμο(ύνιος) Παναμ(έως). Ἔσχ(ομεν) [3]ὑπ(ὲρ) μερισ(μοῦ) ἀνακ(εχωρηκότων) κα∟ [4] ῥυπ(αρὰς) δραχ(μὰς) ὀκτὼ / ϛ η. ∟ϛ [5]Ἀντωνείνου Καίσαρος [6]τοῦ κυρίου Θὼθ κϛ.

38 = 536 (1892). Thebes (Charax), 31st October 150 A.D.

Ταύρων πράκ(τωρ) ἀργ(υρικῶν) Χ(άρακος) Ψεναμο(ῦνι) Παναμέως. [2]Ἔσχ(ον) ὑπ(ὲρ) χω(ματικοῦ) καὶ βαλ(ανευτικοῦ) ιγ∫ ϛ τέσσαρας / ϛ δ.

Lιδ Ἀντωνίνου ³Καίσαρος τοῦ κυρίου Ἀθὺρ δ̄. . . . ( ) σ(εσ)η-(μείωμαι).

Ψεναμοῦνις same as in no. 40 and in W. O. 1292; perhaps a son of the person mentioned in nos. 34–7.

39 = 480 (1892) = S. B. 2090. Thebes, 3rd February 133 A. D.

Ἀσκλᾶς καὶ ³Ὧρος ἀπαιτ(ηταὶ) μερισ(μοῦ) ἐνλ(είμματος) τελωνικῶν ²τοῦ ιε∫ Ἁδριανοῦ Καίσαρος τοῦ κυρίου ἔσχον ὀνό(ματος) Σομτοῦς ³Π . . . . . ν Φατρήους κέρ(ματος) ὀβολοὺς δώδεκα / ὀβ(ολοὶ) ιβ. Lιζ Ἁδριανοῦ ⁴Καίσαρος τοῦ κυρίου Μεχεὶρ θ̄. (H. 2) ³Ὧρος σεση-(μείωμαι).

2 Read ἔσχομεν.

40 = 485 (1892). Thebes (Charax), 7th March 151 A. D.

Θοτεῦς ἀπαιτ(ητὴς) μερ(ισμοῦ) ἐνλ(είμματος) τελ(ωνικῶν) Χά(ρακος) Ψενα- ²μούνιος Παναμ(έως). ³Ἔσχο(ν) ὑπ(ὲρ) μερ(ισμοῦ) ιγ∫ ³δραχ(μὴν) μίαν τετρώβολ(ον) / ∫αϜ. Lιδ ⁴Ἀντωνίνου Καίσαρος τοῦ κυρίου ⁵Φα-μενὼθ ια̅ . .

1 Read Ψεναμούνει.

41 = 3443 (1887). Thebes, *c.* 132–142 A. D.

Ἀσκλᾶς ἀπαιτη⟨τὴ⟩ς μερισμοῦ ποτα- ²μοφυλακίδος καὶ ἱεροῦ Ἰου-λίο(υ) ποταμ[ο(ῦ)] ³ἐν Ἀλεξανδρείαν Ψεναμούνιο(ς)⁴Θεοδώρο(υ). ³Ἔσχο(ν) ὑπ(ὲρ) μερισμοῦ . . . . ⁵Θὼθ κ̄.

Below which at right angles ends of lines of a list or account mentioning names Πανεχά(της) and Σενχῶ(νσις).

1 An ἀπαιτητὴς Ἀσκλᾶς is attested for the 17th year of Hadrian and another for the years 2–4 of Antoninus. 2 ποταμοῦ doubtful. 3 Read Ἀλεξανδρείᾳ and Ψεναμούνει. 4 In Θεοδώρου ω corrected from ρ. Ψεναμοῦνις Θεοδώρου Φμόιτος occurs in several ostraca of the period 118–151. 5 κ̄ or β̄.

42 = 3464 (1887). Second century A. D.

Πικ . . . . . [²Ὧρου π . . . . . [³μερισ(μοῦ) . . αν . . . . [⁴κατὰ 𐅸 ὀβολ(οὺς) τέσσαρας . . . . . [⁵τοῦ κυρίο(υ) Ἐπεὶφ [. . .] σε[ση(μείωμαι)].

4 The μερισμός was assessed at the rate of 4 obols to the ἄρουρα, therefore not *per capita.*

43 = 490 (1892). Thebes, 1st April 191 A. D.

Πρεμαῶς καὶ μ(έτοχοι) ἐπιτη(ρηταὶ) τέλ(ους) γέρδ(ίων) ²Παχνοῦμι Πακοί(βιος) χαί(ρειν). ³Ἔσχομ(εν) ὑπ(ὲρ) τέλ(ους) μη(νὸς) Φαμ(ενὼθ) τοῦ λα∫ ⁴∫δ / ∫δ. ⁵Lλα∕ Φαρμ(οῦθι) ς̄.

Quoted W. O. i. 821. 1 Πρεμαῶς same as in W. O. 664, 1073, which are proved to be from Thebes by comparison with W. O. 956, 1614. 2 πακοι) ostr.

44 = 489 (1892). Thebes, 196 A. D.

Πρεμα̣ῶ̣ς καὶ μ(έτοχοι) ⟨ἐπιτηρηταὶ⟩ γερδ(ιακοῦ) ²Φατρῆ̣ς Τικῶς χα(ίρειν). Ἔσχο̣(μεν) ³ὑπ(ὲρ) Τῦβι καὶ Μεχ(εὶρ) β μη(νῶν) ⁴ϛ κ. L δ/ Μεχ(είρ).

1 Πρεμαῶς same as in 43, therefore the date can only refer to Severus. 3 $\mu\epsilon^{\chi}$ corrected.

45 = 570 (1892) + 573 (1892). Thebes, 20th July 149 A.D.

Ἱέραξ καὶ μ(έτοχοι) τε̣λ̣(ῶναι) θησ(αυροῦ) ἱερῶν ²Σενψανσνῶτι Τατεπνούθ(ιος). Ἔσχ(ομεν) ³ὑπὲρ τέλ(ους) ταφῆς μιᾶς ϛ α. L ιβ ⁴Ἀντωνίνο̣υ̣ Κ̣α̣ίσαρος τοῦ κυρίου ⁵Ἐ̣πεὶφ κϛ̄.

Ἱέραξ same as in W. O. 877, 885, 1251. The τέλος ταφῆς is elsewhere collected by τελῶναι ἱματιοπωλῶν (W. O. i. 304).

46 = 506 (1892). Thebes (Charax), 13th April 174 A. D.

Φαρμ(οῦθι) ιη̄ το̣ῦ ιδϛ ὀνό(ματος) Λολο(ῦτος) ²Ἐ̣ριέως Πανα(μέως) ὑπ(ὲρ) ἡ(μισείας) λα̣ο̣(γραφίας) ³ιδϛ Χ(άρακος) ϛ πέντε / ϛ ε. Φ . .

47 = 3466 (1887). Thebes (Charax), 29th October 169 or 201 A. D.

Ἀθὺρ β̄ τοῦ ιϛ ὀνό(ματος) Ταπύσ̣θιο(ς) ²Φθοσνέως ὑπ(ὲρ) γε(ωμετρίας) θϛ Χ(άρακος) ³ϛ μίαν / ϛ α καὶ ὀνό(ματος) Ὥρου ⁴Νεχθα- ν̣ούπ(ιος) ὁμ(οίως) ϝ. Α̣( ) σ̣(εσ)η(μείωμαι).

48 = 561 (1892). Thebes (Charax), 20th August 183 or 215 A. D.

Μεσορὴ κζ̄ τοῦ κ̣γϛ ὀνό(ματος) ²Σ̣ενμούθ̣(ου) μη̣(τρὸς) Θαυβάσθιος ³ὑπ(ὲρ) γε̣ω̣(μετρίας) κ̣γϛ Χ(άρακος) ϛ τέσσερας / ϛ δ. . ( ) σ̣(εσ)η(μείωμαι).

49 = 500 (1892). Thebes (Charax), 28th August 239 (?) A. D.

Μεσορὴ ἐπαγο(μένων) ε̄ τοῦ βϛ ὑπ(ὲρ) λη(μμάτων) αϛ ²Χ(άρακος) ὀνό(ματος) Σαραπά̣μ̣ω̣νο̣ς̣ Ὥ̣ρ̣ου Καλλι- ³μά̣χου ὑπ(ὲρ) ἐπικ̣(εφαλαίου) αϛ Χ(άρακος) δρα̣χ(μὰς) ⁴τέσσαρες / ϛ δ. Ἀμ(μώνιος) σ(εσ)η(μείωμαι).

This ostracon is assigned to the reign of Gordian on the analogy of Bodl. Inv. 2102, a receipt to the same Σαραπάμμων dated in the 4th year of that reign.

50 = 3446 (1887). Thebes, 126 A.D.

Με(μέτρηται) εἰς θησ(αυρὸν) μη(τροπόλεως) ^{2}γ(εν)ή(ματος) ι∫ Ἀδριανοῦ ^{3}Καίσαρο̣ς̣ τ̣ο̣ῦ̣ κ̣υ̣ρ̣ί̣ο̣υ̣ ^{4}Πα̣ῦ̣νι . . . . . . ^{5}Σαχομνέω[ς τοῦ] ^{6}καὶ Ψ . . . . . [. . . . .] ^{7}Ψε̣ν̣χ̣ώ̣(νσιος) ⳨ [τρεῖς] ^{8}ἥμ̣ι̣σ̣υ τετρ[ακαιεικ(οστὸν)] ^{9}/ ⳨ γ∟κ΄δ΄. . φ( ) σε̣σ̣η(μείωμαι).

51 = 521 (1892). Thebes, 18th June 132 A.D.

Μ(εμέτρηται) εἰς θησ(αυρὸν) μη(τροπόλεως) γ(εν)ή(ματος) ιϛ∫ Ἀδριαν̣ο̣ῦ̣ ^{2}τοῦ κ̣υ̣ρ̣ί̣ο̣υ̣ Παῦνι $\overline{κδ}$ ὀνό(ματος) Τασο̣υχᾶτο̣(ς) ^{3}Νικίο̣(υ) ὑπ(ὲρ) Χ(άρακας) ⳨ τρίτον ^{4}/ ⳨ $\bar{γ}$. Πα . ( ) σε̣σ̣η(μείωμαι).

52 = 556 (1892). Thebes, 30th July 144 A.D.

Μέ(τρημα) θησ(αυροῦ) κω(μῶν) γενή(ματος) ζ∫ ^{2}Ἀντων̣ί̣νου Καίσαρος τοῦ κυ̣ρ̣ί̣ο̣υ̣ ^{3}Μεσο(ρὴ) ϛ ὑπ(ὲρ) Κε(ραμείων) ὀνό(ματος) Λητ̣ο̣ῦ̣ς̣ ^{4}θεᾶς μεγίσ(της) διὰ Ψάιτος ^{5}Πτόλλιδ(ος) ⳨ τριάκοντα ^{6}δύο / ⳨ λβ. Ἁρπο̣κ(ρατίων) σεση(μείωμαι).

53 = 3438 (1887). Thebes, 11th September 144 A.D.

Μέτρ(ημα) θη(σαυροῦ) μη(τροπόλεως) γενή(ματος) ζ∫ Ἀντω̣ν̣(ίν)ου ^{2}Καίσαρος τοῦ κυρίο̣υ Θὼθ ι̣δ το̣ῦ ^{3}η∫ ὑπ(ὲρ) Χά(ρακος) ὀνό(ματος) ῝Ωρος Πο̣ρ̣ι̣ε̣ύθο̣υ ^{4}῞Ωρου ⳨ τρίτον δ̣ω̣δ̣έ̣κ̣ατον ^{5}/ ⳨ $\overline{γιβ}$.

3 Read ῝Ωρου.

54 = 514 (1892). Thebes, 30th October 150 A.D.

Μέ(τρημα) θησ(αυροῦ) μη(τροπόλεως) γε̣ν̣ή(ματος) ιγ∫ Ἀντω̣(νίνου) ^{2}Κα̣ίσαρος το̣ῦ κυ̣ρ̣ί̣ο̣υ̣ Ἁθ̣ὺ̣ρ $\bar{γ}$ ^{3}τοῦ ιδ∫ ὑπ(ὲρ) Χά(ρακος) ὀνό(ματος) Ψε̣ν̣α̣μ̣ενώ̣(φιος) ^{4}Παουψάι(τος) ὑπ(ὲρ) πλοίο̣υ Ἀτο̣- ^{5}σᾶντος ⳨ ἥμισυ / ⳨ ∫. ^{6}Ζήν(ων) γρα(μματεὺς) σ(εσ)η(μείωμαι).

At end of l. 2 traces of writing above the line, probably not belonging to the text. 3 Ψεναμενῶφις same as in W. O. 533. 4 Ἀτοσᾶντος apparently gen. of Ἀτοσᾶς; cf. Ἀτουσᾶς P. Genf. 65.

55 = 3413 (1887) + 3461 (1887). Thebes, 15th June 151 A.D.

Μέ(τρημα) θησ(αυροῦ) μη(τροπόλεως) γε̣νή(ματος) ιδ∫ Ἀντ̣ω̣ν̣ί̣ν̣ο̣υ̣ Καίσαρος τοῦ κυρίου ^{2}Παῦ(νι) $\overline{κα}$ ὑπ(ὲρ) Χ(άρακος) ὀνό(ματος) Θαήσιο̣(ς) Ἰσ̣ι̣δώρου ⳨ ἥμισυ ^{3}τρίτον τετρακαιεικ(οστὸν) / ⳨ $\overline{∫γκδ}$. Ζήν̣(ων) γρ̣α(μματεὺς) διὰ Φίλω(νος) σε̣σ̣η(μείωμαι).

56 = 2568 (1887). Thebes, *c.* 138–160 A.D.

Μέτρη(μα) θησ(αυροῦ) μη(τροπόλεως) γενή(ματος) ^{2}. ∫ Ἀντ̣[ωνίνου]

Καίσαρος [3]τ[οῦ κυρίου . . . . . τοῦ] . . ς [4]. [. . . . .]. [5][. . . ϡ δύο] / ϡ β. Ὧρο(ς) σεσημ(είωμαι).

57 = 524 (1892). Thebes, *c.* 144 A. D.

[Μέτρη(μα) θησ(αυροῦ) . . ( ) γενήμ(ατος) . ς] [2][Ἀ]ντωνίνου Καίσαρος [τοῦ κυρίου] [3][. . . ( )] κε ὀνό(ματος) Δητοῦς θεᾶς [μεγίστης] [4]ϡ δέκα ἕξ / ϡ ις.

Cf. 52.

58 (Inventory number unknown). Thebes, 26th June 176 A. D.

Μέ(τρημα) θησ(αυροῦ) μη(τροπόλεως) γ(εν)ή(ματος) ιςL [2]Αὐρηλίου Ἀντωνίνου Καίσαρος [3]τοῦ κυρίου Ἐπ(εὶ)φ β ὑπ(ὲρ) Ν(ότου) ὀνό(ματος) [4]Σεναπολλῶτο(ς) Πικῶτος [5]ϡ τετρακ(αιεικοστὸν) / ϡ κ′ δ′. Ἀμώ(νιος) σ(εσ)η(μείωμαι).

59 = 1168 (1888). Thebes, 15th November 179 A. D.

Μέ(τρημα) θησ(αυροῦ) μη(τροπόλεως) γε(ν)ή(ματος) ιθς Αὐρηλίων [2]Ἀντωνίνου καὶ Κομμόδου Καισάρων [3]τῶν κυρίων Ἁθ(ὺρ) ιη τοῦ κς [4]ὑπ(ὲρ) Χ(άρακος) ὀνό(ματος) Σενμούθου ν(εωτέρας) Πετε(μενώφιος) [5]ϡ μίαν ὄγδ(οον) / ϡ αη′. Ἀμώ(νιος) σ(εσ)η(μείωμαι).

60 = 3454 (1887). Thebes, 3rd August 188 A. D.

Μέ(τρημα) θησ(αυροῦ) μη(τροπόλεως) γ(εν)ή(ματος) κης Κομμόδου Ἀντωνίνου Κ[αίσαρος] [2]τοῦ κυρίου Μεσο(ρὴ) ι ὑπ(ὲρ) Νό(του) ὀνό(ματος) Φθουμ[ίνιο(ς)] [3]Ὧρου Θαήσιος ϡ δύο / ϡ β. Ἀ(μώνιος) σ(εσ)η(μείωμαι).

61 = 555 (1892). Thebes, 18th June and 4th July 196 A. D.

Μέ(τρημα) θησ(αυροῦ) μη(τροπόλεως) γενή(ματος) δς Λουκίου [2]Σεπτιμίου Σεουήρου Εὐσεβοῦς [3]Περτίνακος Καίσαρος τοῦ κυρίου [4]Παῦ(νι) κδ ὑπ(ὲρ) Νό(του) ὀνό(ματος) Καμή(τιος) Θαυβᾶ- [5]το(ς) ϡ μίαν / ϡ α Κ . . ( ) σεση(μείωμαι). Ὁμ(οίως) [6]Ἐπε[ὶ]φ ι ὑπ(ὲρ) Νό(του) ὀνό(ματος) Καμή(τιος) Πικῶτος [7]ϡ μίαν / ϡ α. Κ . . ( ) σεση(μείωμαι).

62 = 499 (1892). Thebes, 22nd June 197 A. D.

Μέ(τρημα) θησ(αυροῦ) μη(τροπόλεως) γ(εν)ή(ματος) ες [2]Λουκίο(υ)

Σεπτιμίου [3]*Σεουήρου Εὐσεβοῦς Περτίνακ(ος)* [4]*Καίσαρο(ς) τοῦ κυρίου τοῦ κυρίο(υ)* (sic) [5]*Παῦνι* $\overline{κη}$ *ὑπ(ὲρ) Νή(σων)* [6]*ὀνό(ματος) Μάρκου Κλωδίο(υ)* [7]*Ἀλεξάν(δρου) ὑπ(ὲρ) ἀβρόχ(ου)* [8]*ꝝ πέντε / ꝝ ε. Φιλ( ) σ(εσ)η(μείωμαι).*

For signature cf. Theb. 122.

63 = 2009 d (1887). Thebes, *c.* 198–210 A. D.

Μέ(τρημα) θησ(αυροῦ) μη(τροπόλεως) γενή(ματος) . . ∫ Σεουήρου καὶ [2]*Ἀντωνίνου Εὐσεβῶν Σεβαστῶν Ἐ(πεὶ)φ* $\overline{κα}$ *ὑπ(ὲρ)* [3]*Χ(άρακος) ὀνό(ματος) . . . . . Ὥρου Πετεχ(εσποχράτου) . .* [4]*ꝝ τρίτον / ꝝ γ'. Σ . . . φυλ( ) σ(εσ)η(μείωμαι).*

64 = 529 (1892). Thebes, 28th July 216 A. D.

Μέ(τρημα) θησ(αυροῦ) μη(τροπόλεως) γε(ν)ή(ματος) κδ∫ Μάρκου [2]*Αὐρηλίου Σεουήρου Ἀντωνίνου* [3]*Καίσαρος τοῦ κυρίου Μεσο(ρὴ)* $\overline{δ}$ [4]*ὑπ(ὲρ) Νή(σων) ὀνό(ματος) Μάρκου Πολλίου* [5]*Ἡρακλείους ꝝ —ₒ δύο ἥμισυ* [6]*δωδέκατον* $\overline{μη}$ */ ꝝ β∠* $\overline{ιβμη}$*.* [7]*[Αὐρή]λ(ιος) Α . . . ( ) ꝝ β∠* $\overline{ιβμη}$*.*

4 Same person as in W. O. 988.

65 = 547 (1892). Thebes, second century A. D.

Two lines illegible, below which

[3]*τοῦ κυρίου Παῦ(νι) ‥* [4]*ὑπ(ὲρ) Ἀγο(ρῶν) ὀνό(ματος) Σενπαμώνθ(ου)* [5]*Χολμέως . . φ . . ( ) διὰ Σεν-* [6]*πμενχή(ους) Σ . . . . ( )* [7]*ꝝ δίμοιρον / ꝝ [β']*. [8]. . . . . . .

66 = 3434 (1887). Thebes, second or third century A. D.

Receipt for corn, partly effaced, beginning

Μέ(τρημα) θησ(αυροῦ) κω(μῶν) γενή(ματος).

67 = 571 (1892). Thebes, first century A. D.

Θησ(αυροῦ) διοι(κήσεως) Θὼθ $\overline{κδ}$ [2]*Ψεμενῶ(φις) Πετεχώ(νσιος)* [4]*ꝝ α* d.

From Karnak. The text appears to be only a memorandum, not a receipt.

68 = 489 (1892). Thebes, 23rd August 194 A. D.

Πλαντᾶς καὶ Πανίσκο(ς) ἀπαιτ(ηταὶ) κρ(ιθῆς) γενή(ματος) [2]*λα∫ Ὥρο(υ) Πετεχώ(νσιος) Ὥρο(υ) διὰ Φρεμεῦτο(ς) χ(αίρειν).* [3]*Ἔσχ(ομεν) εἰς πρόσθ(εσιν) κρ(ιθῆς) —ₒ* d. *∟β∕* [4]*Μεσο(ρὴ)* $\overline{λ}$ *. . . σ(εσ)η(μείωμαι).*

2 Read *Ὥρῳ Πετεχώ(νσιος)*. The name *Φρεμεῦς* is new.

69 (Inventory number unknown). Thebes, 25th June 229 A. D.

Ἐπεὶφ ᾱ τοῦ ηϛ ὀνό(ματος) Φα- ²μίνιος . . . . ιτω( ) ³νε(ωτέρου) Ἀγο(ρῶν) γ̄ κριθῆς —ₒ ἥμισυ ⁴τρίτον κ΄δ / κριθ(ῆς) —ₒ ϛ γκδ. ⁵Αὐ(ρήλιος) Ἡρακ(λείδης) σεση(μείωμαι).

As the Αὐρήλιος indicates a date after 212, if the number of the year is correctly read the reign can only be that of Alexander.

70 = 491 (1892). Thebes, second or third century A. D.

Θὼθ κᾱ τοῦ γϛ ὑπ(ὲρ) λη(μμάτων) βϛ ἔσχον ²εἰς πρόσθ(εσιν) ὑπ(ὲρ) Χ(άρακος) ὀνό(ματος) Ἀμενρώσιο(ς) ³νεω(τέρου) Πεσω( ) τι(μὴν) πυροῦ δραχ(μὰς) εἴκοσι ⁴ / ϛκ. Ἀπολ( ) σ(εσ)η(μείωμαι).

Below traces of other writing, effaced. The receipt was evidently issued by a πράκτωρ σιτικῶν. The date may perhaps refer to Severus.

71 = 3412 (1887). Thebes, 2nd August 126 A. D.

Πετοσῖρις κε Ποριεύθ(ης) ²Ἀσκλᾶτος Ἀμμωνίο(υ) χ(αίρειν). ³Ἔσχαμεν παρὰ σ(οῦ) ἀχύρου ⁴γόμο(υς) πέντε / γόμο(ι) ε ⁵εἰς ἀχυροθ(ηκὴν) Ἑρμοῦ ⁶ὑπὲρ Νήσ(ων), προσγί(νονται ?) β. ⁷∟ι Ἁδριανοῦ τοῦ κυρίου ⁸Μεσορὴ θ̄.

1 Read καί. 2 Read Ἀσκλᾶτι. 3 Ἔσχαμεν for ἔσχομεν. 5 Cf. O. Strassb. 442. 6 It is possible that what I have read as προσγι( ) β̄ may really be part of the place-name.

72 = 2890 (1887). Thebes, second (?) century A. D.

Πετεμενῶ(φις) καὶ μ(έτοχοι) . . . . ²παρόλκων Πεκύσιος Παναμ(έως). ³Ὑπη(ρε)τ(ήσας) (ϛ) τὸν κρά(τιστον) ἐπιστρά(τηγον) τοῦ ⁴Ἐπεὶφ κε̄ τοῦ βϛ.

From Karnak. 2 Read Πεκύσει. For παρόλκων cf. W. O. 1153. 4 κε̄ corrected.

73 = 1169 (1888). First or second century A. D.

Ἀπολλῶς Παχομπῶτι Σωσι( ) χαίρειν. ²Ὁμολογῶι μηδέν σοι ἐνκαλεῖν περὶ Κάσ- ³τορος καὶ μή μοι δεδωκὼς ὑπὲρ αὐτοῦ ⁴μηδέν.

Semi-uncial. The name Παχομπῶς occurs elsewhere only in S. B. 4134.

74 = 517 (1892). Roman period.

Κρονίων . . . . . δ . ισ . . [². αβ . . . . . . ετραισ . [³μὴ μείνης ἀλλ[ὰ

The rest illegible.

75 = 492 (1892). Thebes, second or third century A. D.

α —ₒ ἱερα(τικῶν) δ . . ³ᾱ Σαραπίων Ἁρποκ(ρατίωνος) διὰ γ(εωργῶν)

³Πετεαρουήριο(ς) Ψενθαήσιο(ς) καὶ μ(ετόχων). ⁴ā Μερι( ) Φατρήους διὰ γ(εωργῶν) τῶν α(ὐτῶν). ⁵ā Πανα(μεὺς) Πικῶτο(ς) διὰ γ(εωργῶν) τῶν α(ὐτῶν). ⁶ā Σαραπάμων Τεῶτος διὰ γ(εωργῶν) τῶν α(ὐτῶν).

From Karnak. α ‾ο = tax of 1 ἀρτάβη to the ἄρουρα. ā perhaps = Α(ὐρήλιος); if so date after 212.

76 = 475 (1892). Roman period.

ιδ ²] . μιος ³] . . Ἡρακλείδο(υ). ⁴. . . . . ρισι . . ⁵]εως . . . . . ⁶] . Παμφίλου ⁷]ς Π . . . . . ⁸] . το . . . ⁹] δοῦλ(ος) Σεκῆς . . . . . Λολοῦτο(ς). ¹⁰] Φθουμίνιος Ψενχώ(νσιος) ιδ∫ ¹¹] . . ς Ψεναμ . . . . . . χις ¹²μη(τρὸς) Σε . . . . ¹³/ ἄ(ν)δ(ρες) ι.

Decania-list, cf. O. Brüss. 15 &c. 9 Read Σεκήους. 10 ιδ∫ = 'aged 14 years', that being the age at which liability to the public burdens commenced.

77 = 178 (1883). Roman.

Broken off above.

Ṭ . [²Μα[³Φθο . [⁴Νεφερ . [⁵Ἀπάθης Σεν[⁶Πασῆμ(ις) β . . [⁷Πασῆμ(ις) γ̄ ἀδελ(φός). ⁸Πεκῦσις Ὀννώφριος.

Decania-list, cf. the preceding. If the list contained the normal number of ten names there are two lines lost at the top. 1 Ṭ = δεκανός. 6 β̄ = δεύτερος. 7 γ̄ = τρίτος; there were therefore three brothers bearing the same name.

78 = 541 (1892). Roman.

Broken off above.

[. . . . . .]θ . . . ἀδελ(φός). ²[. . . .]ς Λε . . ρος. ³[Π]ετεήσιο(ς) κεραμεύς. ⁴Μαρκελλῖνος. ⁵Ἀρτεμίδωρος υἱὸς Τασήμιο(ς). ⁶Πατσεοῦς υἱὸς Τιτῶς. ⁷Δαρῖνος . ου( ) Ταοῦς. ⁸ιδ̄ π . . . το( ) Ἁρπαήσιο(ς) Παβοῦτο(ς). ⁹Δράκωνος ἀδελ(φός). ¹⁰Ψε . . . . . ( ) Ἄπις Διονύσιος. ¹¹Πλήνιος Παβούχιος. ¹²[. . .]ις Πετ . . . ¹³[. . . .] . . . μιος ὃς καὶ Ψ . [

Here as often in similar lists the genitive is several times miswritten for the nominative and vice versa. 7 The name Δαρῖνος is otherwise unknown. It is doubtful whether the following word can be read as δοῦλ(ος). 11 The names Πλῆνις and Παβοῦχις make it probable that the ostracon is from Memnonia or Hermonthis.

79 = Hu. 1899 W. 3. Third (?) century A. D.

] κγ̄. ²Οἱ ἐν τῷ Θεμνου- ³θίωι. ⁴Χεμπνηῦς παρα- ⁵χύτης. ⁶[[. . . . .]] ⁷Χεμπνηῦς ἀδελ(φός). ⁸[Μ]έλας Μελίτα. ⁹[Π]εκῦ(σις) υἱὸς αὐτοῦ. ¹⁰[[[.] . . . .]] ¹¹[. . .]υς ἀπὸ Ι . . . αυ[

Ostracon breaks off.

The text is on the verso; recto blank. 1 Name of month lost. 2 The word Θεμνούθιον seems to be new. 4 Χεμπνηῦς for Χεμπνεῦς. Nos. 79–82 evidently belong together.

80 = Hu. 1899 W. 3. Third (?) century A. D.

Broken off above.

. . . . . [2'Εμνήους . [3Πεβῶς κουρεύς. 4Κᾶσις μητ(ρὸς) Σενφά-φεις. 5'Αραοῦς. 6'Επώνυχ(ος) αὐλήτ(ης). 7ἄνδ(ρες) ϵ. 8'Αρμόγ̣ις Λελοῦτος.

81 = Hu. 1899. Third (?) century A. D.

. . [

] . της 2]υ μη(τρὸς) Αγα̣θ . . [3] . ἀδελ(φός). 4] . . Πανικον . . . . [5] ἀδελ(φός). 6]υ̣της Σαμπᾶ. 7παρ]α̣χύτης. 8κε]ρ̣αμεύς. 9]ναινουφι̣ς̣ [10] . . . ικ . . [

Broken off below. 2 For γ perhaps π, for α perhaps ϵ. 4 Πανικον perhaps miswritten for Πανίσκον? 9 Perhaps Ψε]ναινουφις for Ψε]νενοῦφις. Nos. 80 and 81 are early examples of the ribbed pottery which became common in the Byzantine period. This change in the character of the pottery is probably one of the causes of the comparative infrequency of Byzantine tax-receipts on ostraca.

82 = Hu. 1899. Third (?) century A. D.

ῑ 2Κ . . . . χρυσοχοῦς. 3'Αρμόγις Χαλάμου. 4Σεουῆρος Κατ̣οίτης. 5Πετεῆσις Κ̣ώθων. 6Μέλας Δράκοντος. 7'Ηρακλείδης αὐλ̣ή̣της. 8'Αραῦς παστοφ(όρος) "Αμμωνο̣ς̣. 9Φᾶφις Ψαρμ . . τος. 10'Ε̣μ̣οῦχ̣ι̣ς χαλκεύς. 11[. . . . . . .] . αντι . . . [12] . [.

Broken off below. 2 Corrected and therefore uncertain. 3 Χάλαμος perhaps variant of Κάλαμος or of Χαλαμῶς. 4 Read Κατοίτου. 5 Κώθων perhaps nickname. 8 'Αραῦς may be the person called 'Αραοῦς in 80.

83 = 3456 (1887). Roman.

Broken off above, below, and on left.

Col. i ends of 13 lines, 3'Αρυώθ(ου), 7Χα]ρ̣ίτωνος δούλ(ου).

Col. ii Σεκῆς 'Αβῶτος. 2Σ̣ε̣κῆς Κέλετος. 3'Ιναρῶς νεώ(τερος) Κ̣έλετ(ος). 4[[. . . . . τ̣α̣νσ( )]]. 5[[Καβῖρις Πασ̣ήμιος.]] 6[[. . . θ . η̣ . . . .]].

2 and 3 Read Κέλητος.

84 = 309 (1890). Thebes, Roman period.

] . . 2] . . ρη . ισ . . 3ἀρχιπαστοφό̣ρος 'Απόλ(λωνος) ϛ ιβ. 4Πικῶς
ϵ . χ( ) Δ̣ιοσκορυς
Τσέκε ϛ ιβ. 5Παπύστις πασ⟨τ⟩οφόρος ϛ η. 6Σ̣υρίων 'Ερμά-
. . χ( ) ϛ σκς
μωνος ϛ υνϛ. 7Στέφανος ἀπ̣ὸ̣ Κερα(μείων) ϛ σπη. 8υἱὸς Λευκοφίκου
ἔ̣χω π . . . ϛ η
στρα( ) ϛ [[λβ]]μ. 9παστοφόρος 'Ερμοῦ δι(ὰ) το( ) ϛ ιϛ. 10. . ρας ἀπὸ Ψενύρ̣εως δι(ὰ) κα . . ϛ λβ. 11Π⟨ι⟩κῶς Τσέκε 12. . . [

From Karnak; given by Greville Chester. 3 Apollo here probably represents Montu. 4 Διοσκορυς (above the line) miswritten either for Διόσκορος or Διοσκοροῦς. 9 Hermes = Thoth. 11 The place-name Ψενῦρις is apparently not otherwise attested for the neighbourhood of Thebes.

85 = 308 (1890). Second century A. D.

Φαρμοῦθι κη. [2]*Ψεντφοῦς πρ(εσβύτερος) ς ιϐ.* [3]*Σεκῆς κηπ(ουρὸς) ς θ—ς.* [4]*Περμᾶμι ς ς—.* [5]*Ὥρῳ κηπ(ουρῷ) ς η—.* [6]*Ψεντφοῦς ν(εώτερος) ς γ.* [7]*Ἀσκλᾶτι κηπ(ουρῷ) ς δ—.* [8]*εἰς Ταμῖνιν Ὥρου ς ιβ.* [9]*Ὁμοίως Ἀπολλωνίδ(ης)* [10]] . . . *ς δ.* [11]] . ϛ

Broken off below. Probably from Thebes. For the persons here mentioned cf. W. O. 1180–2, S. B. 3575–8, O. Brüss. 70–2.

86 = 178 (1883). Roman.

[[. . . . .]] *ς ιβ.* [2]*Ποριε(ύθης) Ἀσκ(λᾶτος) ς δ.* [3]*Ποριε(ύθης) Φαμ(ίνιος) ς η.* [4]*Σισόις ἀδε(λφὸς) ς η.* [5]*Λολο(ῦς) Μαρο . ( ) ς η.* [6]*Ψενχ(ῶνσις) Φθουμί(νιος) ς η.* [7]*Φουτβω( ) ς η.* [8]*Ποριε(ύθης) Λεω( ) ς δ.* [9]] . *ς λβ.*

87 = 3420 (1887). Second or third century A. D.

ς̄ καμ( ) [2]*Θὼθ ιγ̄ τοῦ ζς ἀρχ( )* [3]*γρα(μματεῖ) στρα(τηγοῦ) ⳨ β.* [4]*γρα(μματεῖ) βασιλ(ικοῦ) ⳨ β.* [5]*ἰσαγω(γεῖ) ⳨ α.* [6]*γεβω( ) κ . . ( ) ⳨ ας.* [7]*αλειφα ⳨ ςγιβ.* [8]*Εὐτυχ(ῆ) ⳨ ςγιβ* [9]*α . . . . . . ⳨ αd.* [10]] *ὑπ(ὲρ) Ἑρμαίο(υ) ⳨ ς* [11]] . . .

The text occupies only one corner of the ostracon, the rest being blank.

88 = 342 (1887). 14th August 241 A. D.

Δς / Ἀντωνίου [2]*Γορδιανοῦ Μεσορὴ κα* [3]*χωρί[ο]υ Ἀμμῶνις* [

Below which other 9 lines, indistinct.

89 = 3435 (1887). Second (?) century A. D.

Ψαι( ) . . . ξ . . . [2]*Μεχ(εὶρ) ια̅ ἄνδ(ρες) ια̅ ἐξ ϝ ς ζ ὀβ(ολοὺς) ς.* [3]*χω(ρίου) νεοφύτ(ου) ια̅ ἄνδ(ρες) ι ἐξ ϝ ς ζ—* [4]*χω(ρίου) Σεκήο(υς) ια̅ ἄνδ(ρες) ιβ ἐξ ϝ ς ηϝ.*

Here, as frequently in private accounts, the drachma contains 7 obols. This does not represent a rate of exchange fixed by the government for official purposes, but the rate at which the private banks exchanged copper for their customers into silver. Cf. note on O. Petrie 79.

90 = 520 (1892). Thebes, third (?) century A. D.

Πλοῖα β [2]*ἐν ἄγων γόμ(ους) κε̅* [3]*ἕτερον ἄγων ιε̅* [4]*ιη̅ πλοῖα κε* [5]*ιη̅ πλοῖα ιε* [6]*ιθ̅ πλοῖα ζ̄ ἐκ κ̄* [7][

From Karnak. 2 and 3 Read *ἄγον*.

91 = 2819 (1887). Roman.

Parts of 8 lines of account, broken off on all sides.

[4]] . *τιμ(ὴ) ⳨ —̥ β κέρμ(ατος) ς ιη χ* . [

92 = 178 (1883). Roman.

Five lines, partly effaced, mentioning names Νεχθανούφιος̣ and Ψεναμο̣(ύνιος).

93 = 508 (1892). Roman.

Parts of 6 lines, mentioning name Παμίνιος.

94 = 3468 (1887). Roman.

Col. i]α̣dη̣κδ [2]—αηιϛλβ [3]] Παῦ(νι) ιϛ ϳ δ [4]]αινιπ( ) ℔ ϛ∟ηιϛξδ.
Col. ii α . . ιος [2]επ( ) . . ʃdηιϛ [3]dιϛλβ [4]ἀπὸ ἀναπα̣[ύματος [5]ἐπ( ) α' αʃ ϳ[[6]. . ἐχο(μεν . .) ει . [[7]ο̣υ̣ . [

95 = Hu. 1899. Early Roman.

Three lines, very cursively written; line 1 begins Ἔτους . . .

96 = 545 (1892). Byzantine.

Θεοπέμπτῳ̣ (καὶ) [2]Ζαχαρία̣. Παρ(άσ)χ(εσθε) τῷ̣ κ(υρίῳ̣) [3]Ἀναστασίῳ κριθῆς [4]μάτι(α) τέσσερα γί(νονται) κριθ(ῆς) [5]μ(άτια) δ μ(όνα). Φαρμοῦθι ιϛ ἰ(νδικτίονος) ια. [6]Γί(νονται) κρ(ιθῆς) μάτι(α) δ. Θέων στοιχ(εῖ).

Said to be from Erment (Hermonthis); if so nos. 97–101 are also from thence.

97 = 512 (1892). Byzantine.

Θεοπέμπτῳ̣ καὶ [2]Ζαχαρία̣ . . . . τ̣ . . Παρ(άσ)χ(εσθε) [3]πα . . . κ . . πωμ( ) εἰς . . οτρ . . [4]τῶν κοϊ . . πωμαρ(ιτῶν) ὀρόβου [5]ἀρτάβ(ην) μίαν γί(νεται) ὀρ(όβου) α μό(νη). [6]Παχὼν ζ ἰνδ(ικτίονος) . . . Γί(νεται) ὀρ(όβου) $\frac{}{o}$ α. [7]Θέων στοιχ(εῖ).

2 Probably ἀπαιτητ(αῖς) as in Petrie 426. 3 Perhaps εἰς ἀποτροφ(ήν). 4 For the word πωμαρίτης cf. B. G. U. 643, P. Oxy. 1913, etc.

98 = 526 (1892). Byzantine.

Θεοπέμπτῳ̣ (καὶ) [2]Ζ̣α̣χαρία̣. Παρ(άσ)χ(εσθε) [3]Φάρῳ κριθῆς [4]μ̣ά̣τι(α) τέσσερα γί(νονται) [5]κριθ(ῆς) μάτι(α) δ μ(όνα). [6]Φαρμοῦθι ι̣ . . . . [7]Γί(νονται) κρ(ιθῆς) μάτι(α) δ. Θέων [8]σ̣τ̣οιχεῖ μοι.

99 = 511 (1892). Byzantine.

Θεοπέμπτῳ κ̣α̣ὶ̣ [2]Ζα̣χαρία̣. Παρ(άσ)χ(εσθε) τ̣ῷ̣ κ . . . . [3]σίτου ἀρτάβ(ας) δέκα πέντε [4]γί(νονται) σί(του) ιε δικ(αία̣) μ(όναι). Μεσ(ορὴ) ιη̣ ἰ(νδικτίονος) α̣. [5]+ Γί(νονται) σί(του) $\frac{}{o}$ δέκα̣ π̣έ̣ν̣τ̣ε̣ δικ(αία̣). [6]Αὔγουστος στοιχεῖ . . . .

4 δικ(αία̣) sc. μετρήσει. 6 This is an early instance of the occurrence of Augustus as the name of a private person.

100 = 478 (1892). Byzantine.

Θεοπέμπτῳ (καὶ) Ζαχαρίᾳ. [2]Παρ(άσ)χ(εσθε) τοῖς καβ̂β̂ χορως καὶ [3]κριθ(ῆς) μάτ(ια) τεσσεράκοντα [4]γί(νονται) κρ(ιθῆς) μ(άτια) μ μ(όνα). Φαρμ(οῦθι) ια ἰ(νδικτίονος) δ. [8]Γί(νονται) κρ(ιθῆς) μ(άτια) μ. . . . . . . στυχεῖ.

Given by Greville Chester. 2 The meaning of the words at the end of the line is obscure; cf. Petrie 426. 6 Read στοιχεῖ.

101 = 567 (1892). Byzantine.

Partly illegible; perhaps an order to the same persons as in 96–100.

102 = 522 (1892). Byzantine or Arabic period.

+ Δέδωκ(εν) Ἠλιᾶς . . . [2]ὑ(πὲρ) διαγράφου ε ἰ(νδικτίονος) (ἀ)ρ(ιθμίου) ϛ ἕκτον. [3]Π(α)ῦ(νι) . . . Φιλόθεος στοιχ(εῖ). [4]. . . ο( ) ὑ(πὲρ) διαγράφου ε ἰ(νδικτίονος) . . ἕκτον. [5]Π(α)ῦ(νι) ιθ. Φιλόθ(εος) στοιχ(εῖ).

103 = 513 (1892). Eighth century A. D.

+ Σαμουῆλ Φιλοθ(έου) [2]ὑ(πὲρ) προ . . . . [3]Φαρ(μοῦ)θ(ι) ιθ . . . . . . [4]. . . . . . στεχε. [5](H. 2) Πχὲρ Ἀθανασίου στοιχεῖ. [6]+.

4 Read στοιχεῖ. Cf. Petrie 463–4.

104 = 557 (1892). Byzantine or Arabic period.

+ Τα . ασιεπα . . υ νο(μισμάτιον) α π . . [2]Γεώργες Α . ωνα . ει νο(μισματίου) ἥ(μισυ) πλβ. [3]Κοσμᾶ Σεμέων νο(μισματίου) . . πλα. [4]Χαῆλος Μού(σεως) νο(μισματίου) ʃ πλα. [5]Κοσμᾶ Κολ(λού)θ(ου) νο(μισμάτιον) α πλβ. [6]Σεμέων Βΐκ(τορος) νο(μισματίου) ʃ πλα. [7]Κολ(λοῦ)θ(ος) Θεώδορος νο(μισματίου) ʃ . . . . β. [8]Κοσμᾶ Πε . . τ . νο(μισματίου) . . πλβ. [9]Μάρκος Ἀναστα(σίου) νο(μισματίου) . . π . Σεβέρος . . α . [11]. . . [12]. . . . . π . γ [13]Θεω . ρε [[14]Δαυεῖδ [

2 Read Γεώργιος. 3, 5, 8 Κοσμᾶ for Κοσμᾶς. 7 Read Θεοδώρου. 10 Σεβερος for Σεουῆρος.

105 = 778 (1888). Red Ink.

Δ . . . ΚΡΙΩΣ [2]. . . ΔΕΞΗΘΙΚΑ [3] . . .

106 = Hu. 1899.

Fragment containing only a few letters, which instead of being written in ink were carved with a knife.

There remain about a score of ostraca which are illegible, a few which are not Greek, and one which looks like a forgery. The three ostraca in the Ashmolean which were published by Wilcken (W.O. 57, 111, 117) are not reproduced here. I could not find the original of S.B. 2092 = Ashmolean 178. From Wilcken's quotations (*Ostraka*, i. 713, 821, 822) the text appears to have begun (ὁ δεῖνα) καὶ (ὁ δεῖνα) πράκ(τορες) σιτικ(ῶν) [Χάρακ(ος)] καὶ Ἀγορῶν ἐσχή-κ(αμεν) εἰς πρόσθ(εσιν) ὑπὲρ γενή(ματος) κθϛ ὀνό(ματος) (τοῦ δεῖνος).

PART III

OSTRACA IN PROF. SIR W. M. FLINDERS PETRIE'S COLLECTION AT UNIVERSITY COLLEGE, LONDON.

[These ostraca are here published in the order of the inventory numbers.]

Nos. 1–35 published by Wilcken.

Nos. 36–73. Ptolemaic.

36. Thebes, 23rd April 236 B. C.

Lιβ Φαμενὼθ ε̄ ἁ[λι]- [2]κῆς καὶ . . . [3]λ . . α . . διὰ Σωστράτου [4]Ἁρσιῆσις ⊢αβcν [5]Χιβμι . . . ⊢αcν. [6](Demotic) 'Harsiesis son of Amenothes, the tax (of) ½ kite (on) salt. [7]. . . year 11, signed Pames (?), Phamenoth (?), 5 (?)'.

Apparently Ἁρσιῆσις paid ½ kite = 1 dr. for ἁλική and 5¾ ob. for another tax.

37. Third century B. C.

Ξηπονα της [2]πειλυος [3]⊢αβ.

1 π or μ, τ or υ, ης or ακ. 2 λ or α, υ or τ. The meaning of this text is obscure.

38. Third century B. C. Receipt for payment in money, beginning Lγ Φαῶφι.

39. Thebes, third or second century B. C.

Recto parts of 2 lines, indistinct.

Verso Ἔτους κ Ἁθὺ[ρ . . . . ( )] [2]ἐπὶ τὴν ἐν Δι[ὸς πό(λει) τῆι με(γάλῃι) τρά(πεζαν)] [3]ἐφ' ἧς Δ . [.

1 End πέ(πτωκεν) or τέ(τακται). 3 A Διόδοτος was τραπεζίτης at Thebes under Euergetes I, but it is doubtful whether he is meant here.

40. Thebes, second century B. C.

Ἔτους . [. . . . .] [2]τέτα(κται) ἐπὶ [τὴν ἐν Διὸς πόλ(ει)] [3]τῆι μεγ(άλῃι) [τρά(πεζαν) . . . . L] [4]Ὀσοροῆ[ρις [5]. . . [

41. Second century B. C.

Ἀμμώνιος καὶ οἱ μέτοχο(ι) [2]Πετεαρπρῆτι χαί(ρειν). Ἔχο(μεν) [3]παρὰ σοῦ ἀπὸ τοῦ τέλους Τῦβι [4]χαλκοῦ δισχιλίας / Ἀβ.

42. Hermonthis, *c.* 120 B.C.

Broken off above.

]. [.] . . ²βουλ . . . . σὺν οἷς ³προιμεθλυσ( ) πρό(τερον) ἢι δι' ἄλλω(ν) ⁴συμβόλων εἰς πλ(ήρωσιν) πάντων ⁵δραχμὰς δισχιλίας / 'Β. ⁶Πανίσκος. ⁷Πτολεμαῖος.

3 Not πρός με. Signatures as in W. O. 1257 and 1531, which are proved to be from Hermonthis by comparison with W. O. 756.

43. Thebes, *c.* 153 B.C.

[Ἔτους .] . Παῦνι ῑᾱ με(μέτρηκεν) εἰς ²[τὸν ἐν Διὸ]ς πό(λει) τῆι μεγ(άλη) θη(σαυρὸν) ³[. . L Σίμω]ν Ὡραίου ⁴[. . . . .] . ₰ πέντε d ⁵[/ ₰ εd.] Ἀμβρύων. ⁶[. . . . . με(μέτρημαι)] ₰ πέντε d.

Cf. W. O. 1511.

44. Memnonia, 9th March 120 B.C.

Ἔτους ν Μεχεὶρ ῑθ με(μέτρηκεν) ²νL Μεμ(νονείων) Ψεμμῖ(νις) Ψενε- ³μενώφιος σησάμου ⁴εἴκοσι τέσσαρες ⁵/ σησά(μου) κδ. Ἀπολ-λώ(νιος).

45. Memnonia, 26th June 119 B.C.

Ἔτους να Παῦνι η̄ με(μέτρηκεν) εἰς τὸ νL ²Μεμ(νονείων) . . σαχ . . ( ) Ὥρου πυροῦ τρεῖς ἥμισυ ³/ ₰ γL. Δημή(τριος). ⁴Ὁ αὐ(τὸς) ₰ δύο δίμοιρον / ₰ ββ'. Δη(μήτριος). ⁵Ἄλλην μίαν τρίτον / αγ' ⁶/ δ. Δη(μήτριος).

46. Thebes, 160(?) B.C.

Ἔτους κα Μ[. . . . . . . με(μέτρηκεν)] ²εἰς τὸν ἐν Διὸς π[όλ(ει) τῆι με(γάλη) θη(σαυρὸν)] ³ὑπὲρ τοῦ τό[που καL] ⁴Πλάτων Σαμ[⁵. [.

47. 159 or 92 B.C.

Ἔτους κβ Ἐπεὶφ ῑε μ[ε(μέτρηκεν) εἰς τὸν] ²στέφανον τῶν κ[ατοίκων] ³Ἀμμώνιος [⁴πυροῦ —ο . [⁵ — . . ὁ αὐ(τὸς) π[υροῦ

48. First (?) century B.C.

Broken off above.

]. μια ²] δε . . . . ³] . . . . δέκα τέσσαρες ⁴/ ₰ ις. ⁵Ἑρμίας καὶ Ἀμμώ(νιος) ₰ δέκα ἕξ.

49. *c.* 115 B.C.

Πανίσκος ὁ παρὰ Ἰμ[²Κλ . . . ι καὶ Ερ . . . . [³Μεμετρή(κατε)

τὸ . [[4]τῶν ἱερέων π[υροῦ $\frac{}{o}$ [5]ὥστε . . χ . [[6]Φομμοῦ[τι τῶι συγγενεῖ] [7]καὶ ἐπιστ[ρ]α(τήγωι)[.

2 Possibly Κλέωνι. 6 Cf. Martin *Les Épistratèges* p. 176.

50. Thebes, 159 or 92 B. C.

Lκβ Φαρμοῦθι . [. με(μέτρηκεν) εἰς τὸν ἐν Διὸς] [2]πόλει τῆι με(γάλῃι) θη(σαυρὸν) . [[3][Δω]σίθεος Ψα[[4]] . . . . . . [[5]] . . [.

51. Coptos, 6th October 122 B. C.

Lμθ Θῶυθ ιδ τέ(τακται) ἐπὶ τὴν [2]ἐν Κόπ(τῳ) τρά(πεζαν) Καμηλίτης Ἀράβων [3]διὰ Πάτρωνος τοῦ Κεινέου [4]|Λ τέσσαρα / Λ δ. [5]Σῶσος τρα(πεζίτης).

The meaning of this text is obscure; perhaps a name has been omitted before Καμηλίτης. 3 Κεινέας = Κινέας.

52. Coptos, 27th June 56 B. C.

Lβ τοῦ καὶ α Παῦ(νι) κε τέ(τακται) [2]ἐπὶ τὴν ἐν Κόπ(τῳ) τρά(πεζαν) ἀπομοί(ρας) β [3]τοῦ καὶ αL Ζμεῖθις Ἑρμίου [4]|δισχιλίας σξ / Ἐσξ. [5]] τρα(πεζίτης) Ἐυϥ.

The date refers to the reign of Berenice and Archelaus; cf. P. Tebt. 202, P. Grenf. ii. 38, W. Chrest. 70. 3 Ζμεῖθις may be the same as Ζμῖθις in Bodl. 274.

53. Coptos, 2nd November 117 B. C.

Lνδ Φαῶφι ιγ [τέ(τακται) ἐπὶ τὴν ἐν Κόπ(τῳ) τρά(πεζαν) . . . ( ) νδL] [2]Ἀνίκητος Δε[. . . . . . . τρισχιλίας] [3]|τετρακοσί[ας . . . . / Ἐυ .] [4]Πανί(σκος) Ἐω[.].

This ostracon is presumed to be from Coptos on the supposition that Πανίσκος is the same as in Bodl. 104. The tax was probably the ἀπόμοιρα or ἐπαρούριον.

54. Hermonthis, 18th July 116 B. C.

Lνδ Ἐπεὶφ ᾱ με(μέτρηκεν) νδL [2]∠ $\frac{}{o}$ Σχοι( ) Πλουτίων Πατηράτου [3]|ℵ τέσσαρας γʹ / ℵ δγʹ . . .

This ostracon is dated by Euergetes II 20 days after his death; cf. W. O. i. 786. 2 ∠ $\frac{}{o}$ = ½ artaba to the arura. The place-name Σχοι( ) occurs also in W. O. 753, which is presumed to be from Hermonthis on the supposition that Ἀγα( ) and Ἀριστόβουλος are the same as in W. O. 756.

55. Hermonthis, second century B. C.

L . . . . [2]∠ $\frac{}{o}$ Σχοι( ) Εὐμήδης Εὐμή- [3]δου πυροῦ $\frac{}{o}$ τρεῖς τέταρ(τον) [4]/ ℵ γd. Ε . [5] . .

Cf. 54.

56. Second (?) century B. C.

. . . . ∟ [2]∟γ Φαρμοῦθι θ̄ τέ(τακται) . . . [3–4] illegible, [5]/ φṿ . δϛ τε[τρακοσίας ν] [6]/ υν. [7]/ Ἀ.

57. 242 or 217 B. C.

∟ϛ Παῦνι ῑγ̄ [2]ἁλικῆς διὰ . . . [3]. . . . . [4]. . . . — c.

58. Five lines, partly illegible, beginning ∟ιγ.

59. Illegible.

60. Receipt for corn, 5 lines, partly illegible.

[1]Ἔτους . Μεχεὶρ [2]αὐτοῦ ∟ [5]ῑζ̄ ὁ αὐ(τὸς) ἥμισυ γ´ / ∠γ´.

61. Four lines, probably of tax-receipt, illegible.

62. Third or second century B. C. Memorandum.

∟ιδ [2]Ψεννῆσις [3]προμκο( ) ι̅.

63. Order for payment.

Θεόδωρος Διοπείθηι χαίρειν. [2]Διεθήτω Ψενχώ(νσει) ἀραβῶ(νος) εἰς κ . . . [

64. List or account.

. .] . . . . . . [2]. . . ημις . χ . . . . . [3]Πικῶς . ετι . . . . α [4]Ἡρακλῆς Κον . . . τε . . . [5]Θοτορτάις χε . . . . [6]Ὁμοίω(ς) διὰ Θορ . . . . . . [7]Πετεαρποχ(ράτης) . . . λ( ) [8]Ψεν[ο]σῖρις Αρτεμ . . . [9]Ἡρώδης Λυσιμά(χου) α. [10]. . . ασ . . . . . [11]μαχαιροφόρος κ . . . [12]. .] . . . . . .

65. List, late Ptolemaic.

Δωρόθεος Πτολεμαίου. [2]Λυσίμαχος Πτολεμαίου. [3]Σαραπίων Πτολεμαίου. [4]Ἀπολλώνιος . . . . νοπρ . . [5]Ἀπολλώνιος . . . σ . α . . . ρο . [6]Ἑρμόδωρος Διδύμου. [7]Κάστωρ Ἀθηνοδώρου. [8]Σῖμος Πτολεμαίου. [9]Ἀμμώνιος Πτολεμαίου. [10]Εὔμηλος Διονυσίου. [11]Σαφ . . . Π . . . [[12]Α . . . . . [

66. Fragment of account.

Col. i ends of 5 lines.

Col. ii ιβ Μέμνω[ν [2]κ̄ε̄ Ἀμμώ(νιος). [3]κ̄η̄ Πετε[[4]κθ Λέων[[5]Ἡρακ[λ [6]Ἀπολλώ(νιος) Ἡρ[[7]. . . . [[8]. . . . . [

67. Account, late Ptolemaic.

] . . ον . μβ [2] . ει ἀφ' ὧν τιμὴν [3]ων ἐπιβλη( ) ἄρτω(ν) [4] . λης [5]Ἀ ἔπεισα( ) [6]σομεναι [7] . ενω( ) [8] . γ [9]υβει [10] . .

Verso σπαρτ . [[2]ἀντιλεγ( ) [[3]"Ωρωι [[4]ασχ . [[5]στ . [

Each of the lines of the verso has a slanting stroke in front of it.

68. Account.

Ἀπὸ Ἰσν [2]ᾱ ἡμέρᾳ αλ( ) τ. [3]β αλ( ) ρκε. [4]γ̄ αλ( ) ρκ. [5]κδ Παυ( ) υ / ωμε. [6]ἐκτὸς ἀρχαίου . . [7]ὰς λέγει ἠρκέναι [8]ἕως . μοστ . . .[.

This ostracon is marked 'ABE from G. J. Chester'. It is uncertain whether anything is lost on the left or below. 2–4 αλ perhaps = ἄλ(λαι). 5 300 + 125 + 120 + 400 = 945, not 845.

69. Account in copper drachmae, late Ptolemaic.

70. Document of uncertain character; 7 lines, partly illegible.

[3]ἀποστεῖλαι [.

71. Fragment, parts of 3 lines.

72. Lκγ Μ[.

73. Lκ[[2]Αμβ[

NOS. 74–398 ROMAN. 74–190 FROM THEBES, or presumed to be so in the absence of evidence to the contrary.

74. Charax, 27th September 80 A. D.

Διέγρ(αψε) Φαρ[. . . . .] [2]ὑπ(ὲρ) χω(ματικοῦ) Χά(ρακος) β [L ʖ . . / ʖ . . κ(αὶ) προ(σδιαγραφόμενα).] [3]Lγ Τίτου τοῦ [κυρίου μηνὸς] [4]Σεβαστοῦ λ̄ . [.

75. Charax, 30th July 82 A. D.

Διέγρ(αψε) Γερμανὸς Μενέφρωνος [2]ὑπ(ὲρ) χω(ματικοῦ) Χά(ρακος) αʃ ἓξ ϝ βα(λανευτικοῦ) ϝς' / ʖζ=ς κ(αὶ) προ(σδιαγραφόμενα). [3]Lα Δομιτιανοῦ τοῦ κυρίου [4]Ἐπεὶφ λ̄ϛ. . . . λ( ) Ἀπίω(νος).

1 Γερμανός same as in W. O. 464, 1059, though he is there collector and here taxpayer; cf. W. O. i. 70. 4 Cf. W. O. 454; but it is doubtful whether Ἀπολ( ) can be read here.

76. Thebes, First century A. D.

[1](Demotic) 'The silver of head (= poll-tax) of Nechtmon-

thes'. [2]*Διέγρα(ψε) Νεχθμώνθ(ης) Θοτεῦς ὑπ(ὲρ) [λαο(γραφίας) . . ς δραχ(μὰς)]* [3]*δέκα καὶ βαλ(ανευτικοῦ) ϛ μίαν ὀβολ(ὸν) c / ϛια—c κ[αὶ προσδ(ιαγραφόμενα).*

Broken off below. The demotic is written upside down with respect to the Greek (Thompson). 2 Read Θοτέως.

77. Thebes, 38 or 42 A. D.

Διαγέγρα(φε) Πτόλις Ψ[ενενούφιος ὑπ(ὲρ)] [2]*χω(ματικοῦ) βL ἐξ τε[τρώβολ(ον) καὶ βαλ(ανευτικοῦ) τετρώβολ(ον) c]* [3]*/ ϛζ=c κ[αὶ προσδ(ιαγραφόμενα. L . . . .]* [4] *. [.*

For Πτόλλις cf. W. O. ii, p. 482.

78. Bank receipt, first century A. D.; 5 lines, partly illegible.

79. 6th February 15 A. D.

Διαγέγρα(φε) Πασῆμις Φθομώνθ(ου) [2]*τοῦ Πασήμιος ὑπ(ὲρ) χωμα(τικοῦ)* [3]*μγL . . . . . ψαρω ( ) δραχ(μὰς)* [4]*ἑπτὰ ἡμιοβ(έλιον) αἳ κ(αὶ) ϛϛϝ.* [5]*Lα Τιβερίου Καίσαρος* [6]*Σεβαστοῦ Μεχ(εὶρ) ιβ.*

3 The word after μγL is evidently the name of a village, but appears to be otherwise unknown. This is the earliest receipt for χωματικόν in the Greek ostraca of the Roman period, but the tax is attested for the reign of Augustus by B. G. U. 1198 and by the demotic ostraca published in Archiv vi. This is also the earliest ostracon in which the abbreviation αι^κ occurs. αι^κ is variously explained to mean αἳ κ(αί) or αἱ κ(αθήκουσαι), sc. δραχμαί. The former is to be preferred, for (1) the abbreviation is always αι^κ, never αικα^θ or αικαθη^κ; (2) αἱ καθήκουσαι, sc. δραχμαί, would be a nominative absolute, whereas there is no such thing in Greek, but the construction δραχμὰς ζc αἳ καὶ δραχμαὶ ϛϝ, or the like, is grammatically correct; (3) to describe the main sum alone as αἱ καθήκουσαι δραχμαί would imply that the extra charges were μὴ καθήκοντα, which might have been the opinion of the taxpayers, but not of the τραπεζίτης. The meaning of προσδιαγραφόμενα, αἳ καί, and ῥυπαρός is discussed by Milne, *Annals of Archaeology and Anthropology*, vii. 61. Δραχμὰς ϛϝ καὶ προσδιαγραφόμενα, δραχμὰς ζc αἳ κ(αὶ) ϛϛϝ, and ῥυπαρὰς δραχμὰς ζc, all mean the same thing. The first of these formulae is used in receipts from the δημοσία τράπεζα in the μητρόπολις of Thebes, the second in receipts from the local τράπεζαι in Μεμνόνεια and Νότος καὶ Λίψ, the third in receipts from the πράκτορες ἀργυρικῶν μητροπόλεως. The normal rate of the προσδιαγραφόμενα was $1\frac{1}{2}$ obols to the stater. The exceptions may be explained as follows: (1) fractional amounts less than 2 ch., or sometimes 4 ch., may be either neglected or reckoned as wholes; (2) although προσδιαγραφόμενα ἐξ —c properly means 'add $\frac{1}{16}$ to the amount due' the officials sometimes took it to mean 'substract $\frac{1}{16}$ from the amount paid' (cf. our modern distinction between true and bankers' discount); (3) in receipts for λαογραφία from Arsinoe, the 10 obols said to be paid as προσδιαγραφόμενα on 20 dr. include $2\frac{1}{2}$ ob. for συμβολικά; (4) in receipts for Ἰουδαίων τέλεσμα 8 dr. 2 ob. are said to be the τιμὴ δηναρίων δύο, the extra charge in this case amounting to only 1 obol to the stater instead of $1\frac{1}{2}$ obols; (5) other rates of προσδιαγραφόμενα are found in

receipts for those few taxes for which, in the Roman period, payment was still accepted in Ptolemaic copper, i. e. the ἀπόμοιρα, ἐπαρούριον, ναύβιον, and sometimes ἐγκύκλιον, the extra charges added to these taxes being survivals from the Ptolemaic period; (6) in the case of some taxes imposed for purely local purposes there was probably no extra charge. The extra charge of 6¼% was exacted because the money was ῥυπαρός (just as the προσμετρούμενα were exacted because the corn was ῥυπαρός), i.e. because tax payments were made either in the debased silver of the later Ptolemies, or afterwards in the billon tetradrachms of Alexandria, and not in the Roman denarii, which alone were accepted at their full nominal value, but in practice did not circulate in the χώρα. In demotic ostraca the προσδιαγραφόμενα are said to be paid 'pour la versement à Alexandrie' (Rev. Mél. 216, 225). This extra charge was introduced at Thebes between the 41st year of Augustus (P. S. I. 261) and the 43rd year (Petrie 79), but in the Fayûm before the 39th year, as appears from P. Fay. 45, where the 44 dr. 6 ch. paid for συντάξιμον, i. e. λαογραφία + ἁλική + ἱερα( ) γεφ( ) (cf. Stud. Pal. xx. 49, 62), include the προσδιαγραφόμενα, and at Syene, where everything was peculiar, not until long afterwards (W. O. i. 233).

80. Pakerkeesis, 29th July 43 A. D.

Διαγέγρα(φεν) Ἐπώνυχ(ος) β̂ ὑπ(ὲρ) λα(ο)γρα(φίας) γ∟ Πακ(ερκεή-σεως) ϛη. ²∟γ Τιβερίου Κλαυδίου Καίσαρος ³Σεβαστοῦ Γερμανικοῦ Αὐτοκ(ράτορος) ⁴Μεσορὴ ε̄.

1 β̂ = δεύτερος, i. e. the second of three brothers bearing the same name; but the reading is doubtful. Πακερκεῆσις occurs as the name of a village in Meyer ostr. 23–5, 36 a, 37, 39, but in S. B. 3547 it is apparently the name of a person.

81. Memnonia, 3rd and 26th May, 6th June, 22nd and 26th July, 7th August 45 A. D.

Διαγέγρ(αφεν) Ὧρος Παμοντκαμήτιο(ς) ²ὑπ(ὲρ) λαογρα(φίας) ε∟ Μεμνο(νείων) ϛη. ∟ε Τιβερίου ³Κλαυδίου Καίσαρος Σεβαστοῦ ⁴Γερμανικοῦ Αὐτοκράτορος Παχὼ(ν) η̄. ⁵Ὁμοίως Παῦνι ᾱ ϛδ. Ὁμοίως Παῦνι ⁶ιβ̄ ϛδ. Ὁμοί(ως) Ἐπεὶφ κη̄ ὑπ(ὲρ) ἐνκυκ(λίου) ε∟ ⁷ϛβ. Ὁμοί(ως) ὑπ(ὲρ) βαλανή(ων) ϛβ. Ὁμοί(ως) Μεσορὴ β ⁸ὑπ(ὲρ) χωμα(τικοῦ) ε∟ ϛγ𐅵c. Ὁμοί(ως) ιδ̄ ϛβ𐅵c.

82. *c.* 41–54 A. D.

Διαγέγρ(αφε) Πα . . . . ²ὑπ(ὲρ) (πεντε)φυλίας . . . . ³Τιβερίου Κλαυδίου Καίσαρος ⁴Σεβαστοῦ Γερμανικοῦ ⁵Αὐτοκρά-τορος Παχὼ(ν) η̄. ⁶Ὁμοί(ως) Μεσορὴ β ϛγ𐅵c.

2 ε̄ φυλιας ostr. Cf. Meyer ostr. 38.

83. S.W. Quarter, 1st, 22nd, and 25th March, 21st April, 18th May, 17th August 63 A. D.

Δι[αγέγ]ρ[α(φε)] Ψ[ενμώνθης Ἀπολλωνίου] ²ὑπ(ὲρ) λαογρα(φίας)

Νό(του) καὶ Λι(βὸς) θL ϛ η. [3]Lθ Νέρωνος τοῦ κυρίου Φαμε(νὼ)θ [4]ε. [5]Ὁμοί(ως) κ̅ϛ̅ ϛ δ. Ὁμοί(ως) κ̅θ̅ ϛ δ. [6]Δι(α)γέγρα(φε) Ψενμώνθης Ἀπολλωνίου ὑπ(ὲρ) [7]λαο(γραφίας) Νό(του) καὶ Λιβ(ὸς) θL ϛ δ. Lθ Νέρωνος [8]τοῦ κυρίου Φαρμοῦτι κ̅ϛ̅. [9][(Ὁμο(ίως)] Παχ(ὼν) κ̅γ̅ ϛ δ. Ὁμο(ίως) [10]Μεσορὴ κ̅δ̅ [11]χω(ματικοῦ) ϛ γ— αἱ κ(αὶ) ϛ β [12] ϛc.

9 The second figure in the number of the day corrected and therefore uncertain.

84. Memnonia, 4th and 24th December 65 A. D.

Διέγρ(αψαν) υἱῶ(ν) Παμών(θου) Ψενενο(ύφιος) ὑπ(ὲρ) ναυβ(ίου) ιαϛ [2]Μεμνο(νείων) =c. Ὁμο(ίως) ιϛ ϛ αϛ αἱ κ(αὶ) ϛ αϛ. Ὁμο(ίως) θϛ [3]ϛ αϛ αἱ κ(αὶ) ϛ αϛ. Lιβ Νέρωνος τοῦ κυρίου [4]Χοί(ακ) η̅. Ὁμοίω(ς) κ̅η̅ ϛ β— αἱ κ(αὶ) ϛ β, Ὁμο(ίως) ιL [5]ϛ βϛ αἱ κ(αὶ) ϛ βϛ, Ὁμοίω(ς) ὑπ(ὲρ) ἐνάτου L ϛ . [αἱ] κ(αὶ) ϛ . ., [6]ὑπ(ὲρ) υἱῶν Φθομώνθ(ου) Ἑρμοδώρο(υ). Ὁμο(ίως) [7]ὑπ(ὲρ) υἱῶν Παμώ(νθου) Ψενμώ(νθου) ὑπ(ὲρ) ιL ϛ αἱ κ(αὶ) ϛc.

The reading of some of the amounts is uncertain. 1 Read υἱοί. 5 ἐνάτου is here written out instead of being represented by the letter θ. In the ostraca the number nine when it occurs as the number of the year is more frequently written out than any other number, evidently from the same superstitious motive which led to the avoidance of the use of the numeral θ on the coins. 6 The words ὑπὲρ υἱῶν Φθομώνθου Ἑρμοδώρου refer to the three payments recorded in lines 4–5. Payments ὑπὲρ ναυβ(ίου) or ναυβ(ίων) are mentioned in only three ostraca, W. O. 1396, Petrie 84, Bodl. Inv. 1522. These are all of the end of the reign of Nero, in all of them the tax is paid for the past year, and in all of them the payments are made by the heirs of deceased persons. Perhaps we have here one of the new taxes abolished by Tiberius Alexander. It can scarcely be identified with the tax called ναύβιον in the papyri, which represents the Ptolemaic χωματικόν assessed on acreage.

85. S.W. Quarter, 25th March and 4th June 66 A. D.

Διέγρ(αψε) Καλι . . Ἐπωνύχ(ου) ὑπ(ὲρ) . . . . ( ) Ν[ό(του) καὶ Λ(ιβὸς)] [2]ϛ δ—c αἱ κ(αὶ) ϛ δ. Lιβ Νέρωνος τοῦ κυρί[ου [3]. . . . . . ε . . . λ̅ ϛ δ—c αἱ κ(αὶ) ϛ δ . . . . . . [[4]. . . . . . . Φαμ(ενὼθ) κ̅θ̅ . . . . [5]. . Παῦνι ι̅ ϛ δ—c αἱ κ(αὶ) ϛ δ . . [6]. . . . ϛ δ—c αἱ κ(αὶ) ϛ δ.

Incomplete and partly effaced.

86. S.W. Quarter, 22nd February, 27th and 31st March, 21st May 68 A. D.

Διαγέγρα(φε) Καμῆτις [2]Πετεαρπρή(ους) Ἀμφιώ(μιος) μη(τρὸς) [3]Τασή(μιος) ὑπ(ὲρ) λαο(γραφίας) Νό(του) καὶ Λι(βὸς) ιδϛ ϛ η. [4]Lιδ Νέρωνος τοῦ κυρίου Μεχ(εὶρ) [5]κ̅ζ̅. Ὁμο(ίως) Φαρμοῦθ(ι) α̅ ϛ δ. Ὁμο(ίως) Φαρμοῦθι [6]ε̅ ϛ δ. Ὁμο(ίως) Παχὼ(ν) κ̅ϛ̅ ϛ δ.

5 Φαρμοῦθ(ι) ᾱ corrected from Φαμενὼθ λ̄. W. O. 422 is the continuation of this text.

87. Memnonia, 29th March, 1st May, and 21st July 83 A. D.

Διέγρ(αψε) . . . . . Ψενμώνθο(υ) ²Παμώνθ(ου) ὑπ(ὲρ) λαο(γραφίας) Μεμνο(νείων) ϛL ⟌ιβ. ³Lϛ Δομιτιανοῦ τοῦ κυρίου Φαρ(μοῦθι) γ̄. ⁴Ὁμο(ίως) Παχὼ(ν) ϛ̄ ⟌η. Ὁμο(ίως) [Ἐπ]εὶφ κζ̄ ⁵βαλ(ανευτικοῦ) ⟌ϛ𐅵.

The amount here paid for bath tax is unusually large.

88. Memnonia, 2nd and 10th February 93 A. D.

Διέγρα(ψε) Θερμοῦθις Παυ . ι . [. . .] ²ὑπ(ὲρ) γεομ(ετρίας) Μεμνο(νείων) ια𐅵 ⟌δ αἱ κ(αὶ) γ𐅵c. L[ιβ] ³Δομιτιανοῦ τοῦ κυρίου [. . . . ῑ]. ⁴Ὁμοίως Μεχ(εὶρ) η̄ γεο(μετρίας) . . [⁵Ὁμο(ίως) Μεχ(εὶρ) ιϛ̄ ⟌α= αἱ κ(αὶ) [⟌α—c.

1 Possibly Παυσῖρ[ιος]. 3 The date of the first payment is lost.

89. Memnonia, 29th January 93 A. D.

[Διέγρα(ψε)] Φθομώνθ(ης) ὁμ(οίως) Πορεγέβθιο(ς) ²[ὑπ(ὲρ) . . . ( )] Μεμνο(νείων) ια𐅵 ⟌ϛ𐅵 αἱ κ(αὶ) ϛχ^β λογ( ) ³[. . . .] Lιβ Δομιτιανοῦ τοῦ κυρίου ⁴[Μ]εχ(εὶρ) δ̄. ⁵(Demotic) 'Phthoumonthes son of the same son of Poregebthis'.

2 The name of the tax is lost, but may have been γεω(μετρίας) as in 88. The meaning of λογ̄ is unknown: it occurs also in W. O. 472.

90. Memnonia, 30th November 95 A. D.

Δια(γέγραφε) Πεκῦσις Παμώνθ(ου) Ἐπωνύχο(υ) ²ὑπ(ὲρ) χω(ματικοῦ) Μεμνο(νείων) ιδ𐅵 ⟌δ αἱ κ(αὶ) γ𐅵c. Lιε ³Δομιτιανοῦ Καίσαρος ⁴τοῦ κυρίου Χοί(ακ) γ̄. ⁵(Demotic) 'Pekusis son of Pamonthes'.

91 + 97. 4th and 8th March, 24th April, 2nd May, 28th July, 5th October 97 A. D.

Δια(γέγραφε) Χεστφνάχ(θις) Παμουντεχ( ) Χεστφνάχ(θιος) ὑπ(ὲρ) [λαο(γραφίας) . . . . . ( )] ²α𐅵 ⟌η. Lα Νέρουα Καίσαρος τοῦ κυρίου [Φαμενὼθ ῑ]. ³Ὁμοίω(ς) Φαμενὼ(θ) η̄ μαγδ(ώλων) β𐅵. Ὁμοίω(ς) ιβ ⟌δ. Ὁ[μοίω(ς)] ⁴Φαρμοῦθ(ι) κθ̄ ⟌δ. Ὁμοίω(ς) Παῦν(ι) ζ̄ ⟌δ. Ὁμοίω(ς) Μεσ(ορὴ) ⁵δ̄ ⟌δ. Ὁμοίω(ς) β𐅵 Φαῶφ(ι) η . . .

1 End probably either Μεμνονείων or Νότου καὶ Λιβός. 3 Only the payment on Phamenoth 8 was for μαγδώλων, the following payments being evidently for λαογραφία.

92. 24th February and 28th July 101 A. D.

Δια(γέγραφεν) Ἑριεῦς Ψανσνῶ(τος) Πασήμιος [2]*ὑπ(ὲρ) λαο(γραφίας)* . . . . ( ) *δ∫ ϳη.* L*δ Τραιανοῦ Καίσαρος* [3]*τοῦ κυρίου* [*Με*]*χ(εὶρ) λ̄.* *Ὁμοίω(ς) Φαρ(μοῦθι)* ∸ *ϳδ.* [4]*Ὁμοίω(ς) Παχὼν* ∴ *ϳδ.* *Ὁμο(ίως) Μεσ(ορὴ) δ ϳδ.* [5-6]illegible.

93. Memnonia, 27th February, 26th March, 18th April 101 A. D.

[*Δια(γέγραφεν)*] *Ὧρος Παήριος Ὥρου ὑπ(ὲρ) λαο(γραφίας) Μεμνο(νείων) δ∫* [2][*ϳ* . L]*δ Τραιανοῦ Καίσαρος τοῦ κυρίου Φαμε(νὼθ) γ̄.* [3]*Ὁμο(ίως) Φαμενὼ(θ) λ ϳδ.* *Ὁμο(ίως) Φαρμ(οῦθι) κγ̄ ϳη.*

94. Memnonia, 96 A. D.

Δια(γέγραφε) Παμώνθ(ης) Παμώνθ(ου) [. . . . . [2]*ὑπ(ὲρ) λαο(γραφίας) Μεμνο(νείων) ιε∫ ϳη.* L[*ιε Δομιτιανοῦ*] [3]*τοῦ κυρίου Φ*[*αμενὼθ* [4]*Ὁμοίω(ς) Φαρμο(ῦθι)* [[5]*μαγδ(ώλων) β∫* . . . [[6]*β̄ χω(ματικοῦ)* [.

2 The name of Domitian is restored here because the *μερισμὸς μαγδώλων*, apparently synonymous with the *μερισμὸς σκοπέλων*, is not attested earlier than the reign of Domitian, while in the 15th year of Trajan the receipt would probably have been issued by the *πράκτορες ἀργυρικῶν* and not by the *τράπεζα*.

95. S.W. Quarter, 12th November 96 A. D. and 1st July 97 A. D.

Δια(γέγραφε) Ψενπτούθιο(ς) . [. . . . .] [2]*ὑπ(ὲρ) Νό(του καὶ) Λ(ιβὸς) ις∫ μερισ(μῶν) ϳδ.* [L*ις Δομιτιανοῦ*] [3]*τοῦ κυρίου Ἁθὺρ ις̄.* [*Ὁμ(οίως) α∫* . . . ( ) ∴ *λαο(γραφίας) ϳ* .]. [4]*Ὁμ(οίως) Φαρ(μοῦθι)* ∴ *ϳδ.* *Ὁμ(οίως) Παχ*[*ὼν* . . *ϳ* . . *Ὁμ(οίως)* . . . ( ) . . *ϳ* .]. [5][*Ὁμ(οίως)* . . . ( ) ∸] *ϳδ.* *Ὁμ(οίως) Ἐπ(εὶφ) ζ̄* . [[6]]*αντ* . [

The above restorations are in part conjectural. If they are correct it appears that the writer of this receipt was still ignorant on 12th November of the death of Domitian, which occurred on 18th September.

96. First century A. D.

Δια(γέγραφε) Καμῆτις [[2]*ιβ∫ ϳη.* L*ιβ* [[3]*Φαμεν*[*ὼθ* [4]*ϳη* [[5]. . [

Probably receipt for *λαογραφία*. *Καμῆτις* perhaps same as in 86.

97 see 91.

98. First century A. D.

Διαγέγρα(φεν) Ἀροννώφριο(ς) Πεχ[*ύτου.* Two more lines illegible.

Ἀροννῶφρις is either the person so called in W. O. 1396 or another of the same family; this ostracon was therefore a receipt from the *τράπεζα* in the *μητρόπολις*.

99. S.W. Quarter, 19th October and 16th November 107 A. D.

Γέμελλο(ς) καὶ μ(έτοχοι) διὰ [2]Ψεναμο(ύνιος) γρα(μματέως) Καμῆτις [3]Πελε̣ῖ̣λις ῞Ω̣ρου. ῎Εσχο(μεν) ὑπ(ὲρ) [4]χω(ματικοῦ) Νό(του καὶ) Λ(ιβὸς) ιʃ ɔδ αἱ κ(αὶ) ɔγƒc′. Lια [5]Τραιανοῦ Καίσαρος [6]τοῦ κυρίου Φα̣ῶφι κ̄ᾱ. [7]῎Α̣λ̣(λας) Ἀθὺρ ῑθ̄ χω(ματικοῦ) ɔδƒχ^β αἱ κ̣(αὶ) δ=c.

1 Γέμελλος καὶ μέτοχοι were evidently the first πράκτορες ἀργυρικῶν in this district, as Ἀπολλώνιος καὶ μέτοχοι (Theb. 81) were the first in the μητρόπολις. 2 Read Καμήτει. 3 Read Πελείλιος. 7 The payment for χωματικόν is in excess of the normal amount; cf. *Theban Ostraca*, p. 129.

100. N. Market Quarter, 27th July 113 A. D.

Ἰμο̣ύθη(ς) καὶ μ̣ε̣τ̣οχ(οι) πράκ(τορες) Πικῶς [2]β′ Ἀπολλωδ(ώρου) Πικῶς. ῎Εσχ(ομεν) ὑπ(ὲρ) [3]χω(ματικοῦ) Ἀγο(ρῶν) Βο(ρρᾶ) ιϛʃ ῥυ(παρὰς) ɔ ἑπτὰ ƒ / ῥυ(παραὶ) ɔζƒ. [4]Lιϛ Τραι̣α̣ν̣ο̣ῦ̣ τ̣ο̣ῦ̣ κ̣υ̣ρ̣ί̣ο̣υ̣ Ἐπε̣ὶ̣φ λ̄γ̄. Αρ̣( ) σ(εσ)η(μείωμαι).

This ostracon is marked 'Karnak, from G. J. Chester'. 1 f. Read Πικῶτι δευτέρῳ Ἀπολλοδώρου Πικῶτος. 3 Here as often the amount said to have been paid for χωματικόν includes the βαλανευτικόν, of which the second instalment was regularly paid along with the χωματικόν.

101. Memnonia, 11th January 114 A. D.

Ἑριέως Π̣α̣μ̣ώ(νθου) πράκ(τωρ) ἀργ(υρικῶν) Μ̣ε̣μ̣[νο(νείων) διὰ] [2]Π̣α̣μ̣ώ(νθου) υἱο(ῦ) Πασῆμι̣ς̣ Ψ̣ε̣ν̣α̣μ̣ο̣(ύνιος) Π̣αή̣[ριο(ς). ῎Εσχ(ον) ὑπ(ὲρ)] [3]χω(ματικοῦ) Με(μνονείων) ιϛʃ ɔδ αἱ κ(αὶ) γƒc καὶ ὑπ(ὲρ) ιζ [ʃ . . . .] [4]δραχμ̣(ὰς) τέσ̣σ̣α̣ρες / ɔδ. Lιζ Τραια̣[νοῦ] [5]Καί̣σ̣α̣ρος τοῦ κυρίου Τῦβι̣ ῑ̣ϛ̄.

1 Read Ἑριεῦς, cf. Theb. 36. 2 Παμώνθης acts as his father's deputy apparently without holding any office himself; cf. W. Chrest. 300, U. P. Z. 42. For Πασῆμις read Πασήμει. 3 end. Name of tax lost.

102. 25th November 128 A. D.

Θέων καὶ μ(έτοχοι) πράκ(τορες) ἀργ(υρικῶν) μ̣η̣τ̣(ροπόλεως) [2]Βάσσῳ Ψεναμ̣ο̣(ύνιος). ῎Εσχ(ομεν) [4]ὑπ(ὲρ) τέλο(υς) ἀ̣γ̣ο̣ρ̣α̣(νομίας) ὠ̣ν̣ί̣ω̣(ν) μηνό(ς) Ἀθ̣ὺ̣ρ [4]τ̣ο̣ῦ̣ ιγʃ Ἀδρι̣α̣ν̣ο̣ῦ̣ τ̣ο̣ῦ̣ κ̣υ̣ρ̣ί̣ο̣υ̣ δρ̣α̣χ̣(μὰς) [5]ἑ̣ξ̣ήκ̣ο̣ντα τέσσαρες [6]/ ɔξδ. Lιγ Ἀδρι̣α̣ν̣ο̣ῦ̣ τ̣ο̣ῦ̣ κ̣υ̣ρ̣ί̣ο̣υ̣ [7]Ἀθὺρ κ̄θ̄. . . ( ) σ̣(εσ)η(μείωμαι).

1 Θέων same as in W. O. 1425, O. Strassb. 209, not same as in Theb. 51. 2 Βάσσος same as in W. O. 880, 1582. 3 The τέλος ἀγορανομίας was usually collected by τελῶναι or ἐπιτηρηταί.

103. Charax, 23rd April 134 A. D.

Καμῆτις πράκ(τωρ) ἀργ(υρικῶν) [2]*Παουκαλῆτι Παχνούμ(ιος)* [3]*Παουφθειοῦτ(ος). Ἔσχο(ν) ὑπ(ὲρ) λαογρ(αφίας)* [4]*καὶ βαλ(ανευτικοῦ) Χά(ρακος) ιη∫ ῥυπ(αρὰς) δραχ(μὰς) δώδεκ(α)* [5]*/ ῥυ(παραὶ) ϛιβ. Lιη Ἁδριανοῦ* [6]*τοῦ κυρίου Φαρ(μοῦθι) κη.*

For Παουκαλῆς cf. W. O. ii, p. 477.

104. Charax, 139 A. D.

Αἰλουρίων [καὶ Ὧρος πράκ(τορες) ἀργ(υρικῶν) Χά(ρακος) . . . .] [2]*Ἔσχ(ομεν) ὑπ(ὲρ) λαογρ(αφίας) [καὶ βαλ(ανευτικοῦ) β∫ ϛ . . . . . / ϛ . καὶ ὑπ(ὲρ) . . . .]* [3]*καὶ ἄλ(λων) β∫ ϛ ἑξ [. . / ϛϛ . . Lβ Ἀντωνίνου Καίσαρος]* [4]*τοῦ κυρίου* [(month, day, signature)]. [5]*Ἄλ(λας) κθ ὀνό(ματος) το[ῦ α(ὐτοῦ) ὑπ(ὲρ) . . .* Ostracon breaks off.

1 Ὧρος restored on analogy of other ostraca of the same year.

105. Charax (?), second century A. D.

. . . . λερ . . . . . [[2]*Π . . . σ[.] . . . . [* [3]*Ἔσχ(ον) ὑπ(ὲρ) λαο(γραφίας) καὶ . . . . [* [4]*δραχ(μὰς) . . . . [* [5]*τοῦ α(ὐτοῦ) ὁμ(οίως) ὑπ(ὲρ) σκοπ(έλων) καὶ ἄ(λλων)* [6]*ῥυπ(αρὰς) δραχ(μὰς) ε . . [* [7]*Διονύσι[ος* [8]*Χ(άρακος) κ[* [9]*. . [*

106. Charax, 15th September 146 A. D.

Πετεαρο(ῆρις) καὶ Δίδ(υμος) πράκ(τορες) ἀργ(υρικῶν) Χ(άρακος) Α . . ( ) [2]*Ἐπικ(ράτους). Ἔσχ(ομεν) ὑπ(ὲρ) σκοπ(έλων) θ∫ ῥυπ(αρὰς) ϛδ.* [3]*Lι϶ Θὼθ ιη.*

The emperor's name is omitted, but these two collectors are both known to have held office under Antoninus.

107. *c.* 139–160 A. D.

Ends of 6 lines: [1]*] . . . . . πράκ(τωρ)* [5]*] . Ἀντωνίνου Καίσαρος* [6]*[τοῦ κυρίου Μ]εσορὴ ϛ.*

108. Memnonia, *c.* 169–176 A. D.

Ὧρο(ς) Φθομώ(νθου) καὶ (μέτο)χ(οι) πράκ(τορες) ἀργ(υρικῶν) Με[μνο(νείων) ἔσχ(ομεν) ὀνόμ(ατος)] [2]*Πμενχήο(υς) νεω(τέρου) Ἀβῶτο(ς) Πανεχά(του) γ[εω(μετρίας) . . L ϛ . . L . .]* [3]*Αὐρηλίου Ἀντω(νίνου) Καίσαρος τοῦ κυρί[ου . . . . . .]* [4]*[Ἄλ(λας) Ἁδρ]ιανοῦ ιβ ϛγϝϲ́χ.*

109. Thebes, second century A. D. Fragment of receipt.

Ἄλλαι . [.] . [²λαογρ(αφίας) καὶ βαλ(ανευτικοῦ) ϛ𐅵 ῥυπ(αρὰς) ϛ τέ[σσαρας.

The Emperor whose name is lost was most probably Antoninus.

110. S. Quarter, 6th July 134 A. D.

Κροῦρις καὶ Φατρῆς ἀπαιτη(ταὶ) μερισμ(οῦ) τελωνικ(ῶν) ²τοῦ ιζ𐅵 ὑπ(ὲρ) Νό(του) ὀνόμ(ατος) Ὧρος νεώτ(ερος) ³Ψενο(σίριος) Ψάιτος μη(τρὸς) Τιβέλφιος κέρμ(ατος) ⁴δραχ(μὰς) δύο. Lιη Ἁδριανοῦ τοῦ κυρίου ⁵Ἐπεὶφ ιβ. (H. 2 Φατρῆς σεση(μείωμαι).

2 Read Ὥρου νεωτέρου. 3 The name Τιβέλφις is the same as Τβέλφις (Bodl. 144) and is the fem. of Βέλφις (Preisigke, *Namenbuch*). 5 The date is inserted below the end of l. 4, and the signature to the left of it.

111. 5th October 136 A. D.

] καὶ μέτοχ(οι) ἐπιτη(ρηταὶ) . . . . ²] . . ς Πε . . . . ψ .ιος ³] ὑπ(ὲρ) τιμῆς φοινείκ(ων) ϛβ ⁴] Lκα Ἁδριανοῦ Καίσαρος ⁵[το]ῦ κυρίου Φαῶφι η.

At the top there seem to be traces of earlier writing.

112. 111 A. D.

Ψεναμο(ῦνις) διὰ Ψα . . [²Ερ . . . διὰ Ψεν . . . . τ . [³Κρουρίου καὶ ἀδελ(φοῖς) χ(αίρειν). Ἀπεσχ[ήκαμεν ⁴προθμίου ἑνὸς τοῦ ιδL δρα[χμὰς ⁵Lιε Τραιανοῦ Καίσαρος τοῦ κυρίο[υ

4 Read πορθμείου.

113. 5th January 186 A. D.

Διόσκορος καὶ μέτοχυ ἐπετη- ²ρετὲ προθμίου Καροῦρις Ἰνα- ³ρόιτος καὶ μέδυοχον χαίριν. ⁴Ἔσχον ὑπὲρ μενὸς [[Ἀτριανοῦ]] ⁵Τῦβι ῑ ϛκ. Lκϛ ∻.

1 f. Read μέτοχοι ἐπιτηρηταὶ πορθμείου Καροῦρι Ἰναρῶτος καὶ μετόχοις χαίρειν. Ἔσχομεν ὑπὲρ μηνὸς Ἁδριανοῦ. The payment of 20 dr. for 1 month indicates a rate of 240 dr. a year; contrast B. G. U. 1188, P. Oxy. 732.

114. 6th August 19 A. D.

Μεσοῆρις Ἀμμωνίου ²καὶ μέτοχ(οι) . . ρ . . . . . ε . ε . . . . ³χα(ίρειν). Ἀπ(έχομεν) παρὰ σοῦ φόρου ⁴βαλ(ανείου) 𐅵 κδ. Lε Τιβερίου ⁵Καίσαρος Σεβαστοῦ ⁶Μεσορὴ ιγ.

115. 7th June 25 A. D.

Ἀπολλόδ(ωρος) καὶ Φαιβίω(ν) ²Ψενεμ(ενῶφι) Πικῶς ³χα(ίρειν).

῎Εχω(μεν) ϛβ βαλ(ανευτικὸν) [4]ιαL Τιβερίο̣υ [5]Καίσαρ(ος) Σεβ̣α̣(στου). [6]Παοῖν(ι) [7]ιγ.

Clumsy hand. 1 Ἀπολλόδωρος same as in O. Strassb. 261. 2 Read Πικῶτος.

116. 28th March 154 A. D.

Ὡρίων καὶ μ(έτοχοι) τ̣ελ(ῶναι) θησ(αυροῦ) ἱερῶ(ν). Παν . . . . [2]Πεμαῦ̣τ̣(ος). ῎Εσχ(ομεν) ὑπ(ὲρ) βαλ(ανευτικοῦ) δραχ(μὴν) μίαν / ϛα̣ [3]τοῦ ιζL Ἀντωνίνου Καίσαρος [4]τοῦ κυρίου Φαρμοῦθι β̄. [5]. . . . .

117. 23rd August 177 A. D.

Ἀπελλᾶ̣ς̣ καὶ μ(έτοχοι) τελ(ῶναι) [3]θησ(αυροῦ) ἱερῶ(ν) Πε̣τ̣ . . . [3]Βαρ . . . . Ἐ̣σχήκ(αμεν) παρὰ σ̣οῦ [4]τ̣ὸ βαλ(ανευτικὸν) το̣ῦ ιζϛ Αὐρηλίων [5]Ἀντωνίνου καὶ Κομμό̣δο̣υ̣ [6]τῶν κυρίων Σεβαστῶ̣ν̣ [7]Με-σ(ορὴ) λ̄.

118. 159 A. D.

Πετοσῖρις κ̣α̣ὶ̣ μ(έτοχοι) τελ(ῶναι) ἱμα- [2]τιοπολῶν Σ̣εναμφιῶ- [3]μις. ῎Ε̣σχο(μεν) παρὰ σ̣ο̣ῦ̣ ὑπὲρ [4]τέλ(ους) ταφῆς ᾱ ϛβ. [5]Lκγ Ἀν̣τ̣ω(νίνου) Κ̣α̣ί̣σ̣αρο̣ς̣ [6]τοῦ κυ̣ρίου Ἁ̣δ̣ρ̣(ιανοῦ) . . [7]. .

1 Πετοσῖρις same as in W. O. 1062. 1 f. Read ἱματιοπωλῶν and Σεναμφιώμει.

119. 14 A. D.

Ἀσκλᾶς τελώ(νης) γερδ̣(ίων) . [[2]χα(ίρειν). Ἀπέχω̣ τὸ τέλος τοῦ Ἁθύ̣[ρ [3]Lα Τιβερίου Καίσαρος Σ̣εβ̣[αστοῦ [4]῎Εγρ(αψε) Πετεμενῶφ(ις) Πελαί̣[ου [5]Χοίαχ̣. χ̣.

Ἀσκλᾶς probably same as in W. O. 1551.

120. 180 A. D.

Τιθοῆ̣ς̣ Π̣ε- [2]τεμίνιος καὶ [3]μέτο̣χ(οι) ἐπ̣ι̣τηρη̣τ̣(αὶ) [4]τέλο̣(υς) ἡ̣πητῶν Π̣ε- [5]τεχῶντο̣(ς) Ψενμ̣ώνθ(ου) [6]. . . χα(ίρειν). Ἐ̣σχ̣ή̣κ(αμεν) παρὰ σ̣ο̣ῦ̣ [7]ὑπ(ὲρ) Θὼθ κ̣α̣ὶ̣ Φα̣ῶφι [8]το̣ῦ̣ καL . . . . . . [9]Lκα Αὐρηλίου [10]Κομμόδου Ἀντων̣ί̣ν̣ο̣υ̣ [11]Καίσαρος τοῦ κ̣υ̣ρ̣ί̣ο̣υ̣ [12]Ἁθὺρ . .

1 Cf. W. O. 1069–71. 4 f. Read Πετεχῶντι.

121. 1st March 112 A. D.

[. . . . . τελῶναι] [2][. . . . . . . τοῦ ιεϛ Τραιανοῦ] [3]Καί-σαρος [τοῦ κυρίου . . . .] [4]Καμήτιο(ς) χαίρειν. Ἀ̣[πέχομεν] [5]παρὰ σο(ῦ) τέλ(ος) Τῦβ̣(ι) κ̣α̣ὶ̣ Μεχεὶρ [6]τοῦ α(ὐτοῦ) ιεϛ Τραιανοῦ τοῦ κυρίου [7]Φαμε(νὼθ) ε̄. [8]. . . Πετεμε̣(νῶφις) Πετ̣ε̣με̣(νώφιος).

122. Second century A. D.

Ὧρος τελώ[νης [2]Καμῆτις [[3]θης νι . [[4]ὑπὲρ Φ[[5]L ιη [[6]τοῦ κ[υρίου

123. *c.* 54–68 A. D.

Broken off above.

] . ε [2]πα]ρὰ σοῦ [3]] . . . βα [4]] . . Νέρωνος [5][Κλαυδί]ου Καίσαρος [6][Σεβασ]τοῦ Γερμανικ[ο]ῦ [7][Αὐτο]κράτορος [8][. . . . .] ϛ̄.

Probably receipt from a tax-farmer. Clumsy uncial.

124. First or second century A. D.

Σωτὴρ δι' Ἀμμω[νίου [2]Ὀρσενούφει . . οι . . [

Of the remaining 7 lines nothing is intelligible. Clumsy hand.

125. Second (?) century A. D.

Ἀμμώνιο(ς) κε μέτ[οχοι [2]τοῦ ε L . . δ . . [[3]παρὰ σοῦ . . [[4]τ . L . . [[5]κα [

Probably receipt from a tax-farmer. 1 Read καί.

126. Charax, 25th December 69 A. D.

Κυνη(γίδων) Χά(ρακος) β ς Αὐτοκρ(άτορος) Καίσαρος [2]Οὐεσπασιανοῦ Σεβαστοῦ Χοί(ακ) κ̄θ̄ [3]Πετοσῖ(ρις) Ἐπωνύχο(υ) —η. [4]Πτ(ολεμαῖος) σ(εσ)η(μείωμαι).

The receipts in this peculiar form for payments in connexion with κυνηγίδες and ποταμοφυλακίδες were probably not issued by the τράπεζα, but by some sort of bureau specially concerned with these matters. 3 —η = 8 obols.

127. S.W. Quarter, first or second century A. D.

] . ( ) πελ . ης ὑπ(ὲρ) Νό(του) καὶ Λι(βὸς) [2]] . . . . . ϛ β= . . τ . L δ [3]] Καίσαρος τοῦ κυρίου Τῦβ(ι) ῑδ̄.

128. Charax, 29th July and 13th September 189 A. D.

Μεσο(ρὴ) ε̄ ὑπ(ὲρ) Χ(άρακος) ὀνό(ματος) Πετε(μενώφιος) [2]Πεκύσιο(ς) Φατρῆο(υς) ὑπ(ὲρ) γεω(μετρίας) ϛ ιβ. [3]Ἄλ(λας) Θὼθ ῑϛ̄ τοῦ λ ς [4]ὑπ(ὲρ) Χ(άρακος) ὀνό(ματος) Πετε(μενώφιος) [5]Πεκύσιο(ς) [[6]. [

2 υ' inserted above the line.

129. Charax, *c.* 188–190 A. D.

Μεσο(ρὴ) ῑ ὑπ(ὲρ) Χ(άρακος) ὀνό(ματος) [2]Πετε(μενώφιος) Πεκύσιο(ς) Φατρῆο(υς) [3]ὑπ(ὲρ) γεω(μετρίας) ϛ ιβ. [4]Ἄλ(λας) Ἀδρια(νοῦ) η̄ ὁμο(ίως) ϛ ιβ.

Same hand as 128; probably therefore 129 was written either a year before or a year after 128.

130. Second or third century A. D.

Παχὼ(ν) κδ ὀνό(ματος) Πορι- ²εύθου Πετεμενώφιο(ς) ³καὶ Ταυρείνου ⁴[.] . . . ω . . . ου τοῦ καὶ ⁵[. . . .] . . . . . υ . ⁶] . ου.

131. Late second or early third century A. D.

Μεσο(ρὴ) κε [²ὀνό(ματος) . . . ου . . . [³. . . . (   ) ἀγ(ο)ρα(νομίας) . . . [⁴κ . . . . . ϛ τέσσαρες ⁵ / ϛδ. Ἡρακ(   ) σεση(μείωμαι).

132. Second or third century A. D.

Two lines, beginning *Μεσορὴ ϛ τοῦ δϛ ὀνό(ματος)*, the rest indistinct.

133. Second or third century A. D.

Παχ(ὼν) η τοῦ ηϛ ὀνό(ματος) . [²κευ . . εν . α . . . . [³δύο β / ϛββ . . . . [

134. 4th November 184 or 216 A. D.

κεϛ Ἀθὺρ η ὀνό(ματος) Πετεχ(εσ)π(οχράτου) Ἀρ- ²παήσιο(ς) ν . . . . κδϛ ϛδς.

The number of the year is here placed before instead of after the month and day. It is possible that the ostracon is not from Thebes but from some other site.

135. Second or third century A. D.

ιεϛ Φαρ[μοῦθι . ὀνό(ματος) . . . . ὑπ(ὲρ) τιμῆς] ²λαχά[νου γενήμ(ατος) . . ϛ δραχμὰς δύο . . /] ³ϛβ [⁴ σε . [

Cf. 134. The Emperor whose name is omitted was perhaps Severus.

136. Thebes, 6th September 232 A. D.

Θὼθ θ τοῦ ιβϛ ὀνό(ματος) ²Ἀβῶτο(ς) Χεμτσ(νέως) ὑπ(ὲρ) ³στε- φ(ανικοῦ) χρή(ματος) μη(τροπόλεως) δραχ(μὰς) ⁴ὀκτὼ / ϛη. Α(ὐρή- λιος) Ἐπικ(ράτης) σ(εσ)η(μείωμαι).

As the Αὐρήλιος indicates a date after 212 the 12th year is evidently of Alexander. The *aurum coronarium* may have been decreed to Alexander on the occasion of his (alleged) victory over the Persians. Cf. Archiv viii. 82.

137. Charax, third century A. D.

. . [. . . . .] . . . [. . . . .] ²Σεβαστῶν κληρ[ο- (νόμοι)] . . . . . . ιανου ουϛ διὰ ³. . . . υ . . . . (   ) ὑπ(ὲρ) Χ(άρακος) αϛ δραχ(μὰς) τέσσαρας / ϛδ. Η(   ) σ(εσ)η(μείωμαι) . .

The formula was probably similar to that of 138. 2 The meaning of ουϛ is unknown.

138. 10th March 247 A. D.

Διέγρα(ψαν) Φα(μενὼθ) ιδ τοῦ δϛ ²κληρο(νόμοι) Παν(ίσκου) τοῦ καὶ Ἀμμω(νίου) ³ὑπ(ὲρ) φόρων ἱερ . ( ) . . . μ . . καὶ ἄ(λλων) λη(μμάτων) δϛ ⁴δραχ(μὰς) τέσσαρας / ϛ δ. Αὐ(ρήλιος) Δωρί(ων) σ(εσ)η(μείωμαι).

For the date cf. O. Strassb. 164.

139. 19th September 253 A. D.

[Διέγραψεν Σαρ]απάμμων Ὡρι- ²[γένους ὑπ(ὲρ) . . . .] τοῦ βϛʹ τοῦ κυρίου ³[ἡμῶν Μάρκου] Αἰμιλίου Αἰμιλιανοῦ ⁴[Σεβαστοῦ ϛ τέσσ]αρας / ϛ δ. Συρίων ⁵[σεσημ(είωμαι). Lβ Θ]ὼθ κβ.

Σαραπάμμων same as in W. O. 1479.

140. Second (?) century A. D. Fragment of receipt, parts of 3 lines; ³*ῥυπ(αρὰς) ϛ δ =*.

141. Second or third century. 5 lines, probably of receipt, partly illegible, mentioning the month *Ἁδριανοῦ*.

142. Ends of 2 lines, perhaps of tax-receipt, mentioning name *Χεσθώτο(υ)*.

143. Second century A. D. Ends of 4 lines of receipt; ²*δ]ιὰ Θέωνος υἱοῦ*.

144. 3rd August 12 A. D.

¹(Demotic) 'Hatres son of Petenephotes ²and Paeris son of Pamonthes have delivered at the granary ³of the North district for year 41 wheat $30\frac{1}{2}\frac{1}{12}$ ⁴(the half) being wheat $15\frac{1}{4}\frac{1}{24}$ making wheat $30\frac{1}{2}\frac{1}{12}$ again ⁵by the measure of the oipi without receipt. Signed in year 41 of Caesar ⁶Mesore 10'. ⁷*Πανεχά(της) Πλήνι(ος) ἐπηκο(λούθηκα) τῆς ⁸προγεγρα(μ-μέναις) ⳨ λ∠ ιʹ βʹ. Lμα Καίσαρος ⁹Μεσορὴ ι̅.*

3 'The North district' = κάτω τοπαρχία, cf. Meyer ostr. 46. 7 Read ταῖς. Πανεχάτης same as in O. Strassb. 331–2.

145. First century A. D.

] . . ρ . . ( ) χ . . . . ειλ( ) ὑπ(ὲρ) λικα[²] . φων( ) ἐμέτρησ(εν) ὑπ(ὲρ) Νό(του) καὶ . . . ³] . . . . . Σεβαστοῦ . . . . ⁴] . . . . / ⳨ φορικ(ῶ) . . . [⁵] . Καίσαρος Σεβαστοῦ

Incomplete and partly effaced.

146. 2nd July 105 A. D.

] Χεστφνάχθιο(ς) Παμοντεχ( ) [2]. . . γενήμ(ατος) ηϛ ὑπ(ὲρ) μερισ(μοῦ) [3]] δοδέκατον λαχά(νου) δοδέκ(ατον) [4]λα]χά(νου) ι' β'. Lη Τραιανοῦ τοῦ [5][κυρίου] Ἐπεὶφ η̅.

Χεστφνάχθις same as in 91. 3 Read δωδέκατον.

147. Memnonia, 5th June 116 A. D.

Μεμ(έτρηκεν) Ἁτρῆς Ἑριενούφιο(ς) Ἀμενούθ(ου) [2]εἰς θησ(αυρὸν) Με(μνονείων) γενή(ματος) ιθϛ ὑπ(ὲρ) Με(μνονείων) κριθῆς [3]τρίτον τετρακ(αιεικοστὸν) / κρι(θῆς) ⏗ γκδ. Lιθ Τραιανοῦ [4]Ἀρίστου Καίσαρος τοῦ κυρίου Παῦ(νι) ια̅.

The θησαυρὸς Μεμνονείων is mentioned also in Theb. 119.

148. *c.* 100–117 A. D.

Μέ(τρημα) θησ(αυροῦ) κω(μῶν) [γενή(ματος) . ϛ] [2]Τραιανοῦ τοῦ κυ[ρίου] [3]Μεσορὴ ιβ̅ ὀν[ό(ματος) . . . . . .] [4]⳨ ∠ . . . [

It is not clear what was the purpose of the division of the granary at Thebes into the θησαυρὸς μητροπόλεως and θησαυρὸς κωμῶν, which seems to have been introduced shortly after the accession of Trajan.

149. 4th July 123 A. D.

Μέτρη(μα) θησ(αυροῦ) κω(μῶν) γενή(ματος) ζϛ [2]Ἁδριανοῦ τοῦ κυρίου [3]Ἐπεὶφ ι̅ ὀνόμ(ατος) Βάσσος [4]Ψεναμού(νιος) διὰ Φαήριο(ς) [5]Ἀρσιήσιος πυροῦ [6]μίαν / ⳨ α. Ἀπολ( ) [7]σεση(μείωμαι).

3 Read Βάσσου. Cf. 102.

150. 23rd July 125 A. D.

Μεμέ(τρηται) εἰς θησ(αυρὸν) κω(μῶν) [2]γενή(ματος) θϛ Ἁδριανοῦ [3]Καίσαρος τοῦ κυρίο(υ) [4]Ἐπεὶφ κθ̅ ὀνό(ματος) [5]Φαήριο(ς) Ψεναμούνιο(ς) [6]⳨ μίαν / ⳨ α. Φιλ( ) σ(εσ)η(μείωμαι).

151. *c.* 154–155 A. D.

Μέτρη(μα) θησ(αυροῦ) . . ( ) γενή(ματος) . . L [2]Ἀντωνίνου Καίσαρος τοῦ [3]κυρίου . . . . ⏗ . . . . . [4]ὀνό(ματος) . . . . [5]πυροῦ μίαν . . . . [6]καὶ ὀνό(ματος) Ἰμούθο . . . . [7]διὰ τοῦ α(ὐτοῦ) ὑπ(ὲρ) Ἀγο(ρῶν) πυροῦ τέταρ- [8]τον / ⳨ δ. Μηνόδ(ωρος) σεση(μείωμαι).

For signature cf. O. Strassb. 373.

152. *c.* 154–155 A. D.

Μέ(τρημα) θησ(αυροῦ) . . ( ) [γενή(ματος) . . ϛ Ἀντωνίνου]

[2]Καίσαρος τοῦ κυ[ρίου . . . ( ) ὀνό(ματος)] [3]Σεκῆτος Ψα[. . . . .] [4]ὑπ(ὲρ) Ἀγορῶ(ν) πυροῦ . [. . . . / ⳨ . .]. [5]Ἄλ(λο) τῇ α(ὐτῇ) ἡμέρα ὀνό(ματος) [τοῦ αὐτοῦ] [6]ὑπ(ὲρ) Χ(άρακος) διὰ Ἑριεῦς Ὀνν[ῶ-(φριος) ⳨ τε]- [7]τρακαεικ(οστὸν) / κ' δ'. [8]Μηνόδ(ωρος) σεση(μείωμαι).

6 Read Ἑριέως. 7 Μηνόδωρος probably same as in 151.

153. 152 A. D. 5 lines of receipt for corn, partly illegible; [1]ιε∫ Ἀντωνίνου [3]ὀνό(ματος) Τφοῦτο(ς).

154. 1st October 158 A. D.
Μέ(τρημα) θη(σαυροῦ) μη(τροπόλεως) γ(εν)ή(ματος) κα∫ Ἀντωνίνου [2]Καίσαρο(ς) τοῦ κυρίο(υ) Φαῶ(φι) δ̄ [3]ὑπ(ὲρ) Χ(άρακος) ὀνό(ματος) Φατρῆτος [4]. . . . ε . . . ⳨ δ . . . κ' δ'. Σεο( ) σ(εσ)η(μείωμαι).

155. c. 169–192 A. D.
[Μεμέ(τρηται) εἰς θ]ησαυρὸν μη(τροπόλεως) γενήμ(ατος) [2][. ∫ . . . .] Ἀντωνίνου [3][Καίσαρος τοῦ] κυρίου Παῦνι [4][. . ὑπ(ὲρ) Ἀγο]ρᾶς ἀ(πὸ) Ὧρος [5]] . ( ) . . . [[6]] . [

4 Read Ὥρου. The Emperor was probably Marcus or Commodus rather than Pius.

156. 22nd July 161 A. D.
Μέ(τρημα) θησ(αυροῦ) μη(τροπόλεως) γενή(ματος) α∫ [2]Αὐρηλίου Ἀντωνίνου καὶ Αὐρηλίου [3]Οὐήρου τῶν κυρίων Σεβαστῶν [4]Ἐπεὶφ κη̄ ὑπ(ὲρ) Χ(άρακος) ὀνό(ματος) Ψεναμο(ύνιος) [5]. . . . . ⳨ ἥμυσι δωδέκ(ατον) [6]/ ⳨ ∠ι' β'. Π . ( ) σ(εσ)η(μείωμαι).

5 Read ἥμισυ.

157. Memnonia or Hermonthis, c. 161–180 A. D.
Συναίρη(μα) θ[ησ(αυροῦ) . . . ( ) γενή(ματος) . ∫ Αὐρηλίων] [2]Ἀντωνίνο[υ καὶ . . . . . . τῶν κυρίων] [3]Αὐτοκρατόρ[ων . . . . ( ) ὑπ(ὲρ) . . . ( ) ὀνό(ματος)] [4]Παμοντκαμή[τιος . . . . πυροῦ] [5]ἀρτάβας δύο / ⳨ β [

1 Read Συναίρεμα. Cf. Meyer ostr. 80, O. Brüss. 59, O. Strassb. 425. The formula with συναίρεμα instead of μέτρημα occurs only in ostraca from the west bank, and names such as Παμοντκαμῆτις (cf. no. 81) and Παμοντεκῦσις seem also to have been peculiar to this region. 2 Οὐήρου or Κομμόδου; it is impossible to decide which.

158. c. 163–165 A. D.
. . . .] . . . [[2]κυρίων Σεβαστῶν . [[3]ὑπ(ὲρ) Χά(ρακος) ὀνό(ματος)

Σενύρ[ιος . . . . . . Παπ]- [4]ονήους διὰ γεω(ργῶν) Β[. . . . .] [5]Μεσουήρι(ος) καὶ μ(ετόχων) πυ[ροῦ τέσσαρας] [6] / ⳨ δ. Πανα(μεῦς) σε(σ)η(μείωμαι).

Signature as in W. O. 921.

159. *c.* 169–177 A. D.

Μέ(τρημα) θησ(αυροῦ) μη(τροπόλεως) γ(εν)ή(ματος) . ∫ Αὐρηλίου [2]Ἀντωνίνου Καίσαρος τοῦ κυρίου Παῦ(νι) ̄ . [3]ὑπ(ὲρ) Χ(άρακος) ὀνό(ματος) . . . . [4]. . . . . [5]οπ . . . . Σεουήρου ⳨ ἕκτον κδ [6]/ ⳨ ςκδ. Ἀμώ(νιος) σ(εσ)η(μείωμαι).

160. 24th June 179 A. D.

Μέ(τρημα) θησ(αυροῦ) μη(τροπόλεως) γ(εν)ή(ματος) ιθ∫ Αὐρηλίων [2]Ἀντωνίνου καὶ Κομμόδου Καισάρων [3]τῶν κυρίων Παῦνι λ ὑπ(ὲρ) Χ(άρακος) ὀνό(ματος) [4]Παμώνθο(υ) . . . . . ⳨ τρίτον δωδέκα- [5]το(ν) / ⳨ γιβ. (H. 2) Ἀμώ(νιος) σ(εσ)η(μείωμαι) ⳨ γιβ.

161. *c.* 177–180 A. D.

Μέ(τρημα) θ[ησ(αυροῦ) . . ( ) γενή(ματος) . . ∫ Αὐρηλίων Ἀντωνίνου] [2]καὶ Κομ[μόδου Καισάρων τῶν κυρίων . . . ( ) .] [3]ὑπ(ὲρ) Χ(άρακος) ὀν[ό(ματος) . . . . ⳨ . . . . . / ⳨ . .] [4]καὶ ὀνό(ματος) Θα[. . . . .] [5]⳨ τρίτο(ν) ιʹ βʹ [/ ⳨ γιβ καὶ ὀνό(ματος) . . . .] [6]⳨ τέταρτο(ν) [/ ⳨ d καὶ ὀνό(ματος) . . . .] [7]⳨ ὄγδο(ον) / ⳨ η [

162. 27th May 184 A. D.

[Μέ(τρημα) θησ(αυροῦ)] μη(τροπόλεως) γ(εν)ή(ματος) κδ∫ Κομμόδου [Ἀντωνίνου] [2][Καίσ]αρος τοῦ κυρίου Παῦ(νι) β [ὑπ(ὲρ) . . ( ) ὀνό(ματος)] [3][. . .] . . . . . φαλ( ) ⳨ ὄγδο(ον) [/ ⳨ η].

3 Name corrected and therefore uncertain.

163. 8th June 184 A. D.

Μέ(τρημα) θησ(αυροῦ) μη(τροπόλεως) γ(εν)ή(ματος) κδ∟ [2]Κομμόδου Ἀντωνίνου Καίσαρος τοῦ κυρίου [3]Παῦ(νι) ιδ ὑπ(ὲρ) Νό(του) ὀνό(ματος) Πετε(μενώφιος) Πεκύσιο(ς) [4]Φατρήους ⳨ δίμοιρο(ν) τετρακ(αιεικοστὸν) [5]/ ⳨ βκδ. Ἀμώ(νιος) σ(εσ)η(μείωμαι).

The payer is the same as in 128–9.

164. 1st August 187 A. D.

Μέ(τρημα) θησ(αυροῦ) μη(τροπόλεως) γ(εν)ή(ματος) κζ∫ Κομμό(δου

²Ἀντωνίνου Καίσαρος τοῦ κυρίου ³Μεσο(ρὴ) η̄ ὑπ(ὲρ) Χ(άρακος) ὀνό(ματος) Πεκύσιο(ς) Καμή(τιος) ⁴Φατρή(ους) ⁊ δωδέκατο(ν) / ⁊ ι' β' καὶ ὀνό(ματος) ⁵Τισάτιο(ς) Φαήριο(ς) ⁊ μ' η' ⁶/ ⁊ μ' η' / ἐπ(ὶ τὸ αὐτὸ) ⁊ ιβμη. ⁷Ὧρ(ος) ⁊ ιβμη.

165. 8th December 189 A. D.

Μέ(τρημα) θησ(αυροῦ) κω(μῶν) γ(εν)ή(ματος) κθ∫ Κομμόδου Ἀντωνίνου ²Καίσαρος τοῦ κυρίου Ἀδρ(ιανοῦ) ιβ τοῦ λL ³ὑπ(ὲρ) Χ(άρακος) ὀνό(ματος) Ψανσνῶτο(ς) . . φ . . . ⁴. . . ⁊ ι' β'. ⁷Ὧρ(ος).

166. *c.* 180–192 A. D.

Μέ(τρημα) θησ(αυροῦ) μη(τροπόλεως) γε[νήμ(ατος) . . ∫] ²Αὐρηλίου Κο[μμόδου] ³Καίσαρος [τοῦ κυρίου] ⁴. [

167. 14th July 209 A. D.

Μέ(τρημα) θησ(αυροῦ) μη(τροπόλεως) γενή(ματος) ιζ∫ τῶν κυρίων ²Αὐτοκρατόρων Σεουήρου καὶ Ἀντωνίνου ³Εὐσεβῶν Σεβαστῶν Ἐ(πεὶ)φ κ̄ ὑπ(ὲρ) Χ(άρακος) ὀνό(ματος) Σενμούθου ⁴Φθουμώνθου καὶ Σενποριε(ύθου) Ποριεύθου ⁊ τρίτο(ν) κ' δ' ⁵/ ⁊ γκδ. Α . . ( ) σ(εσ)η(μείωμαι). Α . . . ( ) σ(εσ)η(μείωμαι) .⁶(H. 2) Σενποριεύθης νεω(τέρα) Πορι(εύθου) διὰ . . μη( ) Καμήτιο(ς) κ . . η) ς = ⁷καὶ ἄ(λλας) διὰ Πανα-μ(έως) Πετε( ) κ . .) κ . . . ⁸[. . .] . . ( ) διὰ Σενψανσ(νῶτος) Πορ(ιεύθου) 𐅵.

4 The reading of the names is doubtful. 5 It is uncertain whether there was one signature or two. 6–8 Apparently not connected with the preceding lines, except that the payments were made by members of the same family.

168. 31st March 210 A. D.

Μέ(τρημα) θησ(αυροῦ) μη(τροπόλεως) γενή(ματος) ιζ∫ ²τῶν κυρίων Αὐτοκρατόρων ³Σεουήρου καὶ Ἀντωνίνου καὶ Γέτα ⁴Εὐσεβῶν Σεβαστῶν Φαρ(μοῦθι) ε̄ ⁵τοῦ ιη∫ ὑπ(ὲρ) . . . . . Κε(ραμείων) ⁶ὀνό(ματος) Ψ . . . ( ) Ἐπωνύχο(ν) ⁷Ψαίτο(ς) ⁊ ἥμισυ δω(δέκα)το(ν) ⁸/ ⁊ ∠ ι' β'. Αθ . . ( ) α . . . ( ) σ(εσ)η(μείωμαι).

169. 10th August 231 A. D.

Μέ(τρημα) θη(σαυροῦ) μη(τρο)π(όλεως) γε(ν)ή(ματος) ι∫ Μάρκου ²Αὐρηλίου Σεουήρου Ἀλεξάνδ(ρου) ³Καίσαρος τοῦ κυρίου Μεσ(ορὴ) ιζ ⁴ὑπ(ὲρ) Νό(του) ὀνό(ματος) Τίτου Αἰλίο(υ) Ὡριγ[ένο(υς)] ⁵⁊ δύο / ⁊ β . . [

170. 20th August 241 A. D.

Μέτρη(μα) θησ(αυροῦ) μη(τρο)π(όλεως) ²γενή(ματος) δς Μάρκου Ἀντωνίου ³Γορδιανοῦ Καίσαρος τοῦ κυρίου ⁴Μεσο(ρὴ) κζ ὑπ(ὲρ) Νό(του καὶ) Λ(ιβὸς) ὀνό(ματος) ⁵Καμή(τιος) Ἀρχεί[ο(υ)] Ψενα(μούνιος) ⁶πυροῦ μίαν ὄγδοον ⁷/ ⁊ αη᾽. Αὐ(ρήλιος) Φιλ(όξενος) σ(εσ)η(μείωμαι).

For Καμῆτις cf. no. 181 and W. O. 1592–3, and for the signature cf. W. O. 999, 1000.

171. Third century A. D. Receipt for corn, 8 lines, partly illegible; *³ὀνό(ματος) κληρο(νόμων) Ἰσιδώ(ρου) Πανίσκου Σεου- ⁴[ήρου] πυροῦ ἀρτάβας δύο ἥμισυ.*

172. *c.* 97–105 A. D.

] ἄλ(λο) θησ(αυροῦ) [²] . . . . . Πικ(ῶτος) ϒ π[³] . . Ψανσνῶς νεώτ(ερος) . [⁴] . . . . ⁊ η᾽ ἄλ(λο) Ψ[⁵] . . . ψα. ἄλ(λο) Ψαν[⁶Πε]τεχεσπ(οχράτης) π . [⁷] . επι . [

Broken off on all sides. The sign for δεκανός occurs in receipts for corn only in the reigns of Nerva and Trajan.

173. *c.* 107–170 A. D.

[Μέ(τρημα)] θησ(αυροῦ) μη(τροπόλεως) γενή(ματος) ις Θὼθ ⁚ τοῦ ιας ²] . . . . τοῦ κυρίου . . . . . . ³] . . πρ(εσβυτέρου) Πετε(μενώφιος) Πεκύσιο(ς) κ . . . . . ⁴] . . κρο . . . η . . . / ⁊ α . . . . ⁵] . . . . τ . ν . . . . . . ⁶⁊ κδ. Α . . .

174. *c.* 138–139 A. D. Receipt for corn, 5 lines. *¹] . . . . . Ἀντω(νίνου) Καίσαρος ²] . . ὑπ(ὲρ) Νή(σων) ὀνό(ματος) Ἀπολείου ⁴] . . . . καὶ ὑπ(ὲρ) Χ(άρακος) ὀνό(ματος).*

Apuleius may be the person so called in P. Lond. 119. 107, O. Strassb. 358 &c., and in unpublished ostraca of the years 122–139.

175. *c.* 161–189 A. D.

Broken off above.

. . . . [. . . . . ⁊ ἥμισυ] ²τρίτο(ν) ὄγδο(ον) / ⁊ ς γη [καὶ ὀνό(ματος) Νε]- ³χούθου Ψενχνούβ(ιος) ὑπ(ὲρ) [. . ( )] ⁴⁊ μίαν τετρακ(αιεικοστὸν) / ⁊ αd. ⁵Ἀμώ(νιος) σεση(μείωμαι).

Ἀμώνιος is probably the person so named who signs a large proportion of the Theban granary receipts of the reigns of Marcus and Commodus.

176. 26th July 193 (?) A. D.

Μεμέ(τρηται) θησ(αυρῷ) μη(τροπόλεως) γ(εν)ή(ματος) αL ²Γαίου

Νιγέρου . . . . . [³Μεσο(ρὴ) β̄ ὑπ(ὲρ) Χ(άρακος) ὀνό(ματος) [⁴Π . . . . . . μ . . . [⁵/ ꝯ . . . . [

1 It is uncertain whether anything is lost at the end of this line. 2 The reading of the Emperor's name is very doubtful.

177. Second century A. D.

Μέ(τρημα) θησ(αυροῦ) μη(τροπόλεως) [²τοῦ κυρίου [³ὑπ(ὲρ) Νό(του) ἀ(πὸ) Ψα[⁴εμ . . ꝯ ε . . . [⁵τρίτο(ν) . . . / [⁶. . . ρ . . [

178. Second century A. D. Receipt for corn, only last 4 lines preserved ; ²Μεσ(ορὴ) ς̄ ὑπ(ὲρ) Χ(άρακος) ὀνό(ματος) . ιου ⁴ꝯ δύο / ꝯ β. Π . . . .

179. Second century A. D.

[Μέ(τρημα) θησ(αυροῦ)] μη(τροπόλεως) γ(εν)ή(ματος) [. ∫ . . . . Καίσαρος] ²[τοῦ κυρίου] Μεσο(ρὴ) ῑ ὑπ(ὲρ) Νή(σων) [ὀνό(ματος) . . . . .] ³[β]) Ὠρίω(νος) ꝯ ἥμισυ τρίτο(ν) / ꝯ ∫[γ̄. Ἄλ(λο) . . . . .] ⁴ὁμο(ίως) ꝯ ἓξ ἥμισυ τρίτο(ν) / ꝯ ς∫[γ̄. Ἄλ(λο) . . . . .] ⁵ꝯ τέσσαρας τέταρτο(ν) / ꝯ [δd.

The Emperor whose name is lost was probably Hadrian or Antoninus.

180. Second century A. D.

Μέτρ(ημα) . . . [²ὑπ(ὲρ) Ἀγο(ρῶν) ὀν[ό(ματος) ³ꝯ δίμοιρον [Ἄλ(λο) τῇ α(ὐτῇ)] ⁴ἡμ(έρᾳ) ὁμοίω[ς ⁵. . . . . [

181. *c.* 240–242 A. D. Fragment of receipt. ¹. . . του ὑπ(ὲρ) Ἀγαθοῦ Δαίμονο(ς) ². . . . . δι(ὰ) ³Καμήτ(ιος) Ἀρχίου Ψενα(μούνιος) ⁴ὑπ(ὲρ) ꝩ . . .

Cf. 170.

182. 24th July 64 A. D.

[Πλα]ντᾶς Πλῆνι Ψαχω( ) ²[χα(ίρειν).] Μεμέτρημα⟨ι⟩ παρ[ὰ] ³[σ]οῦ ὑπὲρ λόγου και . [. .] ⁴ἐδάφων δεκάτ[ου] ⁵ἔτους Νέρωνος τ[οῦ] ⁶κυρίου ꝯ ς∠d. ⁷Ἐπεὶφ λ̄.

Clumsy hand. 1 [Πλα]ντᾶς doubtful. 3 Apparently not κατοικικῶν.

183. Second or third century A. D.

Φαῶφι γ̄ τοῦ κα∫ ὀνό(ματος) Πανα(μέως) ²Πετεχώ(νσιος) . . . . ( ) . . ερτο( ) κριθῆς γι΄β΄. ³Ἄλ(λο) Ἀθὺρ ιβ̄ κρ(ιθῆς) ι΄β΄. . χ( ) α[

It is uncertain whether anything is lost above or to the right.

184. Second or third century A. D.

Παῦ(νι) κη . . . ὀνό(ματος) ². ϵ . . . . . . θο( ) ι η.

185. 134 A. D. Parts of 8 lines. ⁴]υ . . . ιζ∫ Ἁδριανοῦ . . . . . . κ . . . . . . ⁵] γόμ(ου) ἀχύρο(υ) δίμοιρον . . . . ⁶] . . π . . . ∟ιη Ἁδριανοῦ . . . . . [⁷Μεχεὶρ . . .

186. *c.* 178–192 A. D.

Παρεκ[ο(μίσθη) ²ὀνό(ματος) Φ[³γόμο(ς) εἷς / [γόμ(ος) α ⁴Κομμόδου . [⁵Παῦ(νι) ιδ. Ἀμώ(νιος) . [

187. *c.* 197–212 A. D.

Παρεκο(μίσθη) εἰς χ[ώρτην ὑπ(ὲρ) γενήμ(ατος) . . ∫ τῶν κυρίων] ²Αὐτοκρατόρω[ν Σεουήρου καὶ Ἀντωνίνου] ³Εὐσεβῶν Σεβαστῶν [ὀνό-μ(ατος) . . . . ἀχύ]- ⁴ρου ἀπὸ γόμων . . . [⁵γόμων πέντε / γ(όμοι) ε.

This ostracon is marked 'Bought at Luxor 1887'. 2 Ἀντωνίνου καὶ Γέτα also possible. 4 Above ἀπὸ about 4 letters inserted between the lines.

188. Second century A. D.

]ενψαν [²] . νχ . . . [³]σενθ . [⁴[ἀχύρου] γόμους . [. . δίμοιρο(ν)] ⁵[/ γόμ(οι) .] β) γενή[ματος . . ∫] ⁶[. . . . .]νου Κα[ίσαρος τοῦ] ⁷[κυρίου .] . . . . . [

The Emperor may have been either Trajan, Hadrian, or Antoninus.

189. 145 A. D.

Περα( ) εἰς τὸ βαλα- ²νείου τῆς παρενβο- ³λου . . ρ . . . . διὰ ⁴Ἀμφιώμιος . λου . μ . τα ⁵. . ἀχύρου ρ . . . . ⁶η∟ Νήσων . . . . ⁷∟η Ἀντων[ίνο]υ Καίσαρο[ς] ⁸τοῦ κυρί[ου . . . .] . . . .

Clumsy hand. Read παρεκομίσθη εἰς τὸ βαλανεῖον τῆς παρεμβολῆς.

190. I A. D.

Ψενν . . . . προστάτης ²Ἡρακλήου Ἑρσιῆσι Πετεμ(ίνιος) ³χέριν. Ἀπέχω παρὰ σοῦ ⁴τῶ ἐκφώριν τῆς γῆς ἧς ⁵ἐγιοργήσας τοῦ Ἡρακλήους ⁶θεοῦ μεγίστου τῷ ∟λ Καί- ⁷σαρος.

1 For the title προστάτης cf. W. O. 412 &c. 2 Ἑρσιῆσις = Ἁρσιῆσις: same person as in W. O. 1546. 3 Read χαίρειν. 4 Read τὸ ἐκφόριον. 5 Read ἐγεωργήσας.

191. Elephantine, 119 A. D.

Σανμοῦς πράκ(τωρ). Διέγρα(ψε) Πα- ²χνοῦβις Φανώφεως ὑπ(ὲρ) μερισμ(οῦ) ³ποταμοφυλ(ακίδων) γ𐅵 Ἁδριανοῦ τοῦ ⁴κυρίου . . . . τριώβ(ολον). ⁵Σαρ(απίων) γρα(μματεὺς) ἔγρα(ψα) . . . .

This ostracon is marked 'Elephantine, from M. Brockhurst'. For the persons here mentioned cf. W. O. ii, p. 459 and 478.

Nos. 192–194 FROM EDFU.

192. 29th July 97 A. D.

Παχεῦ(μις) Σενφάφιο(ς) φυλ(άκων) α𐅵 ²Νερούα τοῦ κυρίο(υ) α — c ³σκοπ(έλων) ϝc´ βαλ(ανευτικοῦ) α. ∟α ⁴Μεσορὴ ε̄.

193. 21st August 98 A. D.

Παχεῦ(μις) Σενφάφιος ²χω(ματικοῦ) α𐅵 Τραιανοῦ τοῦ κυρίου ³⟩ϛϝ βαλ(ανευτικοῦ) = σκοπ(έλων) c´. ⁴∟α Μεσορὴ κη̄.

194. 4th January 115 A. D.

[Πα]χεῦ(μις) Σενφάφιος ²[μ]ερι(σμῶν) ιη𐅵 Τραιανοῦ Ἀρίστου ³τοῦ κυρίου ⟩β̄. ∟ιη ⁴Τύβει θ̄.

Red pottery. These three ostraca are receipts to the same person, but the reading of the name is not certain. The formula of the receipts is that characteristic of Edfu.

Nos. 195–219 FROM COPTOS.

195. 25th January 4 B. C.

Διαγέγρα(φε) διὰ τῆς Ἑρμ(ίου) τρα(πέζης) ὑπ(ὲρ) τιμ(ῆς) ⳨ ²διο(ικήσεως) κε∟ κάτω (το)π(αρχίας) Ἀρυώθη(ς) . ρο . . . ³—̥ κγ ⟩π𐅵 . . . κ . . ι( ) . . . . κρό(τωνος) ⁴—̥ β∠ ⟩ηϝc´. ∟κϛ Καίσαρος ⁵Τῦβ(ι) λ̄.

Nos. 195–201 written on the same day. The price of an artaba of wheat is here 3 dr. 3 ob.

196. 25th January 4 B. C.

Διαγέγρα(φε) διὰ τῆς Ἑρμ(ίου) τρα(πέζης) ὑπ(ὲρ) τιμ(ῆς) ²⳨ διο(ικήσεως) κε∟ κάτω (το)π(αρχίας) ³ηιδησκ( ) Ἀρυώθ(ης) καὶ Πετεμ- . . . ( ) . . . ⁴/ —̥ ζϛ´ ⟩κεc´ καὶ κρό(τωνος) —̥ α ⟩γ𐅵 ⁵καὶ κ . ο( ) ∠d ϝc. ∟κϛ ⁶Καίσαρος Τῦβι λ̄.

197. 25th January 4 B. C.

Διαγέγρα(φε) διὰ τῆς Ἑρμ(ίου) τρα(πέζης) ὑπ(ὲρ) ²τι(μῆς) ⳨ διο(ική-

ςεως) κε∟ κάτω (το)π(αρχίας) [3]Ψενμῖ(νις) Νικα . . . η ( ) [4]—ₒ β ͵ζ. ∟κς [5]Καίσαρος Τῦβι λ̄.

3 Apparently not Νικάνορος.

198. 25th January 4 B. C.

Διαγέγρα(φε) διὰ τῆς Ἑρ(μίου) τρα(πέζης) ὑπ(ὲρ) [2]τι(μῆς) ‡ διο(ική σεως) κε∟ κάτω (το)π(αρχίας) κ . . χ . . [3]. ρ . . . ρ . . . / . αργ [4]. . . ι . . ι . ο . . . . [5]. . . κ . . τω . . . . . . υπ. [6]∟κς Καίσαρος Τῦβι λ̄.

199. 25th January 4 B. C.

[Διαγέγρ]α(φε) διὰ τῆς Ἑρμ(ίου) τρα(πέζης) ὑπ(ὲρ) [2][τι(μῆς) ‡] διο(ικήσεως) κε∟ κάτω (το)π(αρχίας) . . . [3][. .] . . . ρο( ) . . . ( ) . . . ( ) —ₒ α ͵-γʃ [4][ὑ]ποκ(ειμένων) . . . . ͵β. ∟κς [5]Καίσαρο(ς) Τῦβι λ̄.

200. 25th January 4 B. C.

Διαγέγρα(φε) [διὰ τῆς Ἑρμ(ίου) τρα(πέζης) ὑπ(ὲρ)] [2]τι(μῆς) ‡ διο(ι-κήσεως) [κε∟ κάτω (το)π(αρχίας) . . . .] [3]Ἀρυώθη(ς) [. . . . .] [4]∟κ[ς] Καίσαρ[ος Τῦβι λ̄].

201. 25th January 4 B. C.

[Διαγέγρα(φε) διὰ τ]ῆς Ἑρμ(ίου) τρα(πέζης) ὑπ(ὲρ) [2] [τι(μῆς) ‡ διο(ι-κήσεως) κε]∟ κάτω (το)π(αρχίας) Ἀρυώθ(ης) [3][. . . . .] . . μ . . ρ . . . [4][. . . . .] . —ₒ βί β′ ͵ζ = c. [5][∟κς Καίσαρος Τ]ῦβι λ̄.

202. 19th February 2 A. D.

Δι(α)γ(έ)γρα(φε) διὰ τῆς Ἀπολ( ) βα(σιλικῆς) [2]τρα(πέζης) ὑπ(ὲρ) λαο(γραφίας) λα∟ Ἀρά(βων) [3]Πετεασμ(ῆφις) Πακοίβ(ιος) [4]͵η. ∟λα Καίσαρος Μεχ(εὶρ) [5]κε̄.

1 Ἀπολ(λωνίου) or some similar name. 2 Ἀρά(βων), as name of a λαύρα, seems more probable than Ἀρα(βίας). 3 The name Πετεασμῆφις is new; but cf. Πετεασαιῆφις in S. B. 735.

203. 27th January 3 A. D.

Διαγέγρα(φε) διὰ τῆς Α . . . . ρ( ) [2]βασιλ(ικῆς) τρα(πέζης) ὑπ(ὲρ) λαο(γραφίας) λβ∟ Ἀρά(βων) [3]Ἐπώνυχ(ος) Πετεασμή(φιος) [4]͵η. ∟λβ Καίσαρος Μεχ(εὶρ) β.

204. 1st April 16 A. D.

Διαγέγρα(φε) διὰ τῆς . . . . [2]λαο(γραφίας) β∟ Φρο(υρίου)

Πε . . . ( ) Κ . . . ενω( ) ϛ η. ³Lβ Τιβερίου Καίσαρος Σεβαστοῦ Φαμε(νὼθ) λϛ.

205. 31st August 36 A. D.

Διαγέγρα(φε) διὰ τῆς Ἀπολ( ) βα(σιλικῆς) τρα(πέζης) ὑπ(ὲρ) χω(ματικοῦ) ²κβL Φρο(υρίου) Νικάνωρ Πανῆτ(ος) ³ϛ β καὶ Πετεαρπ(οχράτης) υἱὸ(ς) ϛ β. Lκγ ⁴Τιβερίου Καίσαρος Σεβαστοῦ ⁵μη(νὸς) Σεβαστοῦ γ̄.

Νικάνωρ same as in 224 &c. Πετεαρποχράτης same as in 240 &c.

206. 36 A. D.

Διαγέγρα(φε) διὰ τῆς Ἑρ . [. . .] . . . γ( ) βα(σιλικῆς) τρα(πέζης) ²ψ . . γηρ . . . . ³Σ . ω . . η. Lκβ Τιβερίου . . . . ⁴. . . . ϛ β . . κ . . . .

207. 39 A. D.

Διέγρα(ψε) διὰ τῆς Ἀπολ( ) βα(σιλικῆς) τρα(πέζης) ὑπ(ὲρ) . . . . [²γL θη( ) Πικῶς Ἰμούθ(ου) . . . [³ϛ̄ ἐφ . . . . Lδ Γαίου ⁴Καίσαρος Σεβαστοῦ Γερμανικοῦ ⁵. . . . . η̄ ϛ β καὶ . . τ( ) κ . . . .

208. 29th March 44 A. D.

Διέγρα(ψε) διὰ τῆς Ἀπολ( ) καὶ Μάκρω(νος) βα(σιλικῆς) τρα(πέζης) ὑπ(ὲρ) ²λαο(γραφίας) δL Φρο(υρίου) Πετεασμ(ῆφις) ³Ἡρακλή(ους) ϛ η. Lδ Τιβερίου Κλαυδίου ⁴Καίσαρος Σεβαστοῦ Γερμανικοῦ Αὐτοκράτορος Φαρ(μοῦθι) γ̄.

209. 26th April 53 A. D.

Διέγρα(ψε) διὰ τῆς Ἀμω( ) καὶ Ἀπολ( ) βα(σιλικῆς) τρα(πέζης) ²ὑπ(ὲρ) λαο(γραφίας) ιγL Φρο(υρίου) Πετεαρποχ(ράτης) Νικάνορος ³ϛ η. Lιγ τοῦ κυρίου Φαρμ(οῦθι) λα̅.

That the unnamed *κύριος* is Claudius appears from the analogy of W. O. 1566, where I read from the original *Lιε τοῦ κυρίου*; this excludes Nero, who had no 15th year. Cf. also W. O. 667, 1560, S. B. 4333, O. Strassb. 75, 112, 114.

210. 1st March 65 A. D.

Διὰ ε . . ( ) επ . η( ) Ἑρμίου καὶ Σωτῆρο(ς) [²τοπο( ) τρα( ) ἱερᾶ(ς) Νή(σου) Κοχμαχοι( ) α —ο ιαϛ Αβερι[³. . ρ . . . . καὶ μέτοχ(οι) ϛ– εἴκοσι πέντε / ϛ κε. ⁴Lια Νέρωνος τοῦ κυρίου Φαμε(νὼθ) ε̄.

It is uncertain whether this is a bank receipt. 2 τοποτρL ostr.: but for π perhaps ν; more like τ than γ. For ἱερᾶ(ς) ἱερα(τικῶν) also possible. 2 end perhaps Ἀβέρι[ος; but that name is attested elsewhere only for the Byzantine period.

211. 30th April 102 A. D.

Διέγ(ραψε) διὰ τῆς Σαραπίω(νος) [2]βα(σιλικῆς) τρα(πέζης) ὑπ(ὲρ) φυλ(άκων) ϵL Φρο(υρίου) Κρόνιος [3]Ερ . . . . Lϵ [4]Αὐτοκράτορος Καίσαρος Νέρουα [5]Τραιανοῦ Σεβαστοῦ Γερμανικοῦ [6]Φαρμο(ῦθι) λε̄.

212. First century A. D. Receipt, probably in same form as the preceding, beginning *Διαγέγρα(φε)*; incomplete and partly illegible.

For the formula of nos. 195–212 cf. W. O. i. 92. These ostraca show (1) that the formula Διαγέγραφε διὰ τῆς τοῦ δεῖνος τραπέζης is characteristic of Coptos; (2) that the τράπεζα in question was the δημοσία τράπεζα, not a private bank; (3) that the handwriting of the receipts from the τράπεζα at Coptos in the early Roman period was worse than at Thebes, probably because Coptos was at that time more populous than Thebes, and in consequence the officials of the τράπεζα at Coptos more overworked; (4) that the eccentric method of dating with too many days in the month was in use at Coptos as well as at Thebes; (5) that the practice of inserting the name of the λαύρα in the receipts was introduced earlier at Coptos than at Thebes.

213. 7th June 16 A. D.

Διὰ Πανεχ(άτου) καὶ τῶν μετόχω(ν) τελ(ωνῶν) γερδ(ιακοῦ) τοῦ βL [2]Τιβερίου Καίσαρος Σεβαστοῦ Κρονίω(ν) Ἀπολλω(νίου) [3]ʒ δύο = c′ / ʒβ = c′. Παῦ(νι) ιγ̄.

214. 8th April 110 A. D.

Μερ(ισμῶν) ιγʃ Ἀκροδ( ) Α . . . . ὁμ(οίως) Πετοσί(ριος) [2]μαγδ(ώ-λων) ὀβ(ολοὺς) ϛʃ δεσμο(φυλακίας) — c διπ(λῶν) ϝc [3]καὶ Σανσ(νῶς) . . . ητος μαγδ(ώλων) ὀβ(ολοὺς) ϛʃ [4]δεσμοφυλ(ακίας) — c διπ(λῶν) ϝc′ διὰ Θέωνο(ς) γρα(μματέως). [5]Lιγ Τραιανοῦ τοῦ κυρίου Φαρ(μοῦθι) ιγ̄.

4 Θέων was presumably γραμματεύς of the πράκτορες ἀργυρικῶν.

215. 28th June 117 A. D.

Μ . . . . ( ) μερισμ(ῶν) [2]κʃ . . . . . Ψε . . . σις [3]Πα . . . υρις ʃ τέσ- [4]σαρας / ʒδ. [5]Lκ Τραιανοῦ Ἀρίστου [6]τοῦ κυρίου Ἐπὶ(φ) δ̄.

2 It is doubtful whether Ψεννησις can be read.

216. Second century A. D.

Μερισμ(οῦ) . . . . γʃ [2]Π . . τ . . . Αρ . . . . [3]δραχ(μὰς) β . . χ^β.

217. 18 B.C.

Ἔτους ιβ Καίσα(ρος) Μεσ[ορὴ ²θη(σαυροῦ) απομ( ) πολ( ) Κρόνιος [³κρο . . . . . του ἱερ . ( ) [

2 Apparently not Ἀπόλ(λωνος) πόλ(εως). 2 f. Apparently not Κρόνιος Κρονίου. Below traces of writing, perhaps not belonging to the text.

218. *c.* 15–36 A.D.

Ἔτους [²Τιβερίο[υ Καίσαρος Σεβαστοῦ] ³Μεσορὴι κ̅ϛ̅ [⁴Φρουρ(ίου) Ψάιτος π[⁵πυροῦ ἀρτάβ(ας) δύο / ⳨ [⁶κ̅ . Φρουρ(ίου) . . . . χ . υ . [⁷πυροῦ ἀρτάβ(ας) . [⁸/ . . [

1 The number of the year must have been written in words.

219. 120 A.D.

Θησ(αυροῦ) Ἀκροδ( ) ἱερῶ(ν) τοῦ δ∫ Ἀδριαν[οῦ] ²Καίσαρος τοῦ κυρίου Ἀκροδ( ) Σεναμούνιο(ς) ³Σέφθ(εως) (διὰ) Πετεαρπ(ρήους) . εφ . λ( ) ϛ̄ ἱερ(ατικῶν) ⁴τέσσαρας η⁾, Ἀρα( ) ι΄ β΄ . . . ι΄ β΄/ —o δ ∴ ⁵(H. 2) *κ̅η̅ Ἀκροδ( ) Σεναμο(ῦνις) Σ[έ]φθεως ⁶καὶ Ἰσμ( ) Ἑριενούπ(ιος) τέταρτον.*

Ἀκροδ( ) probably place-name, cf. 214.

Nos. 220–304. Ostraca from Berenice and Myos Hormos (found at Coptos).

220. Berenice, 23rd October 6 B.C.

. κ . . σ . . . . ε . κενε . . . . [. . . . .] ². . . νβ . . . με . λ . . . . . . Ψενπμευ . . [. . . .] ³Ψενπμεύθου χα(ίρειν). Ἔχω(μεν) παρὰ (σοῦ) ἐν Βε[ρενίκ(η)] ⁴κριθῆς ἀρτάβας ὀκτὼ / κριθῆ[ς —o η.] ⁵∟κε Καίσαρος Φαῶφι κ̅ε̅. ⁶(H. 2) *Γάιος Ἰούλιος ἐπηκο(λούθηκα) κριθῆς ⁷ἀρτάβας ὠκτὼ / —o η. ⁸∟κε Καίσαρος Φαῶφι κ̅ε̅.*

3 εχ^ω ostr. The name Ψενπμεύθης is new.

221. Berenice, 23rd October 6 B.C.

. . . κ . . . η . . . . θ . . . . ²Πτόλλιδος . . . . Θέωνος ³χα(ίρειν). Ἔχωι . . . βα( ) α . . . κριθῆς ἀρτάβας ⁴τέσσαρας . . . . . . ∟κε Καίσαρ(ος) ⁵Φαῶφι κ̅ε̅. ⁶Γάιος Ἰούλιος ἐπηκολούθηκα κριθῆς ⁷ἀρτάβας τέσσαρας / —o δ. ⁸∟κε Καίσαρος Φαῶφι κ̅ε̅.

3 Not παρὰ σοῦ ἐν Βερενίκῃ: but as this ostracon has the same date as 220 it must have been written at the same place.

222. Myos Hormos, 18th August 1 B.C.

Ερε . . . . . . Φ . . . . Ἀπέχωι ²οὓς ἐπέθηκά σοι ἐν Κόπτῳ γόμους [3]τέσσαρες καὶ τὰ παρακρα . . . . . [4]ἀπέχω ἐν Μυὸς Ὅρμῳ. [5]Lκθ Καίσαρος Μεσορὴ κε.

223. Myos Hormos, 17th May 6 A. D.

Ποριεύβθης Παθώτου [2]Ἡρακλήωι Διδύμου [3]χα(ίρειν). Ἔχω παρὰ σοῦ ἐν Μυὸ(ς) Ὅρμ(ῳ) διὰ [4]Πετεασμ(ήφιος) Ἡρακλήου εἰς τὸν [5]λόγον Πονταγοῦ πυροῦ ἀρτά- [6]βας ἐννέα / — θ. Lλε Καίσαρος [7]Παχὼν κβ. Διονύσιος εγ . . . . [8]Ποπλίου Μαμιλίου Ἀμβροσίου [9]ἔγραψα.

1 Ποριεύβθης = Ποριεύθης. 4 Πετεασμῆφις either same as in 208 or another of the same family.

224. Berenice, 22nd October 6 A. D.

Πανίσκ(ος) Ἰσιδώρο(υ) Νικάνωρι καὶ Πετεασμῆφι [2]ἀμφοτέροις χ(αίρειν). Ἔχωι παρ' ὑμῶν ἐπὶ Βερεν- [3]είκης ἃ ὑμῖν ἐπέθηκα ἐπὶ Κόπτου [4]οἴνο(υ) Ἀμινη . . γόμ(ους) β κεράμ(ια) τέσσαρα καὶ [5]ἄρτων γόμον ἕνα καὶ πυρο(ῦ) ἀρτάβην [6]μίαν καὶ οἴνο(υ) Πτολ(εμαικὰ) κεράμ(ια) εἴκοσι [7]πέντε γόμ(ους) δύο. Lλϛ Καίσαρος Φαῶ(φι) κε.

2 ἀμφοτέροις superfluous, unless there is a word omitted. 4 Read Ἀμιναίου or Ἀμιναῖα, cf. 240. 5 ν of ἄρτων inserted above the line. 6 For the 'Ptolemaic' wine measure cf. 235, 238, 242, 268, 283, 287, 295. In view of the situation of the other places which gave their names to such measures (cf. W. O. i. 765–6), the Πτολεμαικόν seems more likely to be derived from Ptolemais in Pamphylia than from Ptolemais in Upper Egypt.

225. 24th August 19 A. D.

Αὖλος Γαβείνιος Ἀγαθόπους Νικάνο(ρι) [2]Πανῆτος καμη(λοτρόφῳ). Ἔχω παρὰ σοῦ ἅ σοι ἐπέθηκε [3]Πεκοῖφις Πετήσεως ἰς τὸν λόγον Αὔλου Γαβε[ι(νίου)] [4]Εὐδαμίωνος φαρμάκου . . . . ϛ β. Lε Τιβερίου [5]Καίσαρο(ς) Σεβασ(τοῦ) Μεσορὴ ἐπαγομέ(νων) α.

Ἀγαθόπους and Εὐδαμίων may have been descended from freedmen of the famous Gabinius. Πεκοῖφις variant of Πακοῖβις.

226. Five lines, partly illegible; [4]*Lη Τιβερίου Καίσαρος Σεβαστοῦ Φαῶφι κζ* (= 24th October 21 A. D.). l. 5 perhaps Latin, but indistinct.

227. Berenice, 28th February 26 A. D.

Εὔανδρος Κορνηλίου Νικάνωρ Πανῆτος [2]χ(αίρειν). Ἔλαβον παρὰ σοῦ ἐπὶ Βερνίκης ἃ ἐπέθηκέ [3]σοι Κορνῆλις εἰς τὸν ἀτοῦ λόγον ἐπιμηνίων [4]γόμους δύο κεράμ(ια) ιβ καὶ κύθρας συν . . . . . [5]ἐν αὐταῖς δύο / β. Lιβ Τιβερίου Καίσαρος [6]Σεβαστοῦ Φαμενὼθ δ.

1 Read Νικάνορι. 3 Read Κορνήλιος and αὐτοῦ. ἐπιμήνια = monthly provisions. 4 κύθρα = χύτρα.

228. Myos Hormos, 31st March 26 A. D.

Παμῖνις Πετεμίνεως Νικάνορ[ι] ²Πανήους χα(ίρειν). Ἔχωι παρὰ σοῦ ἐπὶ Μυὸ[ς] ³Ὅρμον εἰς τὸν Παμίνεως τοῦ Παρθενί[ου] ⁴λόγον πυροῦ ἀρτάβας τριάκοντα ἒξ ⁵λς γόμων ἒξ καὶ ψιέθους θρυείν[ας] ⁶δέκα ἒξ / ψίαθ(οι) ις. Lιβ Τιβερίου Καίσαρο[ς] ⁷Σεβαστοῦ Φαρμοῦθι ε̄.

3 Read Ὅρμου. Παμῖνις Παρθενίου, who occurs also in 229, 231, 248, 249, may be the father of Παρθένιος Παμίνεως mentioned in S. B. 4245. Cf. Spiegelberg, *Demotica*, ii, p. 34. 5 It is somewhat curious to find the two spellings ψίεθος and ψίαθος used in the same document.

229. Myos Hormos, 30th May 27 A. D.

Παμ⟨ῖ⟩νις Πετεμίνεως ²Φιλόστρατος Πανήους χα(ίρειν). ³Ἔχωι παρὰ σοῦ ἐπὶ Μυὸς Ὅρμ(ου) ⁴εἰς τὸν λόγον Παμίνεως ⁵τοῦ Παρθενίου πυροῦ ἀρτά- ⁶βας τρεῖς / $\frac{}{o}$ γ γόμους ὁμ- ⁷ο⟨ί⟩ως. Lιγ Τιβερίου Καίσαρος ⁸Σεβαστοῦ Παῦνι ε̄.

2 Read Φιλοστράτῳ.

230. Berenice, 31st May 28 A. D.

Πτόλλιος Πανίονος Νικάνωρ Πανῆτος ²χ(αίρειν). Ἔχω παρὰ σοῦ ἐπὶ Βερνίκης εἰς ³τὸν Πανίσ(κου) τοῦ . . ο . . . . τεως λόγον ⁴πυροῦ $\frac{}{o}$ ε . . . . . Lιδ Τιβερίου Καίσα- ⁵ρος Σεβαστοῦ Παῦνι ς̄.

1 Read Πτόλλις.

231. Berenice, 29 A. D.

Ἀρυώθης . π . . . . . ωρο( ) ²Νικάνωρ Πανῆτος ³χ(αίρειν). Ἀπέχω παρὰ σοῦ ⟨ἐν⟩ Βερνείκῃ ⁴εἰς τὸν λόγο(ν) Παμ(ίνεως) Παρθενίου ⁵. . ι . . . στο . . ι . . πυροῦ ἀρ- ⁶τά⟨βα⟩ς εἴκοσι τέσσαρες / γό(μοι) δ. ⁷Lις Τιβερίου Καίσαρος Σεβαστοῦ ⁸μηνὸς Σεβαστοῦ . . ⁹Π . . . . πε . . ε . . . . . ε . χομαι.

1 Apparently not Ἀπολλοδώρο(υ).

232. 29–30 A. D.

. ². . . . . Πανήους χ(αίρειν). Ἔχω παρὰ ³σοῦ ἐπὶ . . . . . ενε . . . . ⁴ηρ . ω . . π . . . . πυροῦ ⁵ἀρτάβας ἑκατὸν τριάκοντα ⁶δύο / $\frac{}{o}$ ρλβ. Lις Τιβερίου Καί- ⁷σαρος Σεβαστοῦ μηνὸ(ς) . . . . . . ⁸ . .

3 It is doubtful whether Βερενείκης can be read.

233. Myos Hormos, 29 A. D.

Κρόνιος Ἀνδρείου ²Νικάνωρ Πανῆς χα(ίρειν). ³Ἔχωι παρὰ σοῦ

⟨ἐπὶ⟩ Μυὸ(ς) Ὅρμου [4]εἰς τὸν λόγον Ψενπνούθ(ιος) [5]Παμίν(εως) πυροῦ ἀρτάβα(ς) ἐννέα [6]/ —ο θ γό(μος) αL, καὶ ψιάθ(ους) δύο. Lις [7]Τιβερίου Καίσαρος Σεβαστοῦ μη(νὸς) [8]Νέου Σεβαστοῦ ⁚.

234. 30 A. D.

Ἡρακλείδ(ης) Μ . μ . ( ) Εὐδ[Νικά]- [2]νωρος Πανήους [[3]γενήμα(τος) ιςL Τιβερίου Κ[αίσαρος Σεβαστοῦ [4]ἀρτάβ(ας) τέσσερας . [[5]Lις Τιβερίου [Καίσαρος Σεβαστοῦ

1 Read Νικάνορι.

235. 30 A. D.

Ἐπώνυχος Ἀχιλ(λέως) Νικάνωρ [2]Πανῆτος χ(αίρειν). Ἀπέχωι παρὰ σοῦ [3]α . . . . οἴνου Πτολ(εμαικὸν) κερ(άμιον) ἑνὸς [4]/ κερ(άμιον) ᾱ. Lιζ Τιβερίου Καίσαρος [5]Σεβαστοῦ Χύακ ⁚.

3 Read ἕν.

236. Myos Hormos, 31–32 A. D. 8 lines, partly illegible; [2]χ(αίρειν) [4]Μυὸ]ς Ὅρμου [5]δέκα [7]Lιη Τιβερίου.

237. Berenice, 29th July 33 A. D.

Ἀνίκητος Κομμούνου Τιβερίου [2]Καίσαρος Σεβα(στοῦ) Νικάνορι Πανήους [3]διὰ Ἡρακλήου Πα . . . . ωρ . . . . . [4]χα(ίρειν). Ἔχω παρὰ σοῦ ἐπὶ Βερνίκης [5]φόρτια . . . . [6]γόμου ἥμισυ . . . . [7]/ γό(μου) ∠ —ο δ. Lιθ Τιβερίου Καίσαρος [8]Σεβαστοῦ Μεσωρὴ ε̄ [9]λη . . . . [10]μου . . . εκ . . μ . . . .

4 Βερνίκης indistinct, but cf. 238–9, 242.

238. Berenice, 30th December 33 A. D.

Ἀνίκητος Κομμούνου Τιβερίου Καίσαρος [2]Σεβαστοῦ Φιλοστράτῳ Πανήους χα(ίρειν). Ἔχω [3]παρὰ σοῦ ἐπὶ Βερνίκης ἃ ἐπέθηκέ σοι [4]Ἀγαθοκλῆς Ἀσκληπιάδου εἰς τὸν ἐμὸν [5]λόγον ὧν καὶ τὸ φόρετρον ἀπέσχες [6]ἐπὶ Κόπτ[ο]υ οἴνου Πτολεμαικὰ ἓξ [7][. . . . . L]κ Τιβε(ρίου) Καίσαρο(ς) Σεβα(στοῦ) Τῦβι δ.

239. Berenice, 24th February 34 A. D.

Ἀνίκητος Κομμούνου Τιβερίου Καίσαρος [2]Σεβαστοῦ Νικάνορι Πανήους διὰ Ψενοσῖρις [3]Πετεαρποχράτου καὶ Κάστορος Ἐπωνύχου. [4]Ἔχω παρὰ σοῦ ἐπὶ Βερνίκης φορὰ(ς) Χοίαχ . . [5]τοῦ κL Τιβερίου Καίσαρος Σεβαστοῦ . . . ργ [6]. . . ου γόμον ἕνα . . . .

^{7}∟κ Τιβερίου Καίσαρος Σεβαστοῦ Μεχ(εὶρ) λ̄. ^{8}ν . . . . τ . ν . . . . . . ω . . . . ^{9}α̣ . . . . π̣η . . λο̣ . . . . .

3 Κάστορος indistinct, but cf. 245.

240. Berenice, 15th November 34 A.D.

. αρπ . . . . Μ̣ά̣ρ̣κ̣ο̣υ̣ Λ̣α̣ιλίου Ὑμε- ^{2}ναίου Π̣ετεαρποχράτηι̣ Νικάνο̣ρο̣(ς) ^{3}χα(ίρειν). Ἔχω παρ' ἐ̣σοῦ ἐ̣πὶ Βερνίκης ἃ ἐ- ^{4}πέθηκέν σοι ἐπὶ Κόπτου Φνᾶς Πα- ^{5}μίνεως εἰς τὸν Μάρκου Λαιλίου̣ ^{6}Ὑμεναίου λόγον ο̣ἴ̣ν̣ο̣υ̣ Ἀμιμ- ^{7}ναῖα κεράμια ἓ̣ξ̣ γόμο̣υ̣ς̣ τρῖς ^{8}/ κερ(άμια) ϛ γόμ(οι) γ. ∟κα Τιβερίου Καί- ^{9}σαρος Σεβαστοῦ Ἀθὺρ ιθ̄.

3 παρ' ἐσοῦ for παρὰ σοῦ, cf. 245. 6 Read Ἀμιναῖα; cf. 224. Cf. also Virgil *Georg.* ii. 97, and Forcellini's *Lexicon* s.v. Aminaeus; Liddell & Scott, 9th edition, s.v. ἀμιναῖος.

241. Myos Hormos, 10th July 35 A.D.

Κρόνιος Ἀνδρείου Νικάνωρ ^{2}Πανῆς χα(ίρειν). Ἔχω παρὰ σοῦ ἐπὶ Μυ̣̂ς ^{3}Ὅρμον εἰ̣ς τὸν λόγον Ἑρμοιδᾶ̣ς ^{4}τοῦ Διδύμου πυροῦ ἀρτάβας ^{5}ἓ̣ξ / —ₒ ϛ. ∟κα Τιβερίου Καίσαρος ^{6}Σεβαστοῦ Ἐπεὶφ ιϛ̄, καὶ Λ̣αδικ(ηνοῦ) ^{7}κ̣ύ(θρας) δύο ἄρτ̣ω̣ν̣ μαρ(σίπους) δύο.

2 Read ἐπὶ Μυὸς Ὅρμου. 3 The name Ἑρμοιδᾶς is new. 6 Λαδικηνός = Λαοδικηνός, either from Laodicea in Phrygia or from Laodicea in Syria; cf. 289, 290, O. Strassb. 788.

242. Berenice, 9th December 35 A.D.

Ἀνίκητος Κομ̣μ̣ο̣ύ̣ν̣ο̣υ̣ ^{2}Τιβερίου Καίσαρος Σ̣ε̣β̣α̣(στοῦ) Νικάνο- ^{3}ρι Πανήους χα(ίρειν). Ἔχω παρὰ̣ σοῦ ^{4}ἐπὶ Βερνίκης ἃ ἐπέθηκέ σοι Ἀπολ- ^{5}λώνιο̣ς εἰς τὸν ἐμὸν λόγον ὧν ^{6}κ̣α̣ὶ̣ τ̣ὸ φ̣ό̣ρ̣ε̣τρον ἀπέσχες οἴνου ^{7}Πτολ̣ε̣μ̣(αικὰ) τέσ̣⟨σ⟩α̣ρ̣α̣ κεράμια δέκα ἓξ ^{8}/ γό(μοι) β κερά(μια) ιϛ. ∟κβ Τιβε(ρίου) Καίσαρο(ς) Σεβα̣(στοῦ) ^{9}Χοίαχ δωδεκάτηι.

243. 36 A.D. 7 lines, partly illegible; date ∟κβ Τ̣ι̣β̣ε̣ρ̣ί̣ο̣υ̣ Καίσαρο̣ς̣ Σ̣εβαστοῦ Παχ̣ὼ̣ν̣ . . .

244. Myos Hormos, 2nd November 36 A.D.

Ἰσιδώρα Μηνο̣δώρου Ἀπολλῶτι ^{2}Πανήου χ(αίρειν). Παρέλαβον παρὰ σ̣ο̣ῦ̣ ἐπὶ̣ ^{3}Μυὸς Ὅρμ(ου) εἰς τὸν Γαίου Νορβανο̣ῦ̣ ^{4}λόγον φαρμάκ(ου) μετ(ρητὰς) δύο / μετ(ρηταὶ) β. ^{5}Κρόνιος Ἑρμίου ἔ̣γ̣ρ̣α̣ψ̣α ὑπὲ̣ρ αὐ̣[τ]- ^{6}ῆς. ∟κγ Τιβερίου Καίσαρο̣ς̣ Σεβ̣α̣σ̣τ̣ο̣ῦ̣ ^{7}Ἀθὺρ ϛ̄.

2 The genitive of the name Πανῆς is spelt in these documents in several different ways.

245. Apollinis Hydreuma, *c.* 15–36 A.D.

Γάιος Ἰούλιος Λονγείνου στρατιώ(της) σπείρη(ς) ^{2}Νίγρου Καμε̣ρησιανῆς Φιλοστράτωι ^{3}Πανῆτος δ̣ι̣(ὰ) Κάστορος Ἐπωνύχου χ̣α̣(ίρειν). ^{4}Ἔ̣χ̣ω̣ π̣α̣ρ' ἐσοῦ ἐν Ἀπόλλω(νος) Ὑδρεύμ(ατι) πυρο̣[ῦ] ^{5}δημ̣ο̣σ̣ίου γόμον ἕνα / γ(όμος) ᾱ ⳨ ō ϛ ^{6}λ̣όγ̣ο̣υ̣ Μεσορὴι ἀπὸ γόμων τριά- ^{7}κοντα πέντε ἥμυσου τρίτου. ^{8}L. Τιβερίου Καίσαρος Σεβα̣σ̣τ̣οῦ ^{9}ἐπαγομένων β.

1 Read Λογγῖνος. The adj. Καμερησιανή = Camerensiana appears to be derived from a cognomen Camerensis, itself derived from the Italian place-name Camere; cf. Ovid. *Fasti* iii. 582. 4 Apollinis Hydreuma was the 8th station on the road from Coptos to Berenice. 7 Read ἥμισυ.

246. Berenice, *c.* 26 A.D.

Εὔανδρος Κορνηλίου Νικάνορι Παν̣[ῆτος χ(αίρειν).] ^{2}Ἔχω παρὰ σοῦ ἐπὶ Βερνίκης̣ [εἰς τὸν λό]- ^{3}γον Κορν̣ηλίου ἐπιμηνίω[ν . . . .] ^{4}κύθρας ἀνήθ̣ου δύο / κ(ύθραι) β. L[. . Τιβερίου] ^{5}Καίσαρος Σεβαστοῦ Παῦ[νι.

Cf. 227.

247. Berenice, *c.* 14–37 A.D.

Π̣ακοῖβις Ὥρου Νακανωνρος ^{2}Πανήο̣υ χ(αίρειν). Ἔκω παρὰ σοῦ ἐπὶ Βερ- ^{3}νίκης ἐς τ̣ὸν λόγον Αιω . . . . . . ^{4}Ἁρποχρατίων καὶ Χρητουχισου ^{5}Τιβερίου Καί̣σαρος Σεβαστοῦ οἴνου ^{6}Ὀ̣ν̣ι̣σ̣ίου κερά̣(μια) δ . ⁖ καὶ κολοφώ- ^{7}ν̣ι̣α̣ . . . . [. .] . ω . . ε̣ . ρ̣β καὶ π[^{8}] . . . . [

1 Read Νικάνορι. 2 Read Ἔχω. 4 A name Χρητουχισος is not otherwise known, though there is a name Χρῆτος. 6 Ὀνισία was the name of an island off the coast of Crete.

248. Myos Hormos, *c.* 26–27 A.D.

Παμ̣ῖ̣ν̣ι̣ς Πετεμίνε̣ως̣ ^{2}Ἀμφιῶμι Π̣ . ουρ̣ . . . . ^{3}Ἔ̣χωι παρὰ σοῦ ἐπ̣ὶ Μυὸς Ὅρμου̣ ^{4}[εἰς τὸ]ν̣ Π̣αμίνε̣ως τ̣οῦ Παρθενίο̣(υ) ^{5}[λόγον] π̣υ̣ρ̣οῦ ἀ̣ρ̣τ̣άβα̣ς̣ δ̣έκ̣α̣ δύο ^{6}[. . . . . .] . . . . Τ̣ιβ̣ερίο̣υ ^{7}[Καί-σαρος Σε]β̣α̣σ̣τ̣ο̣ῦ̣ . . . . .

Cf. 228–9.

249. *c.* 25 A.D.

[. . . . .]μης Ε . . . . . . ι Νι- ^{2}[κάνορι Παν]ῆς χ(αίρειν). Ἔχωι παρὰ σ̣ο̣ῦ διὰ ^{3}[. . . . .] . . . . Πα̣μίν(εως) Πα̣ρθενίο̣(υ) ^{4}[. . . . . . .] . . βιν . . εμι . . κα . . . ^{5}[τέσσαρ]ε̣ς κα̣ὶ̣ πυροῦ ἀρτάβας ἕνα̣. ^{6}[L . . . . .]ο̣υ Τ̣ιβερίου Καίσ̣α̣(ρος) Σ̣εβ̣α̣σ̣τ̣ο̣ῦ ^{7}Παχὼ(ν) η̄.

5 Read ἀρτάβην μίαν. 6 Perhaps δεκάτ]ου; cf. 228 &c.

250. Berenice, *c.* 29 A.D.

[. .] πε . . εψ̣ . . ισιο̣( ) π̣ρ . . . [. . . . .] ^{2}[. .] . . ας Πακοῖβις χαίρειν. [3]["Εχ]ωι παρὰ σοῦ ἐπὶ Βερενίκ[ης] [4][εἰ]ς τὸν λόγ(ον) Ψενπνοῦθις Φαμ[ίν]- [5][ε]ως Παρθενίου πυροῦ ἀρτάβα[ς] [6]δέκα ἓξ ἥμισους / — ιςL [7]καὶ κύθρας ἓξ . . . . χ . [. . . L . .] [8]Τιβερίου Καίσαρος Σεβα[στοῦ

4 Φαμῖνις = Παμῖνις; Ψενπνοῦθις probably same as in 233, and son of the Παμῖνις mentioned in 228 &c.

251. Berenice, *c.* 30–41 A. D.

'Επώνυχ(ος) Ἀχιλλέ(ως) Φιλο[στράτωι] [2]Πανῆτος χα(ίρειν). "Ε[χω παρὰ σοῦ ἐπὶ] [3]Βερενίκης εἰ[ς τὸν . . . . .] [4]λόγον πυροῦ [ἀρτάβας τέσσα]- [5]ρες / — [δ. L . . . . Καίσαρος] [6]Σεβαστοῦ . . [

5 Τιβερίου or Γαίου; 'Επώνυχος is attested elsewhere for the years 30 and 52 and Φιλόστρατος for the years 27 and 33.

252. 8th July 37 A. D.

'Ερμίας Μάρκου 'Ιουλίου 'Αλεξάνδ(ρου) [2]Νικάνορι Πανήους χα(ί-ρειν). "Εχω [3]παρὰ σοῦ ἰς τὸν 'Ιουλ(ίου) 'Αλεξάνδ(ρου) [4]λόγ(ον) διφθέρας . . . η . . δύο καὶ ἐν αὐτ(αῖς) [5]μαρει . . . χρ . . ας δύο / ⟨β⟩. La Γαίου [6]Καίσαρος Γερμανικοῦ 'Επεὶφ [7]ιδ.

253. Myos Hormos, 37–38 A. D.

Κρόνιος 'Ανδρείου Πετεαρπο[χ(ράτῃ)] [2]Νικάνωρος χ(αίρειν). "Εχωι παρὰ σοῦ ἐπὶ [3]Μυὸς "Ορμ(ου) εἰς τὸν λόγον Ψεν . . . . . . [4]'Ερμίου πυροῦ ἀρτάβας τρεῖς / — γ. Lβ [5]Γάιος Καίσαρος Σεβαστοῦ κα . . . .

5 Apparently not Καισαρείου.

254. Berenice, 38 A. D.

Ἀντώνιος Βαρεο( ) Νι[κάνορι Πανῆ]- [2]τος χα(ίρειν). Ἀπέχωι π[αρὰ σοῦ ἐπὶ Βερε]- [3]νείκης ὅν σοι ἐπέθη[κα . . . . .] [4]. . ντ . . ἱματίων . . [. . . . .] [5]δύο καὶ . . . . [. . . . . L] [6]γ Γαίου Καίσαρος Σεβα[στοῦ] [7]μηνὸς Νέου Σεβαστο[ῦ

4 Not Κόπτου. 6 It is uncertain whether Γερμανικοῦ was inserted.

255. Berenice, 38–39 A. D.

Παμῖνις Π . . . . Νι- [2]κάνωρ Πανήους . . . . . [3]παρὰ σοῦ ἐπὶ Βερενείκης . . . . . . [4]Πανίσκου τοῦ Π . . . . [5]πυροῦ ἀρτάβας δ . . . . οη . . . . . . [6]κ . . . . [7]. . . . . Lγ Γαίου Καίσαρος [8]Σεβαστοῦ Γερμανικοῦ [9][. .] . . . .

256. Myos Hormos, 19th May 40 A. D.

Κρόνιος Ἑρμίου Νικάνορι ²Πανήτου χ(αίρειν). Παρέλαβον παρὰ ³σοῦ ἐπὶ Μυὸς Ὅρμ(ου) εἰς τὸν Πανίσκ(ου) ⁴τοῦ Παμί(νιος) λόγον πυροῦ ἀρτάβας ⁵τρεῖς / — γ. L δ Γαίου Καίσαρος ⁶Σεβαστοῦ Αὐτοκράτορος Παχὼν ⁷κδ.

257. Myos Hormos, *c.* 37–41 A. D.

[Ἰσιδώ]ρα Μηνοδώρου Πετεαρποχράτῃ Νεικά(νορος) ²[. . . .] . . . . χα(ίρειν). Ἔχωι παρὰ (σοῦ) ἐπὶ Μυὸς Ὅρμου ³[εἰς] τὸν Γαίου Νορβανοῦ . . ο . . . . ⁴[. .] . . ου γό(μους) ἓξ ἀρτάβαι τριάκοντα . . . . . ⁵[φαρ]μάκου μετρητὰς ὀκτὼ γό(μους) τέσ- ⁶[σαρας κ]αὶ ψιάθους θρυίνας ὀκτὼ / η. ⁷[. . . . .] . . . δώρου ἔγραψα ὑπὲρ αὐ- ⁸[τῆς διὰ τὸ] μὴ εἰδέναι αὐτὴν γράμ(ματα). ⁹[L . Γαίου Καίσ]αρος Σεβαστοῦ Γερμανικοῦ ¹⁰[

Cf. 244.

258. Berenice, *c.* 37–41 A. D.

Ἀπολλώνιος Φανίου μειροστης ²φμ . . . . . θεοῦ καὶ Ἡλίου Γαίου Καίσαρος ³Σεβαστοῦ Γερμανικοῦ [Νι]κάνορι Πανῆτος διὰ ⁴Ἐπώνυχου . . . αρ . μ . . . . . Πακοίβεως χα(ίρειν). Ἔχω [παρὰ] ⁵σοῦ ἐπὶ Βερενίκης φορὰς . . . . . . κ . ( ) πη . . . ⁶] . . . .

2 It is not clear whether the Emperor is here described as θεὸς καὶ Ἥλιος (cf. U. P. Z. 15, S. I. G. 798) or whether Ἥλιος is the name of a person; there was a freedman of Nero so named. 4 Read Ἐπωνύχου.

259. *c.* 37–40 A. D.

. . . δος Αὔλου Κοσσιτίου ²Ἀκτιακοῦ Πεταρποχράτης ³Νικάνορο(ς) χαίρειν. Ἔχωι παρὰ σο(ῦ) ⁴ἃς ἐπέθηκά σοι χερεις . . . . ⁵. . εσποθου . α . . . . . ρ . . . ⁶. . . . . χ . . ⁷. . . . . ⁸. . . . . κω . . . . . . κερ(άμια) δ. ⁹L . Γαίο(υ) Καίσαρο(ς) Σεβασ(τοῦ) Γερμανικ(οῦ) ¹⁰μη(νὸς) Σεβαστοῦ . .

260. Myos Hormos, 25th May 41 A. D.

Μαρ . . . . . Ἡρακλῆς καὶ Νόκι- ²μος Μιρῆσι Νικάνορος χαίριν. Πα- ³ρέλαβον παρὰ σοῦ ἐπὶ Μυὸς Ὅρμ- ⁴ου εἰς τὸν Μάρκου Μαιουκο . . . . ⁵λόγον πυροῦ ἀρτάβας δέκα. L α ⁶Τιβερίου Κελαυδίου Καίσαρος Αὐ- ⁷τοκεράτορος Γερμανικοῦ ⁸Φαχὼν λ̄.

Clumsy uncial, evidently the hand of an uneducated person, whence also the misspellings. The name Νόκιμος is otherwise unknown. It is uncertain whether Μαιουκο . . . . is one name or two.

261. Myos Hormos, 41 A. D.

Ἀντίοχος Σατορνίλου Νικά- [2]*νωρι Πανήους χ(αίρειν). Ἔλαβον* [3]*παρὰ σοῦ ἐπὶ Μυὸς Ὅρμου εἰς τὸν* [4]*Λουκίου Ἰουλίου Φ . . . . λόγον* [5]*οἴνου κοκο . . . . . . τέσσαρα* [6]*/ δ. Lβ Τιβερίου Κλαυδίου Καίσαρος* [7]*Σεβαστοῦ Γερμανικοῦ Αὐτοκράτορος* [8]*μη(νὸς) Σωτῆρος Φαῶφι ⁚ .*

5 Apparently not κολοφώνια. 8 Σωτήρ was one of the honorific names of months introduced by Gaius, who appears to have given the Egyptians new names for all the months in their year except the two which had new names already; most of them were abolished shortly after the accession of Claudius, but Γερμανίκειος and Καισάρειος retained. From the equation of Σωτήρ with Phaophi it follows that W. Chrest. 59 refers to the arrival of Pollio at Alexandria on his appointment as successor to Flaccus, not to his return from his visit to the Thebaid. Σωτήρ is quite distinct from the later Σωτήριος. Σωτήριος under Nero may perhaps have been Pharmuthi, corresponding to the Roman Neroneus = April. Under Domitian Payni was called Σωτήριος; perhaps the name had been introduced in honour of Titus, whose accession took place in that month.

262. Myos Hormos, 6th November 41 A. D.

Κρόνιος Ἑρμίου Νικάνορι Πανήου[ς] [2]*χ(αίρειν). Παρέλαβον παρὰ σοῦ ἐπὶ Μυὸς Ὅρμ(ου)* [3]*εἰς τὸν Επ . . . α . . . κοσ . . π . πλα .* [4]*λόγον πυροῦ ἀρτάβας ὀκτὼι / —ο η* [5]*. . . . . η σαγγαθου* [6]*μνᾶς . . . . καὶ ἄνθη* [7]*. μ . η . . . . μναῖ πέντε ζα.* [8]*καὶ ψιάθους . . . . . / ψίαθ(οι) η.* [9]*Lβ Τιβερίου Κλαυδίου Καίσαρος Σεβαστοῦ* [10]*Γερμανικοῦ Αὐτοκράτορος μηνὸς* [11]*Ἀθὺρ ῑ.* [12]*καὶ ἐξ ἅπασιν μάνγανων* [13]*μέγα ἓν / α.*

5 The word σαγγαθου seems to be new. 12 Read μάγγανον: as this word has several meanings it is not clear what is meant here.

263. 41–42 A. D. Partly illegible. [4]*παρὰ σοῦ ἐπὶ* [6]*ἀρτάβας . . ἑπτὰ / —ο . . .* [7]*Lβ Τιβερίου Κλαυδίου Καίσαρος* [8]*Σεβαστοῦ Γερμανικοῦ* [9]*Αὐτοκράτορος . . . . .*

264. Berenice, 3rd September 42 A. D.

Ἀπολλώνιος ὁ καὶ Κρόνιος [2]*Ἑρμίου Νικάνορι Πανέως χα(ίρειν).* [3]*Ἔχω παρὰ σοῦ ἐν Βερενίκ(ῃ) ἅς σοι* [4]*ἐπέθηκα πορφ(ύρας) πήρας ὀκτὼ* [5]*/ π(ῆραι) η. Lγ Τιβερίου Κλαυδίο(υ) Καίσαρος* [6]*Σεβα(στοῦ) Γερμανικοῦ Αὐτοκράτορος* [7]*μη(νὸς) Σεβαστοῦ ϛ.*

1 It is doubtful whether Ἀπολλώνιος ὁ καὶ Κρόνιος is identical with the Κρόνιος of nos. 244, 256, 262. 5 γ corrected from β.

265. 26th December 42 A. D.

] . ς Ἀρτεμιδώρου . [[2]*] δημοσίων θησαυ[ρῶν* [3]*]σι Παμίνεως* [4]*] . κλου*

χα(ίρειν). Ἔχω παρὰ σοῦ [5]] . φορ(ὰς) Χοίαχ ῑ ἐπὶ [6]]ιου Κλαυδίου κ . . . . [7]] . . . . δύο . . ρ . . . . . [8]] . . ἀχύρου γόμον ἕνα [9]/ α. Lγ Τιβερίου Κλαυδίου [10]Καίσαρος Σεβαστοῦ Γερμανικοῦ [11]Αὐτοκράτορος Χοίαχ κθ̄.

266. Myos Hormos, 9th June 43 A. D.

Ἀντίοχος Σατορνείνου διὰ Μ . . . ου [2]τοῦ Σατορνείνου Πετεαρποχ(ράτῃ) [3]Νικάνωρος χ(αίρειν). Παρέλαβ(ον) παρὰ σοῦ [4]ἐπὶ Μυὸς Ὅρμ(ου) εἰς τὸν Μάρκου [5]Ἰουλίου Ἀλεξάνδ(ρου) λόγον πυροῦ [6]ἀρτάβ(ας) δέκα δύο / —̥ ιβ. Lγ Τιβερίου [7]Κλαυδίου Καίσαρος Σεβαστοῦ Γερμανικοῦ [8]Αὐτοκράτορος Παῦνι ιε̄.

267. Berenice, 14th July 43 A. D.

. . . ους Μάρκου Ἰουλίου Ἀλεξάνδρου Νικάνο- [2]ρι Πανῆτος χαίρειν. Ἔχω παρὰ σοῦ ἐπὶ Βε- [3]ρενείκης εἰς τὸν Μάρκου Ἰουλίου Ἀλε- [4]ξάνδρου τοῦ ἐμοῦ κυρίου λόγον ψα . . . γας [5]φιλυρίνας ἑπτὰ. Lγ Τιβερίου Κλαυδίου [6]Καίσαρος Σεβαστοῦ Γερμανικοῦ Αὐτοκρά- [7]τορος Ἐπεὶφ κ̄. Κο . . . ς Μάρκου Ἰουλίου Ἀλεξάνδρου [8]ἔχω . . . . . κ . . . . .

It is doubtful whether the name in l. 7 is the same as in l. 1.

268. Berenice, 44 A. D.

Κρόνιος Ἀσιννίου Νικά- [2]νορι Πανῆτος χαίριν. Αἴχω [3]παρὰ σοῦ αἰπὶ Βερνίκῃ [4]εἰς τὸν λόγον Μάκρου οἴνου [5]Πτολεμαεικὰ κερά(μια) τρία [6]/ κερά(μια) γ̄. Lδ̄ Τιβερίου Κλαυδίου [7]Καίσαρος Σεβαστοῦ Γερμανικοῦ [8]Αὐτοκράτορος Φαμεν(ὼθ) [9]—̣ .

2 Read Ἔχω. 3 Read ἐπὶ Βερενίκης. Likewise in 270.

269. Myos Hormos, 1st April 44 A. D.

Κατοίτης Μ . κειως Νικάνορι [2]Πανεύους χ(αίρειν). Ἔχωι παρὰ σοῦ ἐπὶ [3]Μυὸς Ὅρμου εἰς τὸν Ποριεύθου τοῦ [4]Κάστωρος λόγ(ον) πυροῦ ἀρτάβας δέ- [5]κα πέντε γ(ίνονται) —̥ ιε. Lδ Τιβερίου Κλαυδίου [6]Καίσαρος Σεβαστοῦ Γερμανικοῦ Αὐτοκρ[άτορος] [7]Φαρμοῦθι ϛ̄.

270. Berenice, 20th June 44 A. D.

Κρόνιος Ἀσιννίου Νικάνωρι [2]Πανῆτος χαίρειν. Αἴχω παρὰ [3]σοῦ αἰπὶ Βερνίκῃ ἰς τὸν λόγον [4]Μάκρου οἴνου κεράμια δύο [5]/ κερά(μια) β. Lδ̄ Τιβερίου Κλαυδίου [6]Καίσαρος Σεβαστοῦ Γερμανικοῦ [7]Αὐτοκράτορος [8]Παοῖνι κϛ̄.

271. Myos Hormos, 43–44 A. D.

Ἀντίοχος Σατορνίλου διὰ Ποπλίου Μαμι- [2]λίου Ἀνδρομάχου Νικάνωρι Πανεύους [3]χ(αίρειν). Παρέλαβα ἐπὶ Μυὸς Ὅρμωι εἰς τὸν Μάρκου [4]Ἰουλίου Ἀλεξάνδρου λόγον πυροῦ ἀρτά- [5]βας ὀκτῶι ἥμισυ — *ηL. Lδ Τιβερίου [6]Κλαυδίου Καίσαρος Σεβαστοῦ Γερμανικοῦ [7]Αὐτοκράτορος . . . .*

3 Read Ὅρμου; there is here a confusion between the two constructions ἐπὶ Μυὸς Ὅρμου and ἐν Μυὸς Ὅρμῳ.

272. 43–44 A. D. 6 lines, partly illegible; date *Lδ Τιβερίου Κλαυδίου Καίσαρος Σεβαστοῦ Γερμανικοῦ Αὐτοκράτορος*.

273. 5th December 46 A. D.

Κουίν[τ]ος Νεμώνιος Ἡρακλᾶς [2]στρατιώτης . . . . λ . ης τῆς ἵππεας . [3]. υ . . . . . ου . . . . . λεω . . Νικάνο- [4]ρι Πανῆτος . . . . παρὰ σοῦ [5]ι . . . . ν . . . . [6]/ κεραμ . . . . [7]Lζ Τιβερίου Κλαυδίου Καίσαρος Σε- [8]βαστοῦ Γερμανικοῦ Αὐ[τ]οκράτορος [9]Χοίαχ θ̄.

274. 47–48 A. D. 8 lines, incomplete and partly illegible. [2]] . *Νικάνορος . . . [* [7]] *Lη Τιβερίου Κλαυδίου [* [8]] *Αὐτοκράτορος Φ[*

275. Myos Hormos, 8th May 48 A. D.

Κολυμβᾶς Τιβερίου Κλαυδίου Κάστο(ρος) [2]καὶ Ἀλέξανδερ Κλαυδίου Δημητρίου [3]Πεταρποχράτῃ Νικάνορος χ(αίρειν). Παρε- [4]λάβομεν παρὰ σοῦ ἐπὶ Μυὸς Ὅρμ(ου) εἰς [5]τὸν δύο Τιβερίων Κλαυδίων Ἀγα-θ(οκλέους) [6][καὶ] Θεοδώρου λόγον ἃ ἐπέθηκέ σοι Α . . [7][. . . . .] Πανίσκου φαρμάκου μετρη(τὰς) [8][. . . . . .] Ἔτους ὀγδδου Τιβερίου [9][Κλαυδίου Καίσαρο]ς Σεβαστοῦ Γερμανικοῦ [10][Αὐτοκράτορο]ς Παχὼ(ν) τρισκαιδεκάτηι [11][. . . . .] . . . .

1 The name Κολυμβᾶς is otherwise unknown; for α perhaps ο. 2 The spelling of the name Alexander suggests that this receipt was written by a person whose native language was Latin. 5 Ἀγαθ(οκλέους) restored from 276. 8 Read ὀγδόου.

276. Myos Hormos, 10th March 50 A. D.

Ἑρμῆς καὶ Δίδυμος Νικάνορι Πανήους . . ρα . . . . [2]Παρειλήφαμεν παρὰ σοῦ ἐπὶ Μυὸς Ὅρμου ἃ ἐπέθηκά σοι εἰς . . [3]. . αρα . . . . . Τιβερίων Κλαυδίων Ἀγαθοκλέους καὶ Θεοδώρου ἰς [4]τὸν τῶν κυρίων ἡμῶν λόγον πυροῦ ἀρτάβας τρεῖς καὶ οἴνου [5]. . . . . ει . κ . . . . πωμ .

δύο. Ἔτους δεκάτου Τιβερίου Κλαυδίου [6]Καίσαρος Σεβαστοῦ Γερμανικοῦ Αὐτοκράτορος Φαμενὼθ τέσσαρες καὶ [7]δεκάτῃ ιδ. Δίδυμος Τιβερίου Κλαυδίου Θεοδώρο(υ) [8]σεσημίωμαι ὡς πρό(κειται). L ι Τιβερίου Κλαυδίο(υ) Καίσαρο(ς) Σεβα(στοῦ) [9]Γερμ(ανικοῦ) Αὐτοκ(ράτορος) Φαμεν(ὼθ) ιδ. Ἑρμῆς Τιβερίου Κλαυδίου [10]Ἀγαθοκλέους σεσημίωμαι ὡς πρό(κειται). L ι Τιβερίου Κλαυδίου [11]Καίσαρος Σεβαστοῦ Γερμανικοῦ Αὐτοκράτορος [12]Φαμενὼθ ιδ.

1 Apparently not χαίρειν. It is uncertain whether anything is lost at the ends of lines 1 and 2.

277. Myos Hormos, 29th April 50 A. D.

Πανορσῆς Πετεμίνεως [2]Νικάνορι Πανήους χ(αίρειν). Παρέ[3]λαβον παρὰ σοῦ ἐπὶ Μυὸς Ὅρμου [4]εἰς τὸν Μω . τιος τοῦ Πετεασμή(φιος) [5]λόγον πυροῦ ἀρτάβας τρῖς [6]/ — γ. L ι Τιβερίου Κλαυδίου [7]Καίσαρος Σεβαστοῦ Γερμανικοῦ [8]Αὐτοκράτορο(ς) Παχὼ(ν) δ.

1 Πανορσῆς perhaps = Παόρσις.

278. Myos Hormos, 49–50 A. D.

Αρ . μ . . ς Μ . . . μου Νικάν- [2]ωρι Πανήους χ(αίρειν). Ἔχωι [3]παρὰ σοῦ ἐπὶ Μυὸς Ὅρμου [4]εἰς του κ . . τ . . . . [5]. . . . . λόγον [6]πυροῦ ἀρτάβας δέκα [7]δύο / ⳨ — ιβ. L δεκάτου [8]Τιβερίου Κλαυδίου Καί- [9]σαρος Σεβαστοῦ Γερμα- [10]νικοῦ Αὐτοκράτορος [11]. . . . .

4 Apparently not εἰς τὸν.

279. Myos Hormos, 16th September 52 A. D.

Σατορνῖλος τεσσαράρις κυβέρ- [2]νου Ἐπωνύχῳ Ἀχιλλέως χαίριν. [3]Ἀπέχω παρὰ σοῦ ἐπὶ Μῦς Ὅρμου [4]πυροῦ ἀρτάβας τρῖς / γ. L ιγ Τιβερί- [5]ου Κλαυδίου Καίσαρος Σεβαστοῦ Γερμα- [6]νικοῦ Αὐτοκράτορος Θὼθ ιθ.

1 τεσσαράρις = *tesserarius*. A word κύβερνος = κυβερνήτης is quoted from Gregory Nazianzen.

280. Berenice, 13th September 53 A. D.

Δυμᾶς Θύτου Καίσαρος Πετεαρποχράτῃ [2]Νεικάνορος διὰ Κάστορος Ἐπωνύχου χα(ίρειν). Ἔχω [3]παρὰ σοῦ ἐπὶ Βερνείκης ἰς θησαυρὸν δημόσιον [4]φορὰς τοῦ Μεσορὴ κρειθῆς ἀρτάβας ἓξ / — ς, [5]λοιπὰς προσοφείλεις . . . . . . δ . . . ς αποχεν . . [6]ἀρτάβας δύο. L ιδ Τιβερίου Κλαυδίου Καίσαρος [7]Σεβαστοῦ Γερμανικοῦ Αὐτοκράτ(ορος) Σεβαστοῦ ις. [8](H. 2) Δυμᾶς σεσημίωμαι. [9](H. 3) Μάρκος Λόλλιος Κλήμης σεσημίωμαι.

Cf. 285. 7 ις below the line.

281. Berenice, 29th December 53 A. D.

Σαβῖνος . . . . ρ . . ²πα . . . . "Εχω παρὰ ³σοῦ ἐπὶ Βερνίκης . . . . ⁴. μ . . κ . . . . ς ἅς σοι ἐπέθηκα ⁵ἐπὶ Κόπτου. L ιδ Τιβερίου Κλαυδίου ⁶Καίσαρος Σεβαστοῦ Γερμανικοῦ ⁷Αὐτοκράτορος Τῦφι γ̄.

282. Myos Hormos, *c.* 43 A. D.

Ἀντίοχος Σατορνείν[ου διὰ . . . . . .] ²τοῦ Σατορνείνου Νι[κάνορι Πανήους χ(αίρειν).] ³Παρέλαβον παρ[ὰ σοῦ ἐπὶ Μυὸς "Ορμου] ⁴εἰς τὸν Μάρκ(ου) [Ἰουλ(ίου) Ἀλεξάνδρου λόγον] ⁵σχοινίων [. . . . .] ⁶αρχας [. . . . . L . Τιβερίου] ⁷Κλαυδ[ίου Καίσαρος Σεβαστοῦ Γερμανικοῦ] ⁸Αὐτ[οκράτορος

Cf. 266.

283. Myos Hormos, *c.* 41–50 A. D.

] . . . ρ . μ . . . Νικάνορι Πανήους ²[χ(αίρειν). . .] . . . παρὰ σοῦ ἐπὶ Μῦς "Ορμου ἰς τὸν ³] . . ε . λόγο(ν) ὄξους μ . κ . . τέσσαρα ⁴] . φαρμάκου μετρητὰς δύο / φαρ(μάκου) με(τρηταὶ) β καὶ ⁵] . . ραφ . . . . . καὶ στύπου . . χ( ) . . . . . ⁶] . . ις . . . . καὶ οἴνου Πτολ(εμαικὰ) [⁷] . . . πυροῦ ἀρτάβας ἓξ / —ο ς̄ L [. Τιβερίου] ⁸Κλαυδίου Καίσαρος Σεβαστοῦ Γ[ερμανικοῦ] ⁹Αὐτοκράτ[ορος

Probably not later than the 10th year of Claudius, as Νικάνωρ is not mentioned elsewhere after that date.

284. *c.* 44 A. D.

] . . . Νικάνορι . [²]παρέλαβον παρὰ σοῦ ³] . . τον Ποριεύθου . . . ⁴] . . . . . καὶ . . . . . . ⁵Τιβερίου Κλα]υδίου Καίσαρος Σεβαστοῦ ⁶[Γερμανικοῦ Αὐ]τοκράτορος Φαρμοῦθι .

3 Ποριεύθης probably same as in 269.

285. Berenice, *c.* 53 A. D.

Δυμᾶς Θύτου Καίσαρος Πετεαρ[πο]- ²χράτῃ Νεικάνορος διὰ Κάστορος Ἐ[πωνύ]- ³χου χ(αίρειν). "Εχω παρὰ σοῦ ἰς τὸν ἐπὶ Βερνείκ[ης δημ(όσιον)] ⁴θησαυρὸν φορὰς τοῦ Φαρμοῦθι κριθῆ[ς —ο μίαν] ⁵/ —ο α καὶ ἀχύρου γόμον ἕνα / γό(μος) [α. L . . Τιβερίου] ⁶Κλαυδίου Καίσαρος Σεβαστοῦ Γερμ[ανικοῦ Αὐτοκ(ράτορος)] ⁷Παχὼν η̄. (H. 2) Δυμ[ᾶς σεσημίωμαι.] ⁸(H. 3) Γάιος Ἑρέννιος ρ′ σ[εσημίωμαι.]

Cf. 280. 5 Νέρωνος also possible. 8 ρ′ = ἑκατοντάρχης.

286. 63 A. D.

Τιβέριος Κλαύ[διος [2]. . *ερωι* . . . *ψ* . . [[3]*χα(ίρειν). Παρέλαβον* [[4]*ἰς τὸν Κλαυδ(ίου)* . [[5]*δ̄*. L*η ἐνάτου Ν[έρωνος* [6]. . . . . . *ἐπαγο-μέ[νων*

This should have been placed after 290.

287. Berenice, 4th January 57 A. D.

Κάστωρ Ἡρᾶς Θρακὸς Μιρῆσις Νικάνο(ρος) [2]*χα(ίρειν). Ἔχωι παρὰ σοῦ ἐπὶ Βερενείκ(ης) εἰς τὸν* [3]*Ἑρμερῶτος τοῦ* . . . *πιωνος λόγον οἴνο(υ)* [4]*Πτολ(εμαικὰ) κερά(μια) εἴκοσι δύο καὶ τῆς* . . . . . . [5]*δύο* / *κερά(μια) κδ̄*. L*γ Νέρωνος* [6]*τοῦ κυρίου Τῦβι θ̄* [7]] . *κδ*.

1 Read Ἡρᾶτος. 3 Possibly Λουπίωνος, but such a name is not otherwise known.

288. Myos Hormos, 17th June 61 A. D.

Γάιος Ἰούλιος Βακχύλος ῑ [2]*Ὥρου Πετεασμήφεως Μιρῆ-* [3]*σι Νεικάνορος χα(ίρειν). Παρέ-* [4]*λαβον παρὰ σοῦ ἐπὶ* [5]*Μυὸς Ὅρμου εἰς τὸν δη-* [6]*μόσιον θησαυρὸν κριθῆς* [7]*ἀρτάβην μίαν ἥμισυ* / —o *α* L. [8]L*ζ ἱεροῦ Νέρωνος Καί[σαρο]ς* [9]*τοῦ κυρίο(υ) Παῦνι κγ̄*.

1 The sign at the end of the line looks like that for δεκανός, though one might expect διά. 8 Cf. O. G. 667, and Ostr. Bodl. Inv. 2188 L*η* ἱεροῦ Νέρωνος Κλαυ[δίου Κ]αίσαρος Σεβαστο(ῦ) Γερμαν[ι]κο[ῦ Αὐτ]οκράτορος μη(νὸς) Σεβα(στοῦ) ς̄, 2711 ζL ἱεροῦ Νέρωνος τοῦ κυρίου Φαῶφι κζ̄.

289. 60–61 A. D.

Α . . . . . . [[2]*Ἀπέχωι παρὰ σοῦ ἐ[πὶ* [3]. . *μη* . . *τοῦ Παμί(νιος)* . . . . [[4]/ —o *θ*. L*ζ Νέρωνος τοῦ κυρίου* [[5]*καὶ οἴνου Λαδικ(ηνὰ) τέσσαρα* / . .

290. Myos Hormos, 22nd July 62 A. D.

Τιβέριος Κλαύδιος Ἐπαφρόδειτος καὶ Ἀμμώ- [2]*νιος Χαιρήμονος Μιρῆσι Νεικάνορος χ(αίρειν). Παρελάβομεν* [3]*παρὰ σοῦ ἐπὶ Μυὸς Ὅρμου ἄρτω(ν) γόμους* [4]*οἴνου Λαδικηνὰ* ἓξ / ς *καὶ οἴνου* [5]*κορα* . *πω-θ* . . *s δ̄ καὶ στίππου* . . *ζγ*. [6]L*η Νέρωνος τοῦ κυρίου Ἐπεὶφ κη̄*. [7](H. 2) *Ἀμμώνιος παρέλαβον*. [8](H. 3) *Κλαύδ(ιος) Ἑρμί(ας) ἀπέχ(ω) τὰ τοῦ ἀργυρίο(υ) ζ τρία καὶ δϛ* [9]*ἀργυρω(μάτων) φίσκον ἕνα* / *ἀργ(υρίου)* Λ̄ *γ δϛ ἀργ(υρωμάτων) φίσκ(ος) ᾱ*. [10]L*η Νέρωνος τοῦ κυρίου Ἐπεὶφ κη̄*. [11]*Ἀπέχωι καὶ δέρματ(α) αἴγεια ὀκτῶι καὶ βοικὸν ἕνα* [12]/ *ἀριθ(μῷ) θ̄ καὶ οὐδέν σοι ἐνκαλῶ* [13]*περὶ τοῦ γόμο(υ) τούτου*.

2 Μιρῆσι Νεικάνορος inserted above the line. The meaning of l. 5 is obscure, as is also that of δϛ in lines 8 and 9.

291. Myos Hormos, *c.* 61 A. D.

Γά̣ι̣ο̣ς̣ Ἰούλιος Β̣α̣κ̣χύλο̣ς̣ ι̅ ῞Ωρου [2]Πε̣τ̣εασμή̣φεως̣ Μ̣ι̣ρ̣ήσει [3]Ν̣ε̣ι̣κά-νορος χα(ίρειν). Π̣α̣ρ̣έ̣λ̣α̣β̣ο̣ν̣ [4]π̣α̣ρὰ σοῦ ἐπὶ Μυὸς ῞Ορμου εἰς [5]τὸν δημόσιον θησαυρὸ̣ν̣ [6]ἀ̣πὸ η . . ρ̣ . π . . . . . . δύο κριθῆ̣ς̣ [7]ἀρτάβας δύο ἥμισυ / — βL. [8]L . . . . . .

Below traces of other writing, perhaps not belonging to the text. Cf. 288.

292. Berenice, *c.* 41–62 A. D.

Ζῆθος Τράτου Καίσαρος Μιρῆ̣- [2]σι Νικάνορο̣ς . . . λα . . . . [3]χα(ίρειν). Ἔχωι παρὰ σοῦ εἰς τὸν ἐ̣πὶ [4]Βε̣ρ̣ν̣ίκης δημόσιον θησαυρὸ̣ν̣ [5]σ̣ὺ̣ν̣ κ̣αταγωγίῳ̣ . . . β̣ . . . . η̣ν̣ [6]. . τ . . . . . ιο /. L . . . . [7]Με . . . .

The Emperor's name is illegible, but the ostracon may be assigned to the reign of Claudius or Nero on the analogy of the others in which *Μιρῆσις* is mentioned.

293. Berenice, *c.* 54–68 A. D.

] Λ̣όνγος καὶ Σ . . [2]]α . . . ν̣ . ερεμ . . . . . [3]]ο̣ν̣ π̣α̣ρ̣ὰ̣ σ̣οῦ ἐπὶ Βερε̣νίκ(ης) [4]]β̣ε̣ν̣τ̣ις καὶ Μ̣ . . ος λόγον [5]ἀ]ρ̣τάβ̣α̣ς . . . . [6]Νέρ]ωνος Κ̣α̣ί̣σ̣α̣ρ̣ο̣ς̣ τ̣ο̣ῦ̣ κυρ̣ί̣ο̣υ̣ [7]. . . . . [8]ακ . . . . . [9]. . . . .

294. Berenice, 69 A. D.

Lines 1–3 illegible. [4]*. . . . . Β̣ε̣ρ̣ε̣νείκης [5]. . . . . λόγον πυροῦ [6]ἀ̣ρ̣τάβα̣ς̣ δ̣ύ̣ο̣ / β. Lα ῎Ωλου Οὐιτελλίου [7]τοῦ κυρ̣ί̣ο̣υ Μεσορὴ ⁻⁻ . ματι . [8]ἔχω . . χ . .*

From this ostracon it appears that the proclamation of Vespasian at Alexandria on 1st July = 7th Epeiph was unknown at Berenice in Mesore, which began on 25th July.

295. *c.* 6–50 A. D.

Ἐπιτυνχάνων Γαε̣ίω Κα . . ιο . . μυ . . ε̣ν̣τη . [2]ἔχο παρὰ Νικάνορος τοῦ Πανῆτος . . . [3]κ . . . τας ψευδοκόρα . . . υ̣ . υι̣ω̣ οἴνου κεράμ̣ι̣α̣ [4]πέντε ἐλαίου ε̣ἰμικάδια ἐλαίου δήο [5]σ̣ίτου κορδούνια ἑκατὸν ὀκδοίκοντα [6]μάρσιπποι ἄρτον τ̣έ̣σσαρα̣ς, ὃν δήο ἀπόκε- [7]νοί εἰσ̣ι ⟨εἰς⟩ τὸν ἕναν ἄρτοι τριάκο̣τα καὶ εἰς τὸν [8]ἄλλον ἄρτοι δέκα εικω . . ο ὄξξου κεράμια [9]δήο σαλου σ̣ι̣ν̣βραωμον καὶ Πτολεμαει- [10]κὸν κύθραυς ἑπτακο . . . .

The ostracon has no date; elsewhere *Νικάνωρ* is first mentioned in A. D. 6 and last in A. D. 50. For the name *Ἐπιτυγχάνων* cf. P. Oxy. 72. 1 Read *Γαίου*, 2 *ἔχω*, 4 *ἡμικάδια* and *δύο*; *ἐλαίου* wrongly repeated. 5 The word *κορδούνια* seems to be new. Read *ὀγδοήκοντα*, 6 *μαρσίππους ἄρτων* and *ὧν δύο*, 7 *ἕνα* and *τριάκοντα*, 8 *ὄξους*, 9 *δύο*. The meaning of the words *σαλου σινβραωμον* is unknown to me. 10 Read *κύθρας*.

296. *c.* 6–50 A. D.

Λούκιος Κλώδιος ²*Τρ . . . αρνως Νικάνωρι* ³*Πανῆς. Ἀπέχω τοὺς γόμους* ⁴*οὓς . . . . ωιμε σοι.*

297. Berenice, *c.* 41–50 A. D.

Σωκράτης Δωρίωνος Νικάνωρι Πανῆτος ²*χαίρειν. Ὁμολογῶι ἔχιν παρὰ σοῦ . . . . μ . .* ³*. . . . . κα δύο ἐν Βερενείκῃ εἰς τὸν* ⁴*Τιβερίου Κλαυδίου Σαραπίων . . . μ . . ου ἕνα* ⁵⁻⁷illegible.

If the name Ti. Claudius Sarapion is correctly read the date is not likely to be earlier than the reign of Claudius.

298. *c.* 6–50 A. D. Ends of 6 lines, partly illegible. ¹*Νικάνορι,* ³*πυροῦ.*

299. *c.* 6–50 A. D.

Σω . . . . . . [²*Πανήους χαίρε[ιν.* ³*ωσ . . . . [* ⁴*εἰς τὸν . . . . ιβ . . [* ⁵*τα τέσσαρες καὶ . [* ⁶*. . . . . [*

300. *c.* 34–62 A. D. 8 lines, partly illegible. ²*Νικάνωρος* ³*ϛ δ∠ιβ̄* ⁵*μη(νὸς) Σεβαστοῦ* ⁶*κθ̄.*

301. *c.* 34–53 A. D. 6 lines, partly illegible; ²*χ(αίρειν). Ἔχωι . . . ἐπί.*

Perhaps from Μυὸς Ὅρμος and addressed to Πετεαρποχράτης Νικάνορος.

302. *c.* 41–68 A. D.

Traces of about 10 lines, of which only the words Κλαυδίου Καίσαρος are legible; but from the character of the pottery the ostracon appears to belong to the same series as the preceding numbers.

303. *c.* 37–68 A. D. 6 lines, partly illegible. ²*] . . ιχος Τιβερί[ου* ³*] . . . . . ⏤ₒ ε πυρ[οῦ,* ⁴*]Καίσαρος Σεβαστοῦ Γερ-* ⁵*[μανικοῦ]*

304. First century A. D.

] . . . . ρα [²*]νανωνος [* ³*] . ς χ(αίρειν). Ἔχω . . [* ⁴*] . . . εν . . δ̄* ⁵*] . ρ.*

Nos. 220–304 were evidently found together at Coptos. There are four ostraca in the Bodleian which belong to this group, to which O. Brüss. 7 also belongs. For the use in these ostraca of ἐπί with genitive of the place-name cf. Archiv vii. 309.

305. Fragment of letter, second century A. D.

Broken off above.

. . . . . .] . . . . μοιδ [²*. . . .]φ αὐτῆς . . ισμ . [* ³*.] . . ἀλλὰ ἵνα*

μοι μαρτ[υρήσῃς] [4]περὶ τῆς προε⟨ι⟩ρημ[ένης [5]ταῦτά σοι γράφω . [[6]ἀδελφ . . [7]'Ερρῶσθαί σε εὔχομαι.

3 ἵνα ostr.

306. Fragment of a document of uncertain character; Roman period.

Broken off above.

[. . . . .] . . . . [[2]Κάτω (τό)π(ου) [. . . πή]χεις ιζ̄ χατ . [[3]Θέωνα — Διοσκουρίδης . [[4]ἀγρὸν αναθ( ) μη( ) καὶ ὃν μο[ι [5]γειτνιῶν ἠγόρασε χέρσον [[6]τῆς τοῦ ἀμπελῶνος ιε[[7]ἔχει τοῦ δωρυπρ . υξε . [[8]ἰδίαν χέρσον ἐπαντ⟨λ⟩ήτω[ν [9]κεκριμμέν(α) ὑπὸ Λυσι . [

Ostracon breaks off.

307. Fragment, perhaps of letter; Roman period; uncial; broken off above and below.

Recto] . [[2]] . . . ἐπισ[[3]]αι ὑπὲρ σοῦ [4]]νι καὶ τῶι . . [5]] ὅτι ὠφιλω . [[6]] ἀξίως ελιαν [7]]ε ὅτι ἰδοῦ δύο [8]] . νου [

Verso τι[[2]ὅτι [[3]χωρ [[4]ἀργι[

308. Order to accept payment; Roman period.

Φθομώνθη(ς) Καμῆ[τι [2]δέξαι παρὰ Που[[3]δραχμὰς τεσαρα[[4]πεμψ[. .] . [

Broken off below.

309. Order for delivery of corn; third or fourth century; ribbed pottery.

[. .] . . . θου καὶ Δημητρίου [2]Ἁρποκρατίων. Δὸς 'Ορσενού- [3]φιος σίτου ἀρτάβ(ας) ῑ καὶ λάβε [4]παρ' αὐτοῦ χειρόγ(ραφον). [5][. . . . . . .] σεσημίωμαι.

2 Read 'Αρποκρατίωνι and 'Ορσενοῦφι.

310. 212 (?) A. D.

Οὐάβ(εως). [2]Φθουμώνθης 'Επωνύχ(ου) [3]Πανοβχούνιο(ς) ἕνεκα [4]εἴδους μολίβου τοῦ κ[ϛ.

The handwriting seems to be of the third century; if so the 20th year can only be of Caracalla. The place-name Οὐᾶβις occurs in several ostraca in the Bodleian.

311. Hermonthis, third century.

Broken off on all sides.

] Παβούχιος ῑ πρω̣[ᵀ] . . [²]ας Τούρ̣βων ῑ πρωᵀ [³ὑπ]ηρ̣έτης ηνειϭ . . ϵ . [⁴] ἀπελύθ̣[η ⁵. [

ῑ πρωᵀ = δεκάπρωτος ; ἀπελύθη = he departed. This ostracon belongs together with Bodl. Inv. 2565–2620, which are fragments of memoranda written apparently by some person employed in the bureau of a strategus, probably at Hermonthis, in the latter half of the third century.

312. Third century. Fragment, 6 lines, probably belonging to the same group as the preceding. ²ὑπ]ηρέτης στρατηγός.

313. Description of boundaries, Roman period.

Βορᾶ ²ὁδὸς ἀ̣κομένη εἰς πο̣τ̣αμό̣ν̣. ³Λιβὸς Ταμαῦς. ⁴Νότου χ . . . . Ταπ . ⁵Ἀπηλ̣ι̣ώ̣της ποταμός.

1 Read Βορρᾶ, 2 ἀγομένη. 3 Ταμαῦς (fem.) is the name of the owner of the land on the west side.

314. Land measurements, Roman period.

Ε . . ῑ γ^) νεωφυτ( ) ὑπ( ) π . . ν̣ [

$\overline{\eta\lambda\beta}$ $\frac{\text{d } \overline{\lambda\beta\xi\delta}}{\text{d } \lambda\beta}$ ο / . .^) $\overline{\lambda\beta\xi\delta}$ [

/ . .^) ℎ $\overline{\eta\iota\varsigma\xi\delta}$

ἐχο(μένη) π̣ρ̣ὸς ἀπηλ(ιώτην) $\overline{\lambda\beta\xi\delta}$ $\frac{\overline{\eta\iota\varsigma}}{o}$ ο / . [

/ ἐπ̣(ὶ τὸ) α(ὐτὸ) . .^) ℎ d $\overline{\lambda\beta\xi\delta}$ [

. [. .] . . ὁ̣μοίως d ξ′δ′ $\frac{\text{d } \lambda[\beta}{o\,[}$

Broken off below. 2 The lengths of the four sides being given as $\frac{5}{32}$, $\frac{19}{64}$, $\frac{9}{32}$, and $\frac{5}{32}$, the area is calculated to be $\frac{3}{64}$; the correct result, if the longer sides were parallel, would be nearly $\frac{185}{4096}$.

315 = S. B. 1946.

316. List of names, early Roman.

Κ̣ . . . . . ²Εν . ιδιων̣ ³Ἀμύντα(ς) ⁴Λέπιδος ⁵Λολοῦς ⁶Θίασος ⁷Β̣ίβιος ⁸Κόνδυ(λος) ⁹Σενμῖνι̣[ς ¹⁰Βάκιο̣ς [¹¹Πασ . [¹²Β̣ . [

Broken off below. To the right traces of writing, perhaps not belonging to the text. 6 Θίασος, so far as I know, does not occur elsewhere as a name. 10 Βάκιος perhaps = Βάκειος (cf. *Namenbuch*).

317. Decania-list, *c.* 118–151 A. D.

$\overline{\kappa\eta}$. ²'Επώνυχο(ς) Πετεμ̣ε̣ν̣ώφιο(ς). ³Πετεμενῶ̣(φις) Ψενμώ̣νθ(ου). ⁴'Επώνυχο(ς) ὁ̣μ̣(οίως) "Ωρου. ⁵Ψ̣ενενοῦφις Θεωδώρ̣ο(υ).

Broken off below. 2 The father's name corrected and therefore uncertain. 5 Ψενενοῦφις Θεοδώρου was a brother of the Ψεναμοῦνις Θεοδώρου mentioned in Ashm. 41, W. O. 562 &c.

318. Decania-list, *c.* 132–152 A. D.

. . . .] . Μιύσιος. [2]. . . . .] τ̣ο( ) Παμώ(ν)θ(ου). [3]. . . . .] Ἡ̣ρακλᾶτος. [4]. . . . . . .] . Ψενμι̣(νιος). [5]. . . . . . .]ς̣ Παουφθε̣ιοῦτος. [6]Παουκ]α̣λῆς Παχν̣ούμ(ιος) Παου̣φθειο̣(ῦτος). [7]Πα]μῆς Π̣ελαίου Π̣ι̣κῶτος. [8]Π̣ετ̣ε̣χ̣ῶ(νοις) Μεσουήριο(ς) τοῦ κ(αὶ) Πετ̣ε̣χώ(νσιος) Ψεν̣μώ(νθου). [9]Πετεμενῶ̣(φις) Φθουμώ(ν)θ(ου) Παμ̣ώ(ν)θ(ου). [10]Παναμέως Ὥρου Παμώ(ν)θ(ου). [11]/ ι.

6 Cf. 103. 10 Read Παναμεῦς.

319. List of names, second century.

. . [[2]Παναμ(εῦς) [[3]Παναμ(εῦς) ὁμ(οίως) Πετεμ[[4]Φατρῆς Καμήτ̣[ιος [5]Ἀ̣ρσι̣ῆσι̣ς Ε̣π[[6]Πασῆ(μις) Μυθ̣[[7]Ἐπώνυχ̣ο̣(ς) [

Broken off above; uncertain whether anything lost below.

320. List of names, second or third century.

Γυ [2]Βῆσις Ἐκῦσις. [3]Πουῶνσις Ψεντουάνσ(ιος). [4]Πανκολλ̣ο̣ύθης . . . ω . . . [5]Ἡρακλῆς Σαραπίωνο(ς). [6]Σανσνῶς Ἀτρῆτος. [7]Βῆσις ἀπάτωρ μητ(ρὸς) Θ . . [8]Ὀνῆς Τ . . . . . . [9]Π̣ουῶνσις Ψαίτ̣ο̣ς. [10]. . . . .] . . . υλις Λαλᾶς.

The text is complete at the top; uncertain whether anything lost below. The name Πανκολλούθης is new, but perhaps = Πανκολλαύθης. The names Πουῶνσις and Ψεντουάνσις seem to suggest that the ostracon is not from Thebes.

321. Fragment, perhaps of a decania-list, second century.

] . ψε̣ο( ) [2]] . . ( ) Πασή(μιος) Πασή(μιος). [3]] νεω(τέρου) Πασήμε̣ως. [4]] . Πικῶς Ψενοσ̣(ίριος). [5]] . ιο( ) Πατσέβ(θιος) νεω(τέρου) Πατήο(υς). [6]] Παήριος. [7]] . . . ο( ) Πατσέβθ̣ιος. [8]] Πανκα̣μ̣ήτ̣ιος. [9]] . . ως Πασή(μιος) Πασή(μιος). [10]] . ο( ) [Π]αμ̣ώ[ν]θο(υ).

Broken off above and below. Probably from Hermonthis or Memnonia.

322. Fragment of list, Roman period.

Π]μενχῆς. [2]] Παμώνθ(ου). [3]Π]ε̣βῶς. [4]] ὃς κ(αὶ) Καλ(ῆς) Πικῶ̣ς. [5]]ς Πετοσο̣ρφί(βιος). [6]] Πετεαρπ(ρήους). [7]] . ις Ἑριεῦς. [8]] Ἑριεῦς. [9]]ων. [10]Πετεα]ρ̣ουή(ριος).

Broken off below. The names at the ends of the lines are probably the fathers' names; if so they should have been in the genitive.

323. List or account, Roman period.

χ . [[2]χ Σ̣α̣τωρ̣[[3]χ Σενκαμη̣̂τ̣ι̣[ς [4]χ Ταπεῆις Σ . [[5]χ Σενβοῦχις νεω̣(τέρα) Π̣[[6]χ Ἐσουῆρις Παμώ̣ν[θου [7]Σενπαμώνθ(ης) . . [[8]L γ Θ̣ὼ̣θ̣ . [[9]χ Τραίου Φθο̣μώνθ̣[ου [10]χ Τυνεῦ Παμώνθου Α[[11]Π̣α . . . . τ̣φ( ) . . . ( ) ὁ καὶ Πετ̣εμε[νῶφις [12]ιε[[13].] . θ( ) παρ' Ἀσκλ̣ᾶς Φ̣θ̣ο-(μώνθου) β [14]. . .] . ι̣σ̣ . . ( ) α [15]. . . . . .]α [16]. . . . . . .] . υ . . .

Broken off above; uncertain whether anything lost below. 2 Perhaps Σατ⟨ο⟩ρ[νίλη, as the names in the following lines are feminine. 5 νεω(τέρα) inserted above the line. 9 τραῖου ostr. At lines 7, 9, and 13 either change of hand or different ink.

324. Account, Roman period.

ϛ̄ Πεμαῦς ⟨Σ⟩ενβούχι[ο(ς) . . . [2]ϛ̄ Πλῆνις Ἐπώνιχος ὄν(ον) α. [3]Πρεμκτᾶμι̣ς υἱὸ(ς) ὄ̣ν(ον) α. [4]Πο̣ῶρις Χαρι . ὄν(ον) α. [5]Προμτότης Πα̣μ(ών)θ(ου) ἄνδ(ρα) α̣. [6]ζ̄ Πλῆνις Φθο̣μ̣(ών)θ(ου) ὄν(ον) α. [7]ζ̄ Ψ̣ά̣ι̣ς̣ Γα̣ί̣ο̣υ ὄ̣ν(ον) α. [8]Καβῖρις νε(ώτερος) υἱ(ὸς) ὄν(ον) α. Πλῆνις. [9]ζ̄ Πεβῶς Φθο̣(μών)θ(ου) ἄνδ(ρα) α.

Probably from the west bank (Hermonthis or Memnonia). It is uncertain whether anything is lost at the top; nothing lost below. ϛ̄ and ζ̄ presumably days of the month. 2 Read Ἐπωνύχου. 3 The name Πρεμκτᾶμις is new. 5 Προμτόπης = Πρεμτώτης. 7 The reading of this line is doubtful, the letters being incompletely preserved; the ostracon is broken into three fragments, which meet together here. 8 Πλῆνις perhaps in a different hand from the rest.

325. Account, second century.

Broken off above.

] . . ω[[2]]ου ἀμα̣ξ( ) [[3]Αἰλο]υ̣ρίωνος ἀμα[ξ( ) [4]Ἐ]πωνύχου ἀμ[αξ( ) [5]] Αἰλουρίωνος ἀμα̣[ξ( ) [6]]ο̣σκολλ̣ος ἅμαξ(αν) ᾱ.

326. Memorandum, Roman period.

Σι( ) ἀμπ(ελῶνος) κόλ(λημα) ρπε̄. [2]ᾱ Φθουμίνιος Πετεαρουή̣(ριος) [3]διὰ γ(εωργῶν) Παναμέω̣ς̣ ὁ̣μ(οίως) [4]Ψενοσί̣ριος κα̣ὶ [5]Ὧρου Πετε-χώ(νσιος) [6]Παχνουμ . . [

327. Account, second century.

Πετεαρουήριο(ς) Ἀσκλᾶς [2]α —ο ϑ adη) . . κριθ(ῆ̣) [3]διὰ γεω(ργῶν) Ὀννώ(φριος) Ὀννώ(φριος) καὶ Ὀννώ(φριος) [4]νεω(τέρου) ἀδ̣ελ(φοῦ) καὶ Πατώτου Πασή(μιος) [5]ἐκφό(ριον) διοικ(ήσεως) κριθ(οπύρου) αβ) κδ̄ δη(μ) [6]. . . [. .

Broken off below. 1 Read Πετεαρουῆρις Ἀσκλᾶτος. 2 α—ο = 1 artaba to the arura. 5 κρι^θ ⁊ ostr.

328. Account, Roman period.

Παμόντεως Ψενμώνθο(υ) Ἀρσιήσιο(ς) [2]. κ . . ( ) ∠d λβξδ . . . / λ'β' ꜹ αϛ κρι(θῆς) ϛ λαχ(άνου) ϛ. [3]Τφοῦς . . εμ . θωτου ꜹ γκδ [4]κρι(θῆς) γ λαχ(άνου) γ.

329. Third or fourth century.

. . . .] 𐅵 α∫ [2]κλ(ηρονόμοι) Α(ὐρηλίου) Πατσέβθιο(ς) Καλασί(ριος) 𐅵 . . [3]κλ(ηρονόμοι) . αρτε( ) 𐅵 κθλ'β' . . [4]κλ(ηρονόμοι) Πιαε . ( ) Πλ(ήνιος) 𐅵 κη. [5]κλ(ηρονόμοι) Σκοπελ(λέως) γυ(ναικὸς) Πλαμ( ) [6]𐅵 βd ηιϛξδ. [7]κ(ληρονόμοι) Μον . τ( ) Δου . . μεω [8]ἀπὸ . . αυλ( ) 𐅵 γdη'. [9]κ(ληρονόμοι) Α(ὐρηλίου) Καβίριο(ς) [10]𐅵 ιβd ηιϛ [11]. . α . . δ . [12]𐅵 α∠ λβξδ.

Broken off above; uncertain whether anything lost below. 5 The name Σκοπελλεῦς occurs also in P. Lips. 97 (Hermonthis, fourth century).

330. *c.* 116–120 A. D. 12 lines, in part indistinct.

[1]κ . . . ( ) 𐅵 ιϛ ἀν(ὰ) ꜹ ε ꜹ π [2]εἰς 𐅵 κγ ηιϛ [6]Φατρήους Τεῶτ(ος) [8]/ 𐅵 ιθdη' [10]Φατρήους Τεῶτο(ς) ꜹ [11]Ἀμενρῶσις.

For Φατρῆς cf. W. O. 809, 814.

331. Fragment of account, Roman period.

Broken off above.

] . . φ' 𐅵 ϛ[[2]] 𐅵 ∠d ιϛξδ ἐκ ϡχ ϡυϥ[ϛ χ[β] [3]] . Σενπαμώ(ν)θ(ης) . . με( ) [

The 600 drachmae are evidently the purchase price of an ἄρουρα of land.

332. Late Ptolemaic or early Roman.

. . .] . . . . ρος β [2].] . τωι η [3]. ισει [4]Σώσῳ β [5]ζημία α [6]ἄχυρον γ.

333. Account, third century.

Recto . . . . [[2]. . . . που π . . . . [[3]Φίλων στρατιώτης . [[4]Ψενεσουῆρις γναφ(εὺς) ϡ [[5]Πανα(μεῦς) παστοφόρος ϡ . [[6]Διδύμη γυ(νὴ) Πετοσί(ριος) . . [[7]. . . . μ . . ι . . . νεως [[8]Ὧρος Κ . . . τος Πασχ . . [[9]Ἡράκλειος . . . μης [10]Πασῆμις Φαμίνιος [11][. . . . Ἀ]μμωνίου Τεῶτο(ς) [12][. . . . .] . . . . .

Verso Χαιρήμων . α . . ϡη. [2]Ψεκῆς ὀνηλ(άτης) ϡκ. [3]υἱὸς Φαήριος Τκρ . . ϡκ. [4]Ἐπωνύχῳ στρα(τιώτῃ) ϡνβ.

Broken off above and below; but on verso perhaps nothing lost below. Ribbed pottery; but from the reckoning in drachmae the date is not later than the third century. To the left of lines 4, 6, and 8 of col. i two slanting strokes.

334. Account, Roman period.

Πέπρακα τῶν δύω ἡμε- [2]*ρῶν εμ[. .] ψωμίοις* ϛ *η* [3]*στετουργοῖς τῶν δύο* [4]*|ἡμερῶν* ϛ *θ—|* [5]*εἰς πᾶν λόγον γείνον-* [6]*ται ἐπὶ τὸ αὐτὸ . . ιειν.*

Broken off below. [3]*στετουργοῖς* probably for *σταιτουργοῖς*, from *σταῖς*; cf. P. Tebt. 540.

335. Account, Roman period.

῞Ωρῳ σπε . . . . . . [[2]*Ἁρμιῦσις Φατρήους τ[* [3]*ποτισμοῦ [* [4]*τῷ αὐτῷ εἰς τὴν . [* [5]*Ἀμφιῶμις ειμπλ[* [6]*πατρης τερκε . . της [*

Broken off above, probably nothing lost below. To the left traces of writing, perhaps not belonging to the text. End of l. 4 corrected.

336. Account, second or third century.

Λόγο(ς) συνηρμένο(ς) εἰς Μεχ[εὶρ [2]*κζ ἕω(ς) θ̄ ἐν ἐμοὶ ἡμέρας ιγ̄ [* [3]*ϛ εἰς . . . . ἡμ(έραν) α καὶ εἰς τὸ φα . [* [4]*/ ἡμερῶ(ν) γ̄ κθ ἡμερῶ(ν) ῑ / [* [5]*γ̄ ἐξ* 𐅵 */* ϛ *β— ἄλ(λαι) ζ . [* [6]*/* ϛ ϛ */ ἀργ(υρίου)* ϛ *η— [.*

1 Read *συνηρημένος*, cf. W. O. 1177. 2 *ἕω(ς) θ̄* inserted above the line. The drachma here contains 7 obols; so also in 339 and 340.

337. Fragment of account of wages; parts of 4 lines.

338. Fragment of account of wages; parts of 3 lines.

339. Account of wages, second or third century.

[δ̄ ἄν]δ(ρες) β γ[υ(ναῖκες) . ϛ *. .]* [2]*[ε̄ ἄν]δ(ρες) β γυ(ναῖκες) . [*ϛ *. .]* [3]*[ϛ̄ ἄ[νδ(ρες) β γυ(ναῖκες) γ* ϛ ϛ *ὀ[β(ολοὺς) ϛ]* [4]*ζ ἄνδ(ρες) ε γυ(νὴ) α* ϛ *θ*𐅵 [5]*η ἄνδ(ρες) ι γυ(νὴ) α* ϛ *ιη =* [6]*θ ἄνδ(ρες)* [7](H. 2) *μϛ* [8]*μθ* [9]*λζ.*

The day's wage was 12 obols for a man and 8 obols for a woman. Presumably the entry for the 4th day of the month was preceded by similar entries for the first 3 days. The figures for the 9th day have not been filled in. Between lines 6 and 7 space vacant.

340. Account, second century.

αϛ Παῦ(νι) ᾱ [2]*Πρεμυνσῆμις Ψεναμού(νιος)* ϛ *α*𐅽 [3]*Πλῆνις Ψάιτος* ϛ *α*𐅽 [4]*Καμῆτι* ϛ *α*𐅽 [5]*Φθομῖ(νις) νε(ώτερος) Κολαμαῦ(τος)* ϛ *α*𐅽 [6]*Ψανσνῶς ἀπὸ Ἑρμ(ών)θ(εως)* ϛ *α*𐅽 [7]*Τναφερσάεις* ϛ 𐅵 [8]*/* ϛ *ζ ὀβ(ολοὶ) ϛ.*

Perhaps from Memnonia. The number of the year may be either *α* or *λ*. The name *Πρεμυνσῆμις* is new; *Τναφερσάεις* same as *Τναφερσάις*. 𐅵 in l. 7 corrected from *α*.

341. Account of tax payments, third century.

Col. i. *Θὼθ ιδ̄ τοὺς δετοκ(όντας) μερισ(μόν).* [2]*Βήσιος Ιμ . . . .* 𐅵 [3]*Σεμφε . υ . . . . . .* [4]*Ψενσενβῆσις* 𐅽 [5]*Ουτι . αιυς . . .* 𐅽 [6]*Νεφερῶς*

[6]Ἄπιτος ∫ [7]Π . . υη . ος . . ∱ [8]Ψεν . . . . . β . . . ∫ [9]Ψενθφοῦς ∫ [10]Κ . . . ( ) Τρ . μκ( ) ∫ [11]Ὀρσενο(ῦφις) Ἡρακλ( ) ∫ [12]Κομ . ς . . . . υ . . ∫ [13]Ἄπις ∫ [14]Ε . . γ . . . . ∫ [15]Ὀρσενοῦφις . . . . . [16]Ε . . . ρ . . ς ἀδελ(φός) . . [17]Α . . . . [18]Α . . . . ∫ [19]Τ . . . ς Ψενσεν . ( ) ∫ [20]. ου . . . . . . ∫ [21]. . . σ( ) . . . . . . ∫ [22]Αν . . . . [23]Βήσιος . . . ριος . [24]ὑπ(ὲρ) . . αν . . . . [25]. . . . . Ψάιτ(ος) [26]. . . . . [27]. . . . .

Col. ii. ὑπ(ὲρ) μερισ(μῶν) [2]Ἀμῦκις = [3]Κολλούθ(ης) Χεσθ(ώτου) . . ∱ [4]Πετεμοῦνις ∫ [5]Π . . . φ . ος Τιτο . . ∫ [6]Κολλούθ(ης) πρ(εσβύ-τερος) Ὡρίω(νος) ὀβ(ολοὺς) ϛ. [7]Κοπι . . νις ∫ [8]Ῥοῦφος ὀβ(ολοὺς) ϛ [9]Βῆσ(ις) Σιεφμο(ῦτος) ∫ [10]Δ . . . . ος ∫ [11]Περ . . . [12]Πουῶνσις ὀβ(ολοὺς) ϛ [13]Ψαιτο . . α . . [14]Τ . ωιβις ∫ [15]Ψεντ . . π . ορ . . . . [16]Βῆσ(ις) Σιεφμοῦτ(ος) . . . . [17]Ὧρος . . . ∫ [18]Ψενσενκολ(λούθης) ∫ [19]. . . . . . [20]. . [21]. [

Small and very cursive hand. Col. ii begins opposite l. 6 of col. i. It is uncertain whether anything is lost below. Col. i, l. 1 read δεδωκότας.

342. Second or third century.

]∱ [2]] . της [3]]λωρον [4]] Παῆρις [5]]ηρις τωαβ[[6][. . . .] . ω υἱ( ) Αρτ( ) καὶ γυ(νὴ) ὀβ(ολοὺς) ϛ [7]γυ(νὴ) Πατσέβθιο(ς) ὀβ(ολοὺς) ϛ ∫α— [8]ἀπὸ τι(μῆς) οἴνου σημ( ) [9]— καὶ . . ϛ̄ ε̄) μερα στρα(τηγ) [10]Περὶ Θήβ(ας).

343. Second or third century.

[[2]. . [[3]σ . [[4]Ἰναρα[ῦς [5]Κολαμ[αοῦς [6]Ἰναραοῦς [[7]Ψεκῆς Κοπρῆ-(τος) [8]καὶ υἱό(ς) ἀδε(λφοῦ) [9]Π . . . . Μ . . . [10]Π . . . . Μ . . ∫ [11]/ ∫ [[η∱]] θ∫ [12]Ἰναραοῦς Κολ(αμαῦτος) ∫β— [13]Ἰναραοῦς . ρ( ) . . ο . ( ) ∫β—.

To the left of lines 1, 3, and 4 two slanting strokes. For the names cf. 346 and Camb. 57.

344. Second century.

ᾱ β . . [[2]Πεκῦσι . [[3]κολαβιν [4]Φθομώνθ(ης) ἀδ(ελφός) [5]Πρεμυσῆμις Ψ . [[6]Πεκῦσι Ψανσνος [[7]θυγ(άτηρ) Λακετε [[8]/ ∫ια [

5 Cf. 340; but it is uncertain whether the same person is meant. 6 Read Ψανσνῶτος.

345. Third century.

Λόγο(ς) . ρι . ( ) αι . . . τι( ) ∫ρνβ [2]ᾱ δι(ὰ) Βήσ(ιος) ἐξ . . . β — ∫ψμ [3]/ ∫ Ἰγψϙβ τι( ) χ . ( ) ιβ ∫ρϙβ [4]καὶ ἀπὸ ἐριδίων χωρὶς τῶν . . [5]βλ( ) καλα ✱ ρ αχ . ς ✱ ν ϛ . [[6]γι( ) βαχιο . . μ( ) δ . . . [[7]καὶ π(αρὰ) Σαρ . . . ρ̣ιγ ϛ μ [[8]ϛ̸ο ἔσχ(εν) Ἰσίδω(ρος) πωτη [[9]καὶ π(αρὰ) τῆς ἀδ̣ελ(φῆς) [[10]Κοπτω . . . [[11]π(αρὰ) τοῦ υἱοῦ . [[12]καὶ π(αρὰ) Βη[[13] . . . [[14] . [

3 Possibly τι(μῆς) χη(νῶν). 5 ✱ = δηνάρια. 10 It seems doubtful whether Κόπτῳ is meant.

346. Second or third century.

Col. i.] ϛ ρι β/ [2]] ϛ δ [3]] . . ς̄ [4]] Π̣ανομ(ιέως) ϛ η ἄλ(λας) ϛ η / ϛ ις. [5]] . . γ 𐅵 ϛ [[.]] ἄ(λλας) ϛ ε = / ϛ θ. [6]] . ⁻ ε καὶ ς̄ ϛ η καὶ ὑπ(ὲρ) λοιπ( ) 𐅵 [7]]ε̣ν̣ομ( ) ϛ δ [8][ ] [9]] ϛ γ 𐅵 [10]] λ . . μ( ) ϛ γ 𐅵 [11][ ] [12]]. ως ϛ γ 𐅵 [13]] — ϛ γ 𐅵 [14][ ] [15]] ϛ γ 𐅵 [16]] ϛ γ 𐅵

Col. ii. (H. 2) ζ̄ Ἰναραοῦς Σαυμεου [2]κερ( ) . . ⁻ [3]Πεκύσιο(ς) Ψανσ(νῶτος) ϛ α. [4]Ἰναραοῦς Φθο̣(μώνθου) ϛ α. [5]Φθο(μώνθης) Ἰναραοῦς — [6]Π̣εθοῦς Πτολ(εμαίου) — [7]Πμενχήο(υς) Ἰναροῦς — [8]Καβίριο(ς) ἀδελ(φός). [9]καὶ ὑπ(ὲρ) Φαρμοῦθ̣ι ϛ δ = [10]καὶ ὑπ(ὲρ) Φαρμ(οῦθι) ϛ γ ∠ [11]Στρ̣ατηγὸς — [12]Κ̣ολα̣μα̣ῦς Ἰναρ̣α̣ο̣ῦς — [13]Ψενμ . . . . ⁻ [14]Ἀβῶς πρε(σβύτερος) Π̣α̣μώ̣(νθου) [15]Κολα̣μ̣α̣ῦ̣ς υἱὸ(ς) — [16]. [. . . . .] . . —.

Col. i, l. 5 3 dr. 5 ob. + 5 dr. 2 ob. = 9 dr.; therefore the drachma here contains 7 obols; cf. 336. Col. ii begins below the end of l. 6 of col. i. The hand of col. ii may be the same as that of 343. To the left of lines 3, 5, 7, 8, 11, 12, 13, 14, 15 of col. ii two slanting strokes. In col. ii, 5, 7, and 12 read Ἰναραοῦτος. In col. ii, l. 11 Στρατηγός is probably a proper name.

347. Account, Roman period.

Broken off above.

. . . . . .] . . . . . ϛ ρμ. [2]Π . . . . ις Ψενενούπ(ιος) ϛ νβ. [3][[. . . . .]] [4]Φατρῆς Πετεμε(νώφιος) ϛ ξ. [5]Φ̣ . . . . ς Ἀμμ̣ω(νίου) ϛ ξ. [6][Ὡ]ρ̣ίων Ἀριστοβ(ούλου) ϛ σ. [7][. . . .] ικ( ) Φατρή(ους) ϛ σγ.

348. Account, Roman period.

. . . . . . α̣ . . [[2]Πεβῶ̣ς Χ[[3]Παπ̣ουθιω Α̣ν[[4]Παμιστα [[5]Ψενμώνθ̣(ης) Πλῆνις [[6]Πασῆμις Πικῶς ὑπ(ὲρ) δαπ̣(άνης) [[7]. . . οδ( ) ϛ νη Πλ(ῆνις) . [

Broken off above and below. The abbreviation π̂ for Πλῆνις makes it probable that the ostracon is from the west bank.

349. List of names of women, third century.

Τ̣σου̣[εσόντις [2]θυ(γάτηρ) Σενψα̣[[3]θυ(γάτηρ) Ψάις Να̣φ . [[4]γυ(νὴ) Ἀπολ̣ηείο(υ) [[5]Σενψανσενῶ̣ς [[6]Σενψανσνῶς [[7]Σεναρπα̣η̣[σις [8]κ . . [

Broken off above and below.

350. Account, Roman period.

Broken off above.

] . . . [[2]] . . με [[3]Πο]υῶνσις [[4]Παμορίου . . [[5]Πετεμοῦνις [[6]Ακυβι . . . . . ητος [[7]Σωτὴρ Τ . . . νου ∟ η. [8]Κολλούθ(ης) Φωρενυσιο( ) [9]Ψενοσῖρις . . φ . . ∟ η. [10]Ὧρος κ . . ευς ∟.

The names in lines 4, 6, 8 seem to be new. 10 Apparently not κουρεύς. The names Πουῶνσις and Πετεμοῦνις seem to indicate that this ostracon is from the same locality as 320 and 341. Πετεμοῦνις though fairly common in the papyri does not seem to have been in use at Thebes, the Theban equivalent being Πετεμενῶφις.

351. Second or third century.

Broken off above.

] ∟ . . ϛ [2]] . ∟ η [3]] Νεχθα(νούφιος) ∟ κ [4]] . . . . . νημ( ) [5]Καρούριος [6]ℏ δ ∟ ιϛ Πεκῦσις Νεχ( ) ∟ κ [7]. . . ναρ . . δ ∟ κε— [8]π . . . . . ∟ μαϛ [9]ℏ δ ∟ λβ.

352. Fragment of account.

]ιζ 𐅵° κε [[2]] Ἀπολλώ(νιος) ∟ η . [[3]] Ἀγο(ρῶν) διὰ Πετεχώ(νσιος) πρ(εσβυτέρου) [[4]]ς Πετεαρουή(ριος) [[5]]απε . . [[6]]χ . [

353. Third (?) century.

Επεὶφ ιη [2]ἀργυρίου [3]τάλαντα [4]ⲋβ ∟ Ἀφ.

4 The sign for τάλαντα is superfluous.

354. β λ̄ ιβ . [

It is possible that this may be Ptolemaic.

355. Third century.

]ιϛ Φαμενὼθ $\overline{\kappa\beta}$ ἔσχ(ον) παρ[ὰ] σ(οῦ) ∟ ιβ [2]]ᾱ ϛ ∟ ιϛ Φαρ(μοῦθι) ιβ∫ ∟ κ.

356. Account, Roman period.

Broken off above.

] . [2]με χα(λκοῦ) κθϛ [3]/ ∟ Ͳ ξδϛ . . πη / ∟ Ἀ[νβϛ] [4] 𐅵 τραπ(έζη) ∟ σ δαπ(άνης) ∟ ρδ [5]Ἀμσού(φει) ∟ ξδ [6]/ ∟ τξη [7]λο(ιπαὶ) . . [[. . .]] χπδϛ [8]Ἀμσού(φει) ∟ ρλγϛ.

2 Possibly Με[χ(εὶρ)] or Με[σ(ορή)].

357. Account of purchases.

Μεχ(εὶρ) Σεναραῦς Ψατρι( ) . εγα [2]κεῖ λέβητ(α) α. [3]Ταθώτης Σεναλβροκ( ) φιοδο( ) α. [4]θυγ(άτηρ) Ψενμοντκαμήτ(ιος) [5]ξεστίο(ν) β. [6]θυγ(άτηρ) Ταλλίου κυθρίδ(ιον) χρυσο(ῦν) ∟ ϛ. [7]ἄστικτόν ἐστι.

5 read ξεστία. 6 The form Τάλλιος seems to be new; but a name Τάλιος is quoted in Pape's *Wörterbuch*.

358. Account of bricks.

Broken off above.

] . . . [2] . . πλίνθ(οι) . . φ [3] . β κάμεινο(ι) πλίνθ(οι) . [4] . . . χ Φαῶ(φι) ιζ π . . . ιβ 'Σω.

4 Σ corrected.

359 = S. B. 1958.

360. Account of corn.

Σεναρμιύσιο(ς) θυγ(άτηρ) Σεναρμ(ιύσιος) [2]α . . . ∠d ꝑ ad βασιλ(ικῆς) ηις λβξδ ꝑ ʃγη [3]Νή(σων) ꝑ γκδ . . . γκδ ερο( ) ꝑ ∠d λαχά(νου) η) [4]/ ꝑ γβ'κδ λαχά(νου) η) ημ( ) εροχ( ) γκδ [5]/ ꝑ δι'β' λαχά(νου) η).

Total correct; $1\frac{1}{4}+\frac{23}{24}+\frac{3}{8}+\frac{3}{8}+\frac{3}{4}=3\frac{17}{24}+\frac{3}{8}=4\frac{1}{12}$.

361. Account of corn.

Καμῆτις πρεσβ(ύτερος) Κο- [2]λαμαῦτος ꝑ ∠η). [3]Καμῆτις νεώ(τερος) Κο- [4]λαμαῦτος ꝑ ∠η'.

362. Memorandum.

Παμώνθ(ης) [2]'Επωνύχ(ου) [3]ꝑ γι'β'.

363. Account, second (?) century.

ιζ[[2]Λόγος πυροῦ εξωθ( ) εἰς π[[3]Θαήσιο(ς) θυγ(ά)τ(ηρ) Περανή-χιο(ς) [[4]Θαυβάσθιο(ς) Σαχομνέους [[5]Τσέκε θυγ(άτηρ) Ψάις [[6]γυνὴ Πελ . ολιος . [[7]Ταπχάνθιος Ψάις . [[8]Ταεπαθύριος θ[[9]Σενπασῆμις θυγ(άτηρ) Τεκων [[10]γυ(νὴ) Πανεχάτης . [[11]θυγ(άτηρ) Παμ . . . τ . μθιος . . [[12]/ ϳ με—.

6 Apparently not Πελείλιος. The name Περανῆχις is new; Ταπχάνθις variant of Ταπχῶντις.

364. Account of corn.

Broken off above.

Θατρῆς γυνὴ Μ . . . δος ꝑ γ. [2]τοῦ εἰς Σαχομ(νέα) ꝑ ∠d. [3]Σενπαμοντχ . ( ) θυγ(άτηρ) Σενβούχ(ιος) ꝑ ʃγ. [4]ταφεω( ) ꝑ ι'β'. [5]θυγ(άτηρ) Σενκεμούι(τος) ꝑ ϛ.

365. Account of corn.

ιθ αισερτις ꝑ δ. [2]κ ἀπὸ Νότου χώμ(ατος) Ψαμήρεως ꝑ δ. [3]κε εἰς την ℔ —̥ η. [4]κγ̄ Ἀτρῆτι εἰς τη ℔ δ. [5]κα̣ Ἀτρῆτι εἰς τη ℔ ιβ̣. [6]κε̄ Ἀτρῆτι εἰς τη ℔ ϵ. [7]. . . .] κ̣ε̄ Ἀτρῆς λαχ(άνου) —̥ β.

Broken off below. On the analogy of this ostracon Ψαμήρεως may perhaps be restored in Theb. 128–9.

366. Fragment from end of account of corn; 5 lines of first column and 3 lines of second column.

Col. i. l. 2 / ℔ ιη) / κδ γκδ. Col. ii. l. 2 . . . . υπ( ) ἀρακ( ) αλως ℔ α [3]/ ℔ αϛ̄ / δ ϛκδ.

367. Account of corn (?).

] . φοῖνιξ π̣ε̣σ̣τ̣ου . αρατος [2]] Θ̣έω̣ν̣ο(ς) κε Μύστου ϛ̄ [3]] Πρενπτόξιος ϛ̄ [4]Π]α̣μοντκ̣(αμῆτις) Μιρήσιο(ς) ι′β′. [5]Θ]έ̣ωνος ι′β′. [6]] . ος ι′β′ [7]] . [ ] ι′β′.

Broken off below. 2 Read καὶ.

368. Memorandum.

Κάστορι τέκτο̣[νι [2]κοτύλ(η) μία ἥμι̣[συ [3]L γ̄ Με̣σο̣ρὴ β[.

369. Account of wine.

Λόγος οἰναρίων. [2]Ψεν̣πτοῦθι Ἀμώσιο̣(ς) ῥόδ(ιον) α. [3][Ἀ]θᾶς Παμώ(ν)θ(ου) ῥόδ(ιον) α. [4][. .] . μοδ( ) πρ(εσβύτερος) Ἀμσούφιο(ς) ῥόδ(ιον) α. [5][. . . .] . ης Ψε̣νθ(ώτου) ῥόδ(ιον) α. [6][. . . . .] Ψ̣εν̣θ(ώτου) ῥόδ(ιον) α. [7][. . . . . .] . πασμεγω̣θ( ) ῥόδ(ιον) α. [8]] . ῥόδ(ιον) α. [9]]ι̣νιο̣( ) ῥ̣[ο]δ(ιον) [.]

Broken off below.

370. Account of wine, second or third century.

βϛ Θὼθ ⟨⟨ωθ⟩⟩ κβ̄ ἕως κε̄. [2]Τανεχάτης κε(ράμιον) αγ̄. [3]Πετεχῶν Καβῖρις κε(ράμια) β. [4]Πρεμτότη̣ς Ψενθαήσιο̣(ς) κε(ράμια) βϛ⁄. [5]Πρεμτότης Ἀρσιήσιο(ς) κε(ράμιον) αβ)⁄. [6]Πρεμτκᾶμις . . α κερ(άμια) ββ)⁄. [7]β Ταπχαθ . ( ) κερ(άμια) ββ)⁄. [8]Παπερῶς Ψανσν̣ῶς κε(ράμια) βϛγ′. [9]Πατη[.] . ῥόδ̣(ιον) α κε̣ρ(άμια) γϛγ′. [10]Πλῆνι̣ς [. . .]τος κερ(άμια) γ̄ϛ̄⁄. [11]Π̣αμ[. . . . . .] κερ(άμια) δγ̄⁄. [12][. .] . [ ] . .

7 Read Ταπχά(ν)θις, cf. 363. 10 γ̄ϛ if correctly read is probably a mistake for γϛ. Τανεχάτης same as Τανεχᾶτις, Παπερῶς perhaps same as Παπερεῦς.

371. Account of wine, second or third century.

Broken off above.

] . . . [[2]] Π̣εσοῦρ[ις [3]] . . . . ῥόδ(ιον) α [4]] . . . . Παῆρις ῥόδ(ιον) α [5]] . ευ κολ(οφώνιον) α [6]]χθι( ) Ψεννήσ(ιος) ῥόδ(ια) β.

372. Account of wine.

]. . . [². . . . . .] καιραμεα [³. . .] . τος υἱὸς Κοφος . [⁴Πλήνεις ἀπὸ Ἑρμονθου . [⁵υἱὸς Σεκῆς Νεκωμάχ(ου) κ(εράμια) β ⁶κλεινάρχ(ης) Ἰσιδήου κ . . υ κολ(οφώνιον) α ⁷Πλ(ῆνις) Ψῦρος κ(εράμιον) α λο(ιπὰ) σχ ⁸[. . . . .] ε . . υ . κ(εράμιον) α ⁹[. . . . . .] . κολ(οφώνιον) α

Broken off above and below. Probably from Memnonia. 4 ν of Ἑρμονθου inserted above the line. Read in l. 2 κεράμια, 3 Κωφοῦ, 4 Πλῆνις ἀπὸ Ἑρμώνθεως, 5 Σεκῆτος Νικομάχου, 7 Ψύρου.

373. Account, Roman period.

Λόγο[ς ²Χοίακ . . [³Παμώνθης . . [⁴Ὧρος Ὀννώφρι[ος ⁵Πατώτης Ἁρπα . . [⁶Παπβω( ) κουρεὺς [⁷Πετωνβάις . . [⁸Πετεχῶν Παπενη . . [

Below which upside down ends of 2 columns of account of wine, mentioning ῥόδ(ια) and κε(ράμια) and names Πατῆμις, Πασῆμ(ις), Ὧρος Ἁρποκρ[.

374. Fragment from end of account of wine.

Παῆρις Ψενμου . . κε(ραμίου) ς ²Προμτότης Παμῶνθ(ου) κε(ραμίου) ς.

375. Account of wine.

Πεβῶς γερ(άμιον) α∟. ²Πεκύσιος γερ(άμιον) α∟. ³Μέλα[ς] γερ(άμιον) α∟. ⁴Σανσνῶς Φμόις γερ(άμιον) α. ⁵ὑειὸς Πουᾶρ γερ(άμιον) α. ⁶Παουώσιος κατιωτι γερ(άμιον) α. ⁷Πρεμεντῶς γερ(άμιον) α. ⁸Πλῆνις φορτίου γερ(άμιον) α∟. ⁹θυκάτηρ Καμὲτ γερ(άμιον) α. ¹⁰Τανοῦς ∟. ¹¹θυκάτηρ . . ιω . . . .

Read κεράμιον and θυγάτηρ. Καμέτ = Καμῆτις.

376. Fragment.

ἄμπελος . [²χα . . [³εχων [⁴οινω [⁵. .] . [

377. Fragment.

] . ως καὶ καταν [²] . λίμνης ἰχθυ- ³]ντη

378. Decania list, third (?) century.

Ϯ Ἐπώνυχος . . . . . . ²Βήσιος υἱός ³. . . . . . . ⁴Φαῆρις Παμώ(ν)θ(ου) Πικῶ⟨⟨ω⟩⟩το(ς). ⁵Τοτοῆς Ἰσιδώρου Φαήριος. ⁶Ψεναμοῦνις Πετεαρπρήους. ⁷.] . . . . ς Πρω . . . . ουφιος ⁸. . . .] . . . . Πετε(μενώφιος) Ἀμενρώσιος. ⁹. . . . .] . ας Γερμανοῦ . . . . ωσιος. ¹⁰. . . . . .]ημις . . . . θ ¹¹] . . . . ¹²] . . . ¹³] . . .

379. Memorandum.

Ψενχῶ(νσις) Φθου . . . . [2]καὶ πρε . σ . καị . . . [3]εις ᾱ με . . . . . [4]Καμήτιος πρεσβ(υτέρου).

380. List of names of women.

] . . . . . [[2]κη Τρεμτώτ̣[ης [3]Θαῆσι γυνὴ [[4]θυγ(άτηρ) Ψάιτος̣ [[5]κη Τσονυσο . [[6]. ω . . . κ[

Broken off above and below. To the left of each name two slanting strokes.

381. Fragment of list.

]ασῃ[[2]] . αλιω[[3]] Ψενμωντ̣[[4]] σποτω . . [[5]] . Ἀρσιῆσι α . [[6]] Π̣ρεμτότ[ης.

382. Fragment, parts of 6 lines. [2]Φθο[[3]Πανα̣[μέως [4]'Ο̣ννώ(φριος).

383. Fragment.

. [[2]Μεσ[[3]Φθομώ[νθης [4]υἱὸς . . . . [[5]Πεβῶς Ἀβ[ῶτος [6]Παμ . . ς̣ [[7]Δ̣εμ . . [

Broken off above and below.

384. Fragment of list; red pottery.

Broken off above.

] . . . [[2]Ψ]εναμ[οῦνις [3]Π̣ασῆμις [[4]σε[[5]Ψεννῆσις . [[6]Π̣ρεμπεειβθ( )ι̣ [7]Π̣ατῆμις . [

385. Fragment.

Recto]α̣ρη̣ρις [[2]]ε . ωτ . . . [[3]]α̣υμας καε̣τ̣α̣ι̣ [

Verso Φιλομ . [[2]Πατεχων̣ [[3]Ὡρος Πι̣[

386. Fragment.

Broken off above.

] . μει . [[2]]ς Παναμέω̣[ς [3]] Ν̣ε̣χθαν̣ούφιος [[4]'Οvv]ώφρ̣ι̣ος [5]] . . . . [6]] . . .

Between lines 3 and 4 space vacant.

387. Fragment of list.

Παμον]τ̣σνῶς Φμόις μ̣[η(τρὸς) [2]] . Ψεν . . . λ( ) Φμόις μη̣[τ(ρὸς) [3]] . ἀδελ(φὸς) μη(τρὸς) τῆ̣[ς αὐτῆς [4]Πμεν]χ̣ή̣ο̣(υς) Πατομγόις Πμ̣ε̣νχήο(υς) . . . [[5]] . . ης Πρεμυ̣χ̣( ) . [[6]] . . α̣ [

388. Fragment.

Διογέν[ης [2]*βησυγτ[* [3]*αδπρ . [* [4]*αρταβει [* [5]*μη[*

389. Seven lines; 1–4 indistinct. [5]]. *Κρονίων . . . . . χω̣( )* *ἀπέχω(μεν) . . . . .* [6]*]νις Ἐπωνύχ(ου) . . η . . . . .* [7] */ κ̅δ̅.*

390. Account, second (?) century.

Ο̣ . ατ . . . [[2]*Ψεννῆσις [* [3]*κ̅β̅ Ὀσορο̣υῆ[ρις* [4]*Δέκμο̣ς [* [5]*κ̅δ̅ Δέκμος [* [6]*Φ̣α̣τρῆς [* [7]*Π̣ο̣ρ̣ι̣ε̣ύθης . [* [8]*ὑδ̣ραγωγεῖ .* [9]*. .] . οιπ̣( ) π̣ρα . . [* [10]*] . [*

391. Late Ptolemaic or early Roman.

] . σ( ) Διοδώρου [

392. Red ink.

Πλουτάμμ- [2]*ων Σερήν̣[ου].*

Cf. 469 and Ashm. 105.

393. Fragment.

] . [[2]*. . ου . . [* [3]*Ἰσιδώ̣ρ̣ο̣υ̣ . [* [4]*ρος χα(λκοῦ) [*

394. Late Ptolemaic or early Roman.

Φίλιππ̣[ος

395. Second or third century.

L ε/ Ἐπ(εὶφ) κζ [2]*. . . . . . .* [3]*. . ταλε . λ* [4]*. . . . . τριάκο̣ντα.* [5]*L ε/ Ἐπ(εὶφ) κζ.*

396. Account.

] . γ̣ γ̣ γ		
]γ̣ ε α ε γ γ γ γ γ	γ̣ . [	
]γ̣ ε γ α α α α γ ε		
] . γ γ δ γ γ α γ γ	α	γ γ γ . [
]γ̣ γ	β	γ δ γ γ γ δ [
] . γ γ	γ	γ ε γ α γ ε γ α [
]γ α	δ	γ α β γ ε γ γ [
]ε γ γ γ	ε	γ α γ γ γ [
] . α α	ϛ	γ β γ . [
]γ ε		
]—		
]ε γ γ δ δ δ		

Broken off on all sides. Evidently the numbers in each line were to be added together. The figures in the margin of the second column presumably indicate the days of the month.

397. Fragment of the upper part of a jar, with the neck; the stopper still in.

]ν ὑπηρέτης 2] . υ γενήματος 3]ωτου Ἀδριανοῦ 4] . ὑπὸ δώματος 5] ῥυπαροῦ

Broken off below. The text was evidently written while the jar was complete. It is uncertain whether Ἀδριανοῦ is the name of the Emperor or the name of the month.

398. Wooden tablet; 10 lines, incomplete.

Nos. 399–476. BYZANTINE (except 451 and 456).

399. Published by Crum, *Coptic Ostraca*, 523; I have not found the original. Recto *Iliad* i. 69–82, verso 89–95.

400. Published by Crum, op. cit., 524. Recto *Iliad* i. 96–103, verso 104–114.

401 = Crum, op. cit., 524 II. Recto line 115, verso 122–124.

402. Recto not identified, verso 58–60.

403+472. Recto 1–10, verso 21–28.

404. Recto 10–15, verso 28–32. [For 405 see p. 144.]

406+471. Recto 116–120, verso 125–127, and 124–125 repeated. [For 407 see p. 144.]

408. Recto 13–20, verso 31–36.

These fragments are all of the Byzantine period, and from the resemblance of the pottery evidently belong together. I give here the text of Homer (as in Leaf's edition, except lines 20, 91, 93, 97), underlining what is preserved in the ostraca.

Lines 1–36.

Μηνιν αειδε θεα Π[ηληιαδεω Αχιληος
ουλο]μενην η μυρι Α[χαιοις αλγε εθηκε
πολλας] δ ιφθιμους ψ[υχας Αιδι προιαψεν
ηρωων] αυτους δε ελω[ρια τευχε κυνεσσιν
οιωνοισι τ]ε πασι Διο[ς δ ετελειετο βουλη
εξ ου δη τα] πρωτα δι[αστητην ερισαντε

Ατρειδης ⟨τ⟩ε αναξ [ανδρων και διος Αχιλλευς]
[δε ostr.]
τις ταρ σφωε θεω[ν εριδι ξυνεηκε μαχεσθαι]
Λητους και Διος υιος [ο γαρ βασιληι χολωθεις]
νουσον α[να στρατον ω]ρ[σε κακην ολεκοντο δε λαοι
ουνεκ]α τον Χρ[υσην ητιμασεν αρητηρα
Α]τρειδης ο γ[αρ ηλθε θοας επι νηας] Αχαιων :
λυ[σομενος τε θυγατρα φ]ερ⟨ω⟩ν τ απ[ερεισ]ι [αποινα
[ερον ostr.]
στε]μματ' εχων [εν χε]ρσιν [εκηβολου Απολλω]νος :
[χρυσεωι ανα σκη]πτρω[ι και] λισσετο [παντας Αχαιους]
[τ of σκηπτρωι inserted above the line.]

Ατρειδα δ]ε μαλιστα [δυω κοσμητορε λαων
Ατρει]δαι τε και [αλλοι ευκνημιδες Αχαιοι]
υμιν μεν [θεοι δοιεν Ολυμπια δωμα]τ' εχοντες :
[εκπερσαι Πριαμοιο πολιν ευ] ⟨δ⟩ οικαδ' [ικεσθαι
[θ̣ ostr.]
παιδα δ εμοι λυ]σατε [φιλην τα δ αποινα δε]χεσθαι :
[λυσαιτε ed.]
[αζομενοι Διος υιον ε]κηβολον Απολλω[να
ενθ αλλοι μεν παν]τες επευφημησαν [Αχαιοι
αιδεισθαι] θ ιερηα και αγλαα [δεχθαι αποινα]
αλλ ουκ Ατρειδ[ηι Αγαμεμνονι ην]δανε θυμω[ι
αλλα κακως αφι]ει κρατερον δ [επι μυθον ετελλ]ε :
μη σε γερον [κοιλησιν εγω] παρα νηυσι κιχε[ιω
η νυν δηθυνοντ] η υστερον αυτις [ιοντα
μη νυ τοι ου] χραισ[μηι σκηπτρ]ον [και στεμμα θεοιο
την δ εγ]ω ου λυσ[ω πριν μιν και γηρας] επε⟨ι⟩σιν :
[επεσιν ostr.]
η[μετερωι ενι οικωι ε]ν Αργει τη[λοθι πατρης
ιστον ε]ποιχομενη[ν και εμον] λεχ[ος αν]τι⟨ο⟩ωσαν :
[αλλ ιθι μη μ] εριθι[ζε σ]αωτ[ερος ως κε ν]εηαι :
ω[ς εφατ εδδεισεν δ ο γε]ρων κ[αι επειθετο μυθωι
βη δ] ακεων [παρα θινα πολυφλοισ]βοιο θαλ[ασσης

πολλα δ επειτ] απαν[ευθε κιων ηραθ ο γερα]ιος :
Α[πολλωνι ανακτι τον ηυ]κομο[ς τεκε Λητω

Lines 58–60.

τ]οισι δ [ανισταμενος μ]ετεφ[η ποδας ωκυς] Αχιλλευς :
[Ατρειδη νυν] αμμε πα[λιν πλαγχθεντα]ς οϊω :
α[ψ απονοστη]σειν ει [κεν θανατον] γε φυγ[οιμεν

Lines 69–82.

Καλχας Θεστοριδης οιωνοπολω]ν οχ αριστος :
[ος ηιδη τα τ εοντα] τα τ εσσομενα [προ τ εοντα
και] νηεσ⟨σ⟩ ηγησατ Αχαιων [Ιλιον εισω
[νηεσ ostr.]
ην] δια μαντοσυνην την οι [πορε Φοιβος Απολλ]ων
ο σφιν ευ φρονεων [αγορησατο και μετε]ειπε⟨ν⟩
[ειπει ostr.]
ω Αχιλευ κελεαι [με διιφιλε μυθησασθαι]
μηνιν Απολλωνος [εκατηβελεταο ανακτος]
τοι γαρ εγων ερεω [συ δε συνθεο και μοι ομοσ]σον :
η μεν μοι [προφρων επεσιν και χ]ερσιν αρηξειν :
[η γαρ οιομαι ανδρα χολ]ωσεμεν ος μεγα [παντων
Αργειων κρατεει κ]αι οι πειθ⟨ο⟩νται [Αχαιοι
[τοι πειθωνται ostr.]
κρεισσων γαρ βα]σιλευς οτε χωσ[εται ανδρι χερηι
ει περ γαρ] τε χολον γε και [αυτημαρ καταπεψηι]
αλλα τε και μετ[οπισθεν εχει κοτον οφρα τε]λεσση[ι

Lines 89–127.

σοι κοιλης παρα νηυ]σι βαρειας χει[ρας επεισει
συμπαν]των Δαναω[ν ουδ ην Αγαμεμνονα] ειπη⟨ι⟩ς :
[ειπης ostr.]
ος ν⟨υ⟩[ν πολλον αριστος ενι στρα]τω⟨ι⟩ ευχετα[ι ειναι
[ος νη ostr. αριστος Αχαιων ed.]
και τοτε δη] θαρσ⟨η⟩σε κα[ι ηυδα μαντις αμυμων]
[θαρσυσε ostr.]
ου ταρ ο γ ευ[χωλης επιμεμφεται] ουθ εκατο[μβης
[ουδ ed.]
αλλ ενεκ] αρητηρος [ον ητιμησ Αγαμεμνων]

ουδ απε[λυσε θυγατρα και ουκ απεδεξατ αποινα]
τουνεκ αρ αλγε εδωκεν [εκηβολος ηδ ετι] δωσει :
ουδ ο γε πριν [λοιμοιο βαρειας χει]ρας αφεξει :
πριν γ απο [πατρι φιλωι δομεναι] ελικωπιδα κου[ρην
απριατην ανα]ποινον αγειν θ ιε[ρην εκατομβην]
ες Χρυση[ν τοτε κεν μιν ιλασ]σαμενοι πεπιθ[οιμεν

[After χρυ in ostr. 4 letters deleted.]

η τοι ο γ] ως ειπων κατ [αρ εζετο τοισι δ] ανεστη :
ηρ[ως Ατρειδης ευρυ κρει]ων Αγαμεμν[ων
αχνυμενος] μενεος δε [μεγα φρενες αμ]φι μ[ελαιναι
πι]μπλαντ οσσε δε οι πυρι λαμπετο[ω]ντι εικτην :
Καλχαντα πρωτισ[τα] κακ οσσομενος προσεειπε :
[μαντι κακ]ων ου πω ποτε μοι το [κρηγυον ε]ιπας :
αιει τοι τα κακ [εστι φιλα φ]ρεσι μαντευεσθαι :
[εσθλον δ ουτε τι π]ω ειπας επος [ουτ ετελεσσας
κ]αι νυν εν Δανα[οισι θεοπροπεω]ν αγορευεις :
[ως δη τουδ ενε]κα σφιν εκηβολος [αλγεα τευχει]

[In ostr. *s* of εκηβολος inserted above the line.]

ουνεκ εγω κουρ[ης Χρυσηι]δος αγλα αποινα :
[ουκ εθελον δεξ]ασθαι επει πο[λυ βουλομαι] αυτην :
[οικοι εχειν και] γαρ ρα Κλυται[μνηστρης προβε]βουλα :
κου[ριδιης αλο]χου επει ου [εθεν εστι χερ]ειων :
[ου δεμας ουδε φυην ουτ αρ] φρενας ου⟨τ⟩ε [τι εργα
[ουδε ostr.]
αλλα και ως εθελω δομεναι παλιν ει το γ αμ]ειν[ον
βου]λομ᾽ εγω λα[ον σοον εμμεναι] η απ[ολεσθαι
αυ]ταρ [εμοι γερ]ας αυτι⟨χ⟩ [ετοι]μασατ [οφρα μη οιος]
[αυτικ ostr.]
Αργειων α[γε]ραστος [εω επει ου]δε εοικε :
[λ]ε[υσ]σετε [γαρ το γε π]αντε[ς ο μοι γ]ερας [ερχεται αλληι
τον δ ημειβετ επειτα ποδαρκης διος Αχιλλευς]
Ατρειδη κ[υδιστε] ⟨φιλοκτεανωτατε παντων⟩

[The ostracon has wrongly αναξ αν]δρων Αγαμ[εμνον.]

[πως ταρ] ⟨τ⟩οι δωσουσι γερ[ας μεγαθυμοι] Αχαιοι :
[δοι ostr.]
ουδ ετι πω [ιδμεν] ξυνηϊα κειμενα π[ολλα]
αλλα [τ]α μεν π[ολι]ων εξεπρ[αθομεν τα δεδασται]
λαους δ [ουκ ε]πεοι[κε παλιλλογ]α ταυτ επ[αγει]ρειν :
[ς inserted above the line.]
αλ[λα συ μ]εν νυν τ[ην]δε θε⟨ωι⟩ π[ροες αυτα]ρ Αχαιοι :
[θεο ostr.]

405. Gnomai Monostichoi of Menander. Fragment, ribbed pottery; broken off above, below, and on right.

Recto ο̣[[2]ροβοσ̣[[3]πανουρ̣γ̣[[4]ϊκετην τρ̣ . [[5]ρειδης : ιδ̣ [[6]πραγμιω .[[7]τον ικανο̣ [[8]κρινει φιλ[[9]ως χρυσο̣ν [[10]καιρος δε [[11]δυναμιν [[12].] π̣ασι [[13]. . . .]υσ[

Verso] . . [[2]] . ερδ̣[[3]] . αει φε[[4]]ρ̣ω και λε[[5]]ειν : και [6]]π̣αντ αει [7]]ις : κολαζε [8]]ν̣ αδυνατο [9]] ο φαυλος [10]]ων κολαζεται [11]] . ος [12]] . υτον τε [13]]ε̣ν . . . [

The identification of this fragment is due to Hunt. Recto 2 = 270, ἱκανῶς βιώσεις γηροβοσκῶν τοὺς γονεῖς. 5–6 perhaps = 272, ἰδὼν ποτ' αἰσχρὸν πρᾶγμα μὴ συνεκδράμῃς. 8–9 = 276, κρίνει φίλους ὁ καιρὸς ὡς χρυσὸν τὸ πῦρ. Verso 7–8 = 278 κόλαζε τὸν πονηρὸν ἄνπερ δυνατὸς ᾖ. 9–10 = 294, καὶ ζῶν ὁ φαῦλος καὶ θανὼν κολάζεται. The other lines have not been identified. Verso 11 inserted between the lines. This ostracon evidently contained part of a collection of γνῶμαι differing considerably from the extant collection, though like it arranged alphabetically. Cf. 449.

406 see p. 140.

407. Literary.

] . . . . . . [[2]] . ις βιοιο [3]] . τ ωχετο [4]] . επειτ' [5]] . ες [6]] . .

408 see p. 140.

409 = Crum, *Coptic Ostraca*, 525.

410 = Crum, *Coptic Ostraca*, 435.

411. School exercise; Αὐρήλιος Πέτρε repeated seven times.

412. School exercise, 4th (?) century; ribbed pottery, red colour.

ΑΒΓΔΕΖΗΘ [2]ΙΚΛΜΝΞΟΠ

413. School exercise.

Broken off above.

. .] . ρος ^{2}[ἀ]ρσενικόν ^{3}ἀρσενικόν ^{4}ἀρσενικόν.

This seems to be an imposition. ρος is presumably the termination of the word which was 'masculine'.

414. Recto 1 John ii. 19–14, verso 21–22.

The handwriting resembles that of the Homeric fragments. The first 3 lines of the recto,] . [^{2}]πρ[^{3}]καθη[, do not appear to belong to the text. I give here the text of the epistle, underlining what is preserved in the ostracon.

γραφω υμιν τεκνια οτι αφεωνται υμιν αι] αμαρτιαι δ[ια το ονομα αυτου γραφω υμιν πατερες οτ]ι εγνωκατε τ[ον απ αρχης γραφω υμιν νεανισκοι] οτι νενικηκατε [τον πονηρον γραφω υμιν παιδια] οτι εγνωκατε [τον Πατερα εγραψα υμιν πατερες οτι εγνωκατε] τον α[π αρχης

ει γαρ ησαν εξ ημων μεμενηκεισα]ν [αν μεθ ημων αλλ ινα φανερωθωσιν οτι ου]κ εισιν [παντες εξ ημων και υμεις χρισμα εχε]τε απο του [Αγιου και οιδατε παντα ουκ εγραψα] υμιν οτι ουκ ο[ιδατε την αληθειαν αλλ οτι οιδατε] αυτην και οτι [παν ψευδος εκ της αληθειας ουκ εσ]τιν τις εσ[τιν ο ψευστης ει μη ο αρνουμενος ο]τι ο Ι(ησου)ς [ουκ εστιν ο Χριστος.

415. Prayers.

Recto. Τῆς εἰρήνης. ^{2}Περὶ τοὺς βασιλέας τὰ στρατιω- ^{3}κα τοὺς ἄρχοντας τὴν βουλὴν τὸ(ν) ^{4}δῆμον· γε⟨ι⟩τονίας ἡμῶν εἰσόδους ἐξό- ^{5}δους ἐν πάσῃ εἰρήνῃ κόσμησον διὰ τοῦ ^{6}Κ(υρίο)υ καὶ Σ(ωτῆ)ρ(ος) ἡμῶν Ἰ(ησο)ῦ Χ(ριστο)ῦ δι' οὗ καὶ μεθ' οὗ σοὶ ^{7}ἡ δόξα καὶ τὸ κρ(άτος) σὺν τῷ Ἁγίῳ σου Πν(εύματ)ι καὶ νῦν ^{8}καὶ ἀεὶ καὶ εἰς τοὺς αἰῶνας τῶν αἰώνων ^{9}ἀμήν : : : Περὶ τοῦ πάπα : : καὶ πάλιν παρακα- ^{10}[λοῦμεν τὸν πα]ντοκρά(τορα) Θ(εὸ)ν τὸν Π(ατέ)ρα τοῦ Κ(υρίο)υ ^{11}[καὶ Σ(ωτῆ)ρ(ο)ς ἡμῶν Ἰ(ησο)ῦ Χ(ριστο)ῦ π]ερὶ τοῦ μακαρίου ἡμῶν ^{12}[πατρὸς τοῦ πάπα ἵνα σ]υντηρῶν συντηρήσῃ ^{13}[αὐτὸν ἐν πᾶσι τ]οῖς χρόνοις . [^{14}]ραχα . [^{15}] . [

Verso + ἐκτελοῦντα αὐτὸν τὴν ^{2}ὑπὸ σοῦ αὐτῷ ἐμπεπιστευ-^{3} μένην ἱερωσύνην κατὰ τὸ ^{4}ἅγιον θέλημά σου σὺν πᾶσιν ^{5}ἐπισκόποις πρεσβυτέροις διακόνο- ^{6}ις σὺν παντὶ τῷ πληρώματι τῆς ^{7}ἁγίας καὶ ἀποστολικῆς σου ἐκκλησί- ^{8}ας εἰρήνην αὐτῷ χαριζόμενος ἐκ π- ^{9}άντων *τῶν μέρων: πά[ντα] ἐχθρ- [10]ὸν αὐτοῦ ὁρατὼν ἢ ἀό[ρατον σύντρι]-[11]ψον ὑπὸ τοὺς πόδ[ας αὐτοῦ διὰ τοῦ] [12]Χ(ριστο)ῦ σου δι' οὗ καὶ [μεθ' οὗ σοὶ ἡ δόξα] [13][κ]αὶ τὸ κράτος [σὺν τῷ Ἁγίῳ σου Πν(εύματ)ι] [14][καὶ] νῦν κα[ὶ ἀεὶ καὶ εἰς τοὺς] [15][αἰῶν]ας [τῶν αἰώνων.*

This fragment contains the first two paragraphs, in an early form, of the 'three great prayers'. The identification is due to Rev. F. E. Brightman, of Magdalen College, Oxford. Recto 1 before *τῆς ὑπὲρ* or *περὶ* is omitted. 2 The plural *τοὺς βασιλέας* may refer either to two or more Emperors reigning jointly, or to an Emperor and Empress. *στρατιωκᾱ = στρατιω(τι)κά.* 12 *ση* inserted above the line. 13 *πλείστ]οις χρόνοις* also possible. Verso 10 read *ὁρατόν*. For *σύντριψον κ.τ.λ.* cf. Rom. xvi. 20. The ostracon is broken off below, but probably not much is lost. Cf. O. Strassb. 810.

416. Fragment, ribbed pottery.

+Νεμ( ) το . [[2]. . τοῦ καὶ . . [[3].]πιωνος ὑπηρέτ(ου) [

l. 2 might be read λL *τοῦ καὶ* aL, but there does not seem to be any year to which such a date could apply.

417. Ribbed pottery. 8 lines, partly effaced.

[2]Παρασχοῦ [3]. . . . θιῳ ἀπαιτ(ητῇ) τῶν . . . . . [4]. . . . . ἰνδ(ικτίονος) εἴκοσι ἑκατὸν ὑπὲρ [5]τῆς συνεθίας τῆς πώρτας τῆς . . . . . [6]ἑτοίμως ἔχω κουφίσω σοι τῆς ιδ . . .

5 Read *συνηθείας. πώρτας = portae.*

418. Tax-receipt.

+Ἔσχο(ν) παρὰ σο(ῦ) . . . . . Φ . . . . . [2]ὑ(πὲρ) μέρο(υς) διαγρ(αφῆς) ιε ἰ(ν)δ(ικτίονος) ἀρ(ι)θ(μίου) νο(μισματίου) ἥμισου. [3]Μεσο(ρὴ) κ ἰ(ν)δ(ικτίονος) . . Φιλο . . . . στοιχ(εῖ). [4]+ . δ . κ . . . ( ) χρ(υσώνης) στοιχ(εῖ) +. [5]Θεόδωρ(ος) + ...

Verso 1 line which I could not read.

419. Tax-receipt.

+ Ἔσχ(ον) παρὰ σοῦ Α . . . . [2]Ζαχαρίας ὑ(πὲρ) . . . . [3]ἀρ(ί)θ(μιον) νο(μισμάτιον) α ἓν . . Φ . . . . . . [4]. . . . . στοιχ(εῖ) . . Παπνούθ(ιος) στεχ(εῖ). [5]Θεόδωρ(ος) . . . . . +

Nos. 420–444. Orders to Theopemptos and Zacharias (cf. Ashm. 96 &c.).

420.

Θεοπέμπτῳ καὶ Ζαχαρίᾳ. Παρ(άσ)χ(εσθε) [2]τριβούνῳ σίτου ἀρταβῶν [3]ἓξ δίμοιρον γί(νονται) σί(του) —ο ϛβ' . . κ/ [4]μ . . . . . [.]

. . . Γί(νονται) σί(του) ἀρτ(άβαι) [5]ἓξ δίμοιρον. Δι . . . . [6]στοιχ . . . .

421.

+ Θεοπέμπτῳ καὶ Ζαχαρίᾳ. [2]. . . ι . . . Παρ(άσ)χ(εσθε) Μηνᾶς [3]πορφυρ(οπώλης) ὑ(πὲρ) τι(μῆς) δη/ . ωαθ( ) Γεωργίῳ [4]τῷ κ . . . ανε . . θ( ) γραμματεῖ [5]πανευφ(ήμου) Οραλανσοξαν ὑ(πὲρ) [6]ανχωμς . . τ( ) σίτ(ου) καθαρ(ο)ῦ [7]ἀρτ(άβην) μίαν γί(νεται) σί(του) —ο α μ(όνη) . . . . ιγ [8]Γί(νεται) σί(του) —ο α. + Γεώργιος στοιχ(εῖ).

422.

Θεοπέμπτῳ καὶ Ζαχαρ[ία.] [2]Π(αράσ)χ(εσθε) τῷ κ(υρίῳ) Θέωνι σίτου [3]ἀρτ(άβας) εἴκοσι . . . . . . [. .] [4]τρι . . γί(νονται) σί(του) κ . . . . . [5]μ(όναι). Μεσορ(ὴ) . . . . [6]+ Γί(νονται) ἀρτ(άβαι) εἴκοσι [7]. . . . . [8]δι . . . . [9]λεινῳ.

423. Seven lines, partly illegible. [1]+ Θεοπέμπτῳ καὶ Ζαχαρίᾳ [4]ἀρτάβαι δύο γί(νονται) σί(του) —ο β.

424.

+ [2][Θεο]πέμπτῳ [3]. . . . . [4]Παράσχ(εσ)θ(ε) Μηνᾶ [5]. . . . . . . θ . . . οχ . . [6]. . . . . ν . . . . . . [7]γραμμα(τεῖ) τοῦ πανευφ(ήμου) . . . [8]. . . . . ισι . . . [9]ἀρτάβ(ην) [μ]ίαν ἥμισυ [10]γί(νεται) σί(του) —ο α𐅵 . . μ( ) . . . . [11]ιν . . . . [12]. . . . . . .

Cf. 421.

425. Partly illegible. [1][Θεο]πέμπτῳ καὶ Ζαχαρίᾳ [4]Μεσ(ορὴ) ιζ ἰ(νδικτίονος) ιδ. + Γί(νονται) σί(του) ἀρτ(άβαι), signed Αὐγοῦστος.

Cf. Ashm. 99.

426.

[Θεοπέμπτῳ] καὶ Ζαχαρίᾳ [2]ἀπαιτητ(αῖς). Παρ(άσ)χ(εσθε) εἰς χ . . [3]τρο . . τ . . κ . . . . . . ρρ [4]χορως . ⁖ κριθ(ῆς) μάτια [5]τεσσεράκοντα γί(νονται) κρ(ι)θ(ῆς) [6]μ(ά)τ(ια) μ μ(όνα). Φαρμοῦθι ϛ ἰ(ν)δ(ικτίονος) ιδ. [7]. . . . . στοιχ(εῖ).

427.

Θεοπέμπτῳ [2]καὶ Ζαχαρίᾳ. Παρ(άσ)χ(εσθε) τῷ κ(υρίῳ) [3]Ἀναστασίῳ κριθῆς [4]μάτι(α) τέσσερα γί(νονται) κρ(ι)θ(ῆς) [5]μ(ά)τ(ια) δ μ(όνα).

Φαρμ(οῦθι) . . ἰ(ν)δ(ικτίονος) . . [6]Γί(νονται) κρ(ιθῆς) μά(τια) δ. Θέων [7]στοιχεῖ . . . .

428.

Θεοπέμπτῳ καὶ [2]Ζαχαρίᾳ. Παρ(άσ)χ(εσθε) [3]. . . . . [4]κριθ(ῆς) ἀρτάβ(ην) [5]μίαν γί(νεται) κρ(ιθῆς) —ο α μ(όνη). [6]Φαρμοῦθι . . ἰ(ν)δ(ι-κτίονος) ιδ. [7]Γί(νεται) κρ(ιθῆς) —ο α. Θέων στοιχ(εῖ).

429. Similar order to the same, partly illegible.

430. Six lines, partly effaced. [1]Θεοπέμ[πτῳ [3]κριθῆς [4]γί-(νονται) κρ(ιθῆς) [6]Γί(νονται) κρ(ιθῆς).

431.

+ Ζαχαρίᾳ καὶ Θεοπέμπτου [2]. . . τισ . ιγινα . Παράσχ(εσ)θ(ε) [3]τοῦ ονολατϛ + δημ(οσίου) λουτροῦ [4]εἰς . π . . τροφὴν τῶν αλοτοκ . . [5]κριθ(ῆς) ἀρτάβας δύο γί(νονται) κρ(ιθῆς) β [6]τασταλεγι/ . . . . . μει . [. .] [7]. . . Μεσορὴ ιθ ἰνδ(ικτίονος) ιε πα [. . .] [8]Αὐγοῦστος στοιχ(εῖ) μοι +

432.

[Θεοπέ]μπτῳ [καὶ] [2][Ζαχαρίᾳ]. Παρ(άσ)χ(εσθε) Φάρῳ [3][κ]ρ[ι]θ(ῆς) μάτι(α) τέσσερα [4]γί(νονται) κρ(ιθῆς) μ(άτια) δ μ(όνα). Φαρμο(ῦθι) [5]κθ ἰνδ(ικτίονος) ιδ. [6]Γί(νονται) κρ(ιθῆς) μάτ(ια) δ. Θέων [7]στοιχ(εῖ).

433.

Θεοπέμπτῳ καὶ [2]Ζαχαρίᾳ. Π(αράσ)χ(εσθε) τοι . . . [3]. . θρι/ το(ῦ) χρυσῶ(νου) κριθ(ῆς) [4]μάτ(ια) τέσσερα γί(νονται) μ(άτια) δ μ(όνα). [5]Φαρμοῦθ(ι) . . ἰ(ν)δ(ικτίονος) α. Γί(νονται) κρ(ιθῆς) μ(άτια) δ. [6]Θέων στοιχ(εῖ).

434.

[Θ]εοπέμπτῳ [2][καὶ] Ζαχαρίᾳ. Παρ(άσ)χ(εσθε) [3]. . . . . [4]. . . . . . τεσσεράκοντ(α) [5]εν . . . . ω . . θ . . . [6]]ι . α γί(νονται) . . . . κριθ(ῆς) . . . . [7]] . . ε . [.] ν . . . . [8]Θέ[ω]ν στοιχ(εῖ).

435.

[Θεο]πέμπτῳ [καὶ] [2]Ζαχαρίᾳ . . . . ρ . . . . [3]. . . [. .] . . . . . κριθ(ῆς) . . . . . [4]. . [. . .] . . . . [5]Φ[αρμο]ῦθι . . . . . [[6]. [. . .] . . . . .

436.

. . . . . ^{2}Ζαχαρίᾳ. Παρ[άσχ(εσθε) ^{3}κριθῆς μάτι(α) . [^{4}γί(νονται) κρ(ιθῆς) μ(ά)τ(ια) δ μ(όνα) . . [^{5}ι . . . . . δ. Γί(νονται) κρ(ιθῆς) . . ^{6}. . . .

437.

Θεο̣π̣έ̣μπτῳ [καὶ] ^{2}Ζαχαρίᾳ. Παράσχ(εσθε) ^{3}. . . [^{4}. . . [^{5}. . [

438. Six lines, partly illegible. ^{1}Θ̣ε̣οπέμπ̣τ̣ῳ [καὶ] ^{2}Ζ̣α̣χαρίᾳ. Παρ(άσ)χ(εσθε) τῷ κ(υρίῳ) [

439. Parts of 4 lines. ^{1}Θεοπέμπτῳ [καὶ] ^{2}Ζ̣α̣χαρίᾳ. Παράσχ(εσ)θ(ε) ^{3}κριθ(ῆς) ^{4}κρ(ιθῆς).

440. Incomplete and partly illegible. ^{1}[Θεοπ]έμπτῳ καὶ Ζ̣α̣χαρίᾳ. Παρ(άσ)χ(εσθε).

441. Eight lines, partly illegible. ^{5}κριθ(ῆς).

442. Fragment. ^{2}ἀρτάβ(ας) δ. ^{3}Φαρμ(οῦθι) κ ἰνδ(ικτίονος) ἰδ.

443. Parts of 4 lines. ^{2}Φ]α̣ρμοῦθι θ ἰ̣(νδικτίονος) ια.

444. Ten lines, incomplete. ^{1}Ζ]αχαρίᾳ.

445. List, 2 columns, mentioning names Ἰσάκ, Ἰακῶβ Παπ(νου)θ(ίου), Μάρκος Ἰωά(ννου), Κόμες Ἰωά(ννου), Μηνᾶς, Κοσμᾶ Κολλ̣(ού)θ(ου), &c.

446. List, mentioning names Στέφανος, Ἰωάννης, Μέγας, Φιλόθεος, &c.

447. List. Byzantine or Arabic period.

θ ο τρ/ Πισραῆλ Στεφάνο(υ). ^{2}Στέφανος Ἀβεννήρ. ^{3}Κολλοῦθ(ος) Πατερμούθ(ιος). ^{4}Λεόντ(ιος) Κυριακ(οῦ). ^{5}Β̣ίκτωρ Σεμ̣έ̣ω̣ν̣. ^{6}] . θ . . ^{7}] . υ . . . ^{8}] . . . . ^{9}] . . . .

448. Fragment of list, mentioning names Σ̣αβ̣ῖνος, Ἡλίας, Ἰα̣κῶβ, &c.

449. Fragment, ribbed; pottery; broken off above and on right.

] . ρ . . [[2]] . ̣ισμον . . γυν[[3]προσεχεις καλως [[4]θεον μεν ηγου πρ̣[[5]τα των φαυλ[[6]τω ·βιω: ιδιας̣̣[[7]ισηλε . . ησκ[[8]. . . . . χρον . . [[9]. . . . . φερουσιν [[10]. . . υτος εκβη . [[11]. . . σοι φρ . . [[12]. . . . . ε . . . . [[13]. . . [

Verso ends of 12 lines, partly illegible.

Recto 3 εχ inserted above the line. 5 = Menander *Gnomai Monostichoi* 232, θέλων καλῶς ζῆν μὴ τὰ τῶν φαύλων φρόνει. 6 perhaps = 263, ἰδίας νόμιζε τῶν φίλων τὰς συμφοράς. Cf. 405.

450. Account, fourth (?) century; broken off above and below.

] . [[2]]μ . [. . . . .] . η . . [[3]. . η̣ . . ηβ . [. . . . .] β. [4]Εὐλογίῳ̣ ἐπειμελητῇ β. [5]τοῦ υἱῷ̣ Ἀ̣πίωνι β. [6]αβαου β. [7]τῷ̣ διδασκ̣ά̣λ̣ῳ β. [8]Παύλῳ̣ β̣. [9]. . ισ . . . ος ανε . . [[10][Μ]α̣κ̣αρίῳ̣ β. [11]] . αυτ . [

451 = S. B. 1953.

452. Account.

+ Τῦβι κθ [2]χ . . . τι . . ο σεμμ^χ [3]οἰν(ο)ῦ ⸏ . . β′κδ [4]οἰν(ο)ῦ μ . ρ/ κοῦρ(ι) ξ. [5]ταρίχ(ου) κοῦρ(ι) ζ. [6]ὄξους φρω( ) κοῦρ(ι)ζ. [7]ὀψαρ(ίων) κοκκ( ) Ἀτ [8]χείλια τριακόσια. [9]μέλιτ(ος) μι . . / . . κ/ α.

The meaning of the abbreviated words in this text is obscure. σεμμχ perhaps = σύμμαχος. For κοῦρι cf. P. Oxy. 1862, l. 7, etc.

453. Account, Byzantine or Arabic period; mentioning names Χαῆλ Μην(ᾶ), Στέφ(ανος) Παύλου, Κυριακ(ός), Σενού-θ(ιος), &c.

454. Account, late Byzantine; 9 lines; mentioning names Κολλοῦθ(ος), Φιλόθ(εος), Ἰωσήφ, Σολομῶν̣, Σαμουῆλ, &c. Verso 4 lines.

455. Document of uncertain character.

] μαρτυρησ[[2]] . . . κονιω . . [[3]] Παῦλος Συ[[4]]ο . . . . μεν̣ [[5]] . ν . . . εν [

456 = S. B. 1959.

457.

. οσις Ἰσὰκ [2]πατ̣ρ( ) κυλα [3]ὄνο(ι) η.

Cf. 458–9, 461, 474–6. κυλα perhaps for Κοιλᾶ, gen. of Κοιλᾶς.

458.

Θεοδώσις [2]*ὄνω ια.*

2 Read *ὄνοι*. So in 461.

459.

Δι(ὰ) Λεοντί[ου [2]*δεπα(* *) 'Γ[*

460. Fragment, 9 lines, broken off on all sides; mentioning names *Βίκτωρ, Θεώδωρ[ος, Μάρκ[ος.*

461.

'Ισὰκ 'Ιάνου [2]*ὄνω κ∠.*

462.

μαρτυ- [2]*ρία.*

Nos. 463–468. TAX-RECEIPTS, EIGHTH CENTURY.

463.

+ *Πισάτε Φιλόθεος* [2]*ὑ(πὲρ) διοικήσεως* [3]*ἰνδ(ικτίονος) β νο(μισματίου)* ⌞. [4]*Φαρ(μοῦ)θ(ι) α ἰνδ(ικτίονος) τρίτης.* [5](H. 2) *Κόμες στεχεῖ.* [6](H. 3) *Πχὲρ 'Αθανασίου στοι-* [7]*χεῖ.*

For these officials cf. Crum *Coptic Ostraca* 406.

464.

+ *Φιλ(* *) ο . γ . λι . ς* [2]*ὑ(πὲρ) προσθήκ(ης) νο(μισματίου)* ∫ [3]*Φαρ(μοῦ)θ(ι) ιγ ἰνδ(ικτίονος) τρίτης.* [4](H. 2) *Κόμες* + *στυιχεῖ.* [5](H. 3) *Πχὲρ 'Αθανασίου στοιχεῖ* +

Same hand as 463.

465.

+ *Παπνού-* [2]*θιος Φοιβάμμων* [3]*ὑ(πὲρ) προσθήκης* [4]*ς ἰ(ν)δ(ικτίονος) χρυσοῦ ἀρ(ί)θ(μιον) α.* [5]*Φαμε(νὼθ) ι ἰ(ν)δ(ικτίονος) η.* + [6]*Πεσ . . πάπη στοιχ(εῖ).* [7]*Ψάτε Πισραῆλ ἔγρα-* [8]*ψα.*

6 *πάπη* = headman, cf. *Theban Ostraca*, p. 190 ff.

466.

+ *Δέδωκε* [2]*Ψῦρος Σ . λ . .* [3]*ὑ(πὲρ) πρώτ(ης) καταβολ(ῆς)* [4]*ἰ(ν)δ(ικτίονος) η χρυσοῦ* [5]*ἀρ(ι)θ(μίου) νο(μισματίου)* ς̄ *ἕκτον.* [6]*Μεσο(ρὴ) ς ἰ(ν)δ(ικτίονος) θ.* [7]*Παπνούθιος* [8]+ *στοιχ(εῖ). Ψάτε* [9]*Πισραῆλ* [10]*ἔγραψα.*

467.

\+ *Φο . . . . . ουπισης* [2]*ὑ(πὲρ) προσθήκης . . . χ . . σ . .* [3]*ἀρ(ι)θ(μίου) αμ*^χ *κ . . νο(μισματίου)* ∫ + *Γεώργιος* [4]*πάπη* + *στοιχ(εῖ) Ψάτε Πισραῆλ* [5]*ἔγραψα.*

468.

\+ *Δέδωκ(ε) Ψῦρος Η . . . ς* [2]*ὑ(πὲρ) . . ( ) τ(ο)ῦ συμβούλ(ου) . . . . ς′* [3]*ἕκτον . . θ . ε . . . . .* [4]*Σολομῶνος . . .* [5]+ *Πέτρος* [6]*στοιχ(εῖ).* [7]*Ἀνδρέας* [8]*στοιχεῖ.* [9]+ *Ἀριστοφ(άνης)* [10]*ἔγραψ(α).*

2 *σύμβουλος* was the title of the Arab governor of Egypt.

469. Red ink (cf. 392). A large *K*, upside down in relation to the other writing, and *κεραμ[* [2]. . [(broken off below). Marked 'Amarna'.

470. Ribbed pottery; the text not written in ink, but carved with a knife (cf. Ashm. 106).

Ἐκτμήθη [2]*Τῦβι λ* [3]. . . . . Broken off below.

471 and **472** see p. 140.

473. Six lines, indistinct. [2]*καὶ Ζαχαρία. Παρ(άσ)χ(εσθε).* Cf. 420, &c.

474.

Δ(ιὰ) Μελει Ἰουστι [2]*ὄνω κ.*

Read *ὄνοι*, cf. 457, &c.

475.

Καλε [2][[. .]] *ὄνω . .* [3]*ιζ.*

476.

[Π]αθερμουθίου ὄνοι ιη.

There remain about 200 ostraca which are either illegible, or too mutilated to be of any value, or not certainly Greek, or in which I could find no clue to the meaning.

The collection also includes a large number of hieratic, demotic, and Coptic ostraca.

PART IV

OSTRACA IN THE CAMBRIDGE UNIVERSITY LIBRARY.

These ostraca are here published in the order of the inventory numbers.

Nos. 1–130 presented by Sir Herbert Thompson to the Fitzwilliam Museum at Cambridge, but afterwards removed to the University Library.

Nos. 1–28. PTOLEMAIC.

1. 25th April 251 B. C.

Lλε Φαμενὼθ γ̄ ²ἁλικῆς διὰ Δωρί- ³ωνος ⁴Ψ̣εναμο̣ῦνις ⁵κί-ναιδος ⊢α.

2. 234 or 209 B. C.

Lιγ Τῦβ̣ι̣ κ̄ϛ̄ Φατ . . . ². . Πετενεφώτο̣υ ἁλι̣κ̣ῆ̣ς ϝ. ³Τσεν . . . .

3. Thebes, 1st December 146 B. C.

Lλϛ Ἀθὺρ δ̄ τέ(τακται) ἐπ̣ὶ̣ τ̣ὴν ἐν Διὸς [πό(λει) τῆι με(γάλῃ) τρά(πεζαν) ἐφ' ἧς] ²Λυσ̣ί̣μ̣α̣χο̣ς̣ δ . . . . ρ . . [³|Π̣τολ̣εμ̣α̣ῖ̣ο̣ς̣ Λ̄ ἐν ὀκτ̣α̣κ̣οσί[ας ⁴Λυ̣[σίμαχος τρα(πεζίτης)] ⁵Λ̄ [α

In lower margin Ζήνωνι.

Λυσίμαχος same as in P. Lond. 3.

4. Thebes, 11th December 146 B. C.

Lλϛ Ἀθὺρ ι̅δ̅ τέ(τακται) ἐπ[ὶ τὴν ἐν Διὸς πό(λει) τῆι με(γάλῃι) τρά(πεζαν) ἐφ' ἧς] ²Λυσ̣ί̣μ̣α̣χος ἐννο(μίου) ἕκτ[ου καὶ λL . . . .] ³|καὶ Βιηρτᾶς Λ̄ ἐν / Λ̄ [α. Λυσί(μαχος) τρα(πεζίτης) Λ̄ α . . .] ⁴Ἄλλας τρισχ̣ι̣λ̣ί̣ας τ̣ρ̣ι̣α̣κ̣[οσίας] ⁵πεντήκοντα / Ἡτ̣ν. [Λυσί(μαχος) τρα(πεζίτης)] ⁶'Γω̣ . [

Cf. the preceding.

5. Four lines, partly illegible; receipt issued by the τράπεζα at Thebes in year 26 = 156–155 or 145–144 B. C.

6. Thebes, 150 or 139 B. C.

Ἔτους λα Ἐπεὶφ η̣̄ ²τέ(τακται) ἐπὶ τὴν ἐν Δ̣ι̣ὸ̣ς̣ πόλ̣(ει) τῆι με(γάλῃι) τρά(πεζαν) [3]ἐφ' ἧς Ἑρμ̣ό̣φ̣ι̣λος εἰς τι(μὴν) [4]ὀθονίων βασ(ι-λικῶν) Ψενχῶνσις [5]Πα̣τήμιος πεντακοσίας [6][ἑ]ξήκοντα / φξ. [7][Ἑρ]μ̣ό-φ̣ι̣λ̣ο̣ς τρα(πεζίτης).

Cf. O. Strassb. 15–16, which are similar receipts to the same person; also B. G. U. 1376. On the monopoly of ὀθόνια cf. W. O. i. 266, W. Grundz. 245.

7. Receipt from the τράπεζα at Thebes, partly illegible; the date appears to be the 52nd year of Euergetes II (119–118 B. C.), and the signature may perhaps be read as Εἰρ(ηναῖος) τρα(πεζίτης).

8. Thebes, 10th September 99 B. C.

Lιε Μεσο(ρὴ) κθ τέ(τακται) ἀ(πο)μοί(ρας) ιεL [2]Ἀμμώνιος Ἑρμο-γέ(νους) Λ α ω [3]ἐπαρου(ρίου) Ἠ / Λ α Ἠω. [4]Κέφα(λος) τρα(πεζίτης) [5]Λ α Ἠχπ̣.

For the date cf. Bodl. 92.

9. Second century B. C.

Lθ Φαμενὼθ κθ [2]τέτακται Κεφάλων [3]πρ(οβάτων) ιθ π . ( ) ια / λ τὸ [γι]- [4]νόμενον τ[έλος.] [5]Ια̣ . [

For προβάτων the original has π with an ρ drawn through it. The abbreviated word π. ( ) must be the name of some other kind of animal. The τέλος was probably the ἐννόμιον.

10. Thebes, 11th January 157 B. C.

Ἔτους κδ Χοίαχ ιβ με(μέτρηκεν) [2]εἰς τὸν ἐν Διὸς πό(λει) τῆι με(γάλῃι) θη(σαυρὸν) ὑπὲρ [3]τοῦ τόπου κγL Πολλοῦς [4]Ἀβδαῖος ₰ τρεῖς δίμοιρον [5]/ ₰ γβ'. Πανᾶς. [6](H. 2) Ἀπολλώνιος με(μέτρημαι) ₰ γβ'. [7](H. 3) Πτολεμαῖος με(μέτρημαι) πυροῦ τρεῖς β' [8]/ ₰ γβ'.

For these officials cf. Bodl. 161, &c. 4 Read Ἀβδαίου; possibly same as in B. G. U. 1454.

11. Thebes, 146 or 135 B. C.

ἱεροῦ ϛ'. [2][Ἔτου]ς̣ λε Παχὼν κα με(μέτρηκεν) εἰς τὸν ἐν Διὸς π[ό(λει) τῆι με(γάλῃι) θη(σαυρὸν)] [3][εἰς τὴν ἐ]π̣ι̣γρ̣α(φὴν) τοῦ λεL ὑπὲρ τόπ(ου) Ψενα . [. . . . .] [4][. . . . .] ₰ δέκα ἓξ ἕκτον / ₰ [ιϛ ϛ' . . . . .] [5][. . . . . με(μέτρημαι) ₰ δέκ]α̣ ἓξ ἕκτο̣ν̣ / [₰ ιϛ ϛ'.]

12. Second century B. C.

Ἔτους ι Παχὼν ιζ με(μέτρηκεν) ι̣ [L . . . .] [2]Θοτσ̣ύτης Πε-ρούσιος πυ[ροῦ δύο] [3]ἥμισυ δωδέκατον / ₰ β∠ ι̣'[β']. [4]Ἑρ . [

13. Memnonia, second or first century B. C.
[Ἔτους ε Ἐπε]ὶφ ια̅ με(μέτρηκεν) εL Μεμ(νονείων) [2][. . . . . . .] ε . . ν . . ιος Ἑριεῦς [3][

14. Second or first century B. C.
Ἔτους. Παχὼν δ με(μέτρηκεν) εἰς τὸ [2]αὐ(τὸ) L α —ο Κράτης Δι . . . [3]|ℸ ὀκτὼ / ℸ η.

15. Fragment, perhaps of receipt for corn.
] . [[2]] διὰ Χεσθώ(του) τοῦ Π . ερ . . ιος [3]] . π . μειλ( ) . . [4]Ἑρμίας ℸ ′ ′.

16. Fragment, parts of 3 lines, perhaps of receipt for corn.

17. Private receipt, second century B. C.
Ψενῦρις καὶ . . α . . ρκ . . . [2]Ἡρακλείδει χαίρειν. Ὁμολογοῦ- [3]μεν ἔχειν παρὰ σοῦ τὰ στα- [4]θέντα πρός σε ἐμβαδικοῦ [5]συκῶνος χαλκοῦ τάλαν- [6]τον ἓν [Β] / χα(λκοῦ) ⊼ α Β [7]κοὐθέν σοι ἐνκαλοῦμεν. [8]Lδ Μεσο(ρὴ) ιθ̅.
Cf. W. O. i. 190, B. G. U. 1458.

18. Late Ptolemaic; 12 lines, partly effaced; apparently relating to a charge of assault. [4]τοῦ Φαμενὼθ [5]ἐπὶ τῆς ὄνου [6]οὐκ . υθ . . . . . σε ἀπὸ τῆς ὄνου [7]οὐδὲ ὕβρισά σε εἰς τὸ ἔχειν σε [8]. δ . . δε . αλον σου χαληου [10]ἔνοχος.

19. Account, late Ptolemaic.
] . . . [[2]. . [[3]κρότων[ος [4]κνήκου χ(αλκοῦ) Β[[5][[ὑπόδημα χ(αλκοῦ) [[6]αἰγίδιον χ(αλκοῦ) [[7]ἐλαίου κ(εραμίου) L [[8]χάλκινα ρ [

20. Fragment, late Ptolemaic, perhaps literary; ends of 7 lines; [2]] . μεδοντα [5]]θενοπιον.

21. Late Ptolemaic. Recto illegible; verso list mentioning names Πραξίας, Μοσχίων, Ἀπολλώνιος, Ἀμμώνιος Εἰρηναίου, Ἑρμόδωρος, &c.

22.
τω( ) κ̅ϛ̅ [2]αμ( ) λ.

23. Three lines, perhaps of receipt, apparently mentioning the name Νικόλαος.

24. Three lines, perhaps of receipt.

25. Four lines; apparently mentioning name Πτολεμα(ῖος).

26. Late Ptolemaic; part of a drawing (magical?) with a few lines of writing; apparently mentioning name Ἑρμόφιλος.

27. Account, 7 lines, partly illegible; [1]] καὶ Ψενχῶ(νσις) λ.

28. Late Ptolemaic; beginnings of 9 lines, perhaps of contract. [2]ὁμολογ[[5]μηδεν . [[6]μηδαμο . [[7]μηδένι τ[[8]. . . ἡμῖν τ[

Nos. 29–110. OSTRACA OF THE ROMAN PERIOD.

29. Thebes, 20 B.C.

Σ . . . ω . ις Ὀσοήριος προστά- [2]της τέ(τακται) φυνίκων τοῦ ιL [3]ψκ. [4]Lι Καίσαρος . . . . κα. [5]Κέφ(αλος) . . .

2 Read φοινίκων. The προστάτης was probably a temple official; cf. Bodl. 69, Petrie 190.

30. 16th February 62 A.D.

Διέγρα(ψε) Ψεναμο(ῦνις) Πανεχ(άτου) [2]. . . . ε( ) . . . . . . αν . . [3]Lη Νέρωνος τοῦ κυρίου [4][Με]χεὶρ κβ.

31. Memnonia, 24th February 86 A.D.

Διέγρ(αψε) Παμώνθ(ης) . . . . . . Πασή(μιος) [2]ὑπ(ὲρ) λαο(γραφίας) Μεμνο(νείων) εL ʃη. Lε Δομιτιανοῦ [3]Καίσαρος τοῦ κυρίου Μεχ(εὶρ) λ.

32. Late first or early second century.

] . κ( ) . . . ( )ʺΩρου [2]] . . . . αρ . . . . [3]] . — ϲ κ(αὶ) προ(σδιαγραφόμενα). Lι . [4]] . τοῦ κυρίου [5]] Φαμε(νὼθ) κζ. [6]]φ . . . σεση(μείωμαι).

33. Memnonia, 8th February 111 A.D.

Πετοσῖρις Π[ετεαρπ(ρήους) πράκ(τωρ)] [2]ἀργ(υρικῶν) Με(μνονείων) Ὡρ . [. . . . .] [3]λαο(γραφίας) ιγL ʃη L[ιγ Τραιανοῦ] [4]τοῦ κυρίου Φαρμ(οῦθι) κ[. . Ὁμοίως . . . . ʃ.] [5]Ὁμοίως η̅ ἕως ια ʃ γ . . [. . . . .] [6]ϛ χω(ματικοῦ) ʃδ αἰ κ(αὶ) γϝϲ. Ὁμ[οίως . . . . .]

[7]χω(ματικοῦ) ς β= αἱ κ(αὶ) ς β— . [. . . . .] [8]Ὁμο̣ί̣ως Τῦβ(ι) κ[. . . . .] [9]Ὁμο̣ί̣ως πρ̣ότ(ερον) χω̣(ματικοῦ) [. . . . .] [10]Μεχεὶρ ιδ̄ χω(ματικοῦ) ιγς . . [. . . . .].

For Πετοσῖρις cf. W. O. 1613, Theb. 34–5, 82, Meyer ostr. 30 a, O. Strassb. 276–7.

34. Thebes, 1st September 113 A. D.

[Ἰμο]ύθης καὶ μέτοχ(οι) Ἀμώνιο(ς) [2][. .] . . . . ο( ) Ὥρο̣υ̣. Ἔσχ(ομεν) ὑπ(ὲρ) . . . . . [3][ι]ζς ὀβολ(οὺς) ἕνδεκα / —ια. [4][Lι]ζ Τραι̣α̣ν̣ο̣ῦ το̣ῦ κυ̣ρ̣ί̣ο̣υ Θὼθ δ̄. [5]. . . .

1 Read Ἀμωνίῳ. Ἰμούθης was πράκτωρ ἀργυρικῶν μητροπόλεως from the 16th to the 20th year of Trajan.

35. Ends of 6 lines of receipt; date Lκ Τρ̣αιανοῦ (= 116–117).

36. Charax, 23rd July 120 A. D.

[Ἀπολλ]όδ(ωρος) πράκ(τωρ) ἀρ(γυρικῶν) . . . [2][. . . . .] . . υ Α̣ . . . ω̣( ). Ἔσχ(ον) ὑπ(ὲρ) χω̣(ματικοῦ) [3][καὶ ἄλ(λων)] Χ̣ά̣(ρακος) δς ῥυπ(αρὰς) ς ἑπτ̣ὰ̣ ƀχ^β / ῥυπ(αραὶ) [4][ς ζ] ƀχ^β. Lδ Ἁδριανο̣ῦ̣ Κ̣α̣ίσαρος [5]τοῦ κυρίου Ἐπ̣ε̣ὶφ κθ̄.

Ἀπολλόδωρος was πράκτωρ ἀργυρικῶν in Χάραξ from the 20th year of Trajan to the 5th of Hadrian. 7 dr. 5 ob. 2 ch. is the normal amount of the dyke-tax plus the second instalment of the bath-tax, with the προσδιαγραφόμενα on both.

37. Memnonia, 9th January, 6th and 15th April, 22nd May, 18th October 127 A. D.

Ψανσν̣ῶ̣ς — πράκ(τωρ) ἀρ̣[γ(υρικῶν) Μεμνο(νείων) . . . .] [2]Πασ̣ή̣μ̣ιο(ς) Πετεμώνθο̣υ̣. Ἔσχ(ον) [ὑπ(ὲρ) . . . ( ) ιας ς. Lια] [3]Ἁδριανο̣ῦ̣ Κ̣α̣ί̣σαρος τοῦ κυρίου Τῦβ̣(ι) ι̣δ. [Ὁμ(οίως) . . . . ς.] [4]Ὁμ(οίως) Φαρμ(οῦθι) ιᾱ̣ ς δ. Ὁμ(οίως) Φαρμ(οῦθι) κ̄ ς δ. Ὁμ(οίως) Παχὼ(ν) κζ̄ ς δ. [5]ιβς Φαῶ(φι) κ̄ ὑπ(ὲρ) χω(ματικοῦ) ιας ς α αἱ κ(αὶ) ƀς'.

Ψανσνῶς —— = Ψανσνῶς Ψανσνῶτος; same person as in 38, Theb. 39, P. S. I. 266. The name of the tax in l. 2 may perhaps have been σκοπ(έλων), but the payments recorded in lines 3–4 were evidently for λαογραφία.

38. Memnonia, 16th and 19th February and 7th May 128 A. D.

Ψανσνῶς [πράκ(τωρ) ἀργ(υρικῶν) Μεμνο(νείων) . . . . .] [2]Νεχθομ . υ̣[. . . Ἔσχ(ον) ὑπ(ὲρ) λαο(γραφίας) Μεμνο(νείων)] [3]ιβς ς δ. Lιβ

Ἀδ[ριανοῦ τοῦ κυρίου] [4]Μεχ(εὶρ) κα. Ὁμ(οίως) κδ [ϛ. Ὁμοίως ......] [5]γ δι(ὰ) Φθο(μώνθου) ϛδ. η μ[αγδ(ώλων) ϛ. Ὁμοίως] [6]Παχὼ(ν) ιβ δι(ὰ) Φθο(μώνθου) ϛδ. [[7]ϛδ. Ὁμ(οίως). [[8]ϛδ.. [[9]π [

The name in l. 2 seems to be new; for ο σ might also be read (not α or ε); after μ perhaps ε or ο.

39. Memnonia, 10th August 133 A. D.

Κλέων πράγτ(ωρ) ἀργ(υρικῶν) Μεμ(νονείων) [2]Πρεμτώτο(υ) Ψάις Ἀμσούφ[ι]ο(ς). [3][Ἔ]σχ(ον) ὑπ(ὲρ) λαογρα(φίας) κ(αὶ) ἄλ(λων) ιζϛ ϛιβ. Lιζ [Ἀδριανοῦ] [4][τοῦ] κυρίου Μεσο(ρὴ) ιζ. ... [[5][δ]ιὰ Ψεννῆσις ϛη τ. [

1 Read πράκτωρ. 2 Read Πρεμτώτῃ Ψάιτος. 3 Ἀδριανοῦ restored from 40.

40. Memnonia, 3rd September 135 A. D.

Κλέων πράκ(τωρ) ἀργ(υρικῶν) Μεμ(νονείων) [2]Καμῆτ(ι) Πικῶς Παμοντεχ( ). Ἔσχ(ον) [3]ὑπ(ὲρ) ἐνκ(υκλίου) κ(αὶ) ἄλ(λων) ιθϛ ϛα—c′. Lκ [4]Ἀδριανοῦ τοῦ κυρίου Θὼθ ε.

2 Read Πικῶτος.

41. Memnonia, 12th and 13th December 136 A. D.

Π.... αρις πράκτωρ [2]ἀργ(υρικῶν) Μεμ(νονείων) Πετοσορβούχ(ει) Τιθοήο[υς] [3]η..( ) κL ϛβf...( ) σ... λ( ) — ἐνκ(υκλίου) — c′. [4]Lκα Ἀδριανοῦ Καίσαρος τοῦ [5]κυρίου Χοίαχ ιϛ καὶ ιζ [6]...... ὀνό(ματος) Τιθοῆς .... [7]...( ) κL ...

42. Partly illegible; receipt for payment of 12 dr. (possibly for poll-tax and bath-tax); reign of Hadrian.

43. Memnonia, second century A. D.

Ἑρμίας καὶ μέτοχ(οι) πράκ(τορες) ἀργ(υρικῶν) Με(μνονείων) [2]ἔσχ(ομεν) ὑπ(ὲρ) λαογρ(αφίας) καϛ ὀνό(ματος) [3]... ε .. ωχιος νεω(τέρου) [4]Πατσέβθιο(ς) ϛη. [5]Lκα Ἐπ(εὶφ) ιβ. [6]Πλῆνις σεσημ(είωμαι).

The Emperor whose name is omitted was perhaps Commodus. Πλῆνις was probably a γραμματεύς or βοηθός.

44. Second century A. D.

[........]... τω .... [........] [2][ὑπ(ὲρ) ... ( ) ιζϛ] δραχ(μὰς) τέσαρας / ϛδ. [Lιζ] [3][.......]ου Καίσαρος τοῦ κυρίου Χοί(αχ) ϛ. [4][.......]. δραχμὰς τέσαρες / ϛδ. [5][.... δραχ(μὰς)] τέσαρες / ϛδ. Ὁμ(οίως) ιβ δραχ(μὰς) τέσαρες / ϛδ. [6][. . . . ϛ τέσ]σαρες / ϛδ. Φαρ(μοῦθι) λ δραχ(μὰς) τέσσαρ[ες] [7][/ ϛδ. . .]. Παχὼ(ν) ε δραχ(μὰς) τέσαρες / ϛδ. [8][. . . . .] δραχ(μὰς) τέσαρες / ϛδ. Μεσο(ρὴ) ε δραχ(μὰς) [9][τέσσα]ρες / ϛδ. ιηϛ Θὼθ ιγ χω(ματικοῦ) ϛδ αἱ κ(αὶ) [10][ϛγ𐅵c′. Χο]ίαχ ιθ χω(ματικοῦ) = αἱ κ(αὶ) —c′χ^β.

Probably from Memnonia or Hermonthis. The Emperor whose name is lost was perhaps Trajan. Perhaps the first payment was for μερισμὸς σκοπέλων or φυλάκων and the others for λαογραφία; if so the poll-tax would amount to 32 dr.; cf. *Theban Ostraca*, p. 119.

45. Fragment of receipt.

]υ Σαχομ(νέως) [2]] . ω . . . θ ϛη [3]]φ . θ ια π . . . ιϛ ϛδ. [4]] ϛδ. Θὼθ λ ϛδ. Ὁμοίω(ς) [5]] . . . . . ιγ ὑπ(ὲρ) χω(ματικοῦ) β𐅵 αἱ κ(αὶ) β=χ^β.

46. Six lines, incomplete and partly illegible.

[1]Παμώ(νθης) πράκ(τωρ) ἀργ(υρικῶν) Μεμνο(νείων) διὰ Ψαν[[6]Θὼθ δ χω(ματικοῦ) . . . .

There were at least two πράκτορες ἀργυρικῶν Μεμνονείων named Παμώνθης, one in the 5th and 6th years of Hadrian, the other in the 14th and 15th years of the same reign.

47. Market-quarter, 27th March 178 A. D.

Φαρμοῦθι α τοῦ ιηϛ [2]ὀνό(ματος) Ἰναρῶτο(ς) ὁμ(οίως) [3]ὑπ(ὲρ) λαογρ(αφίας) καὶ ἄ(λλων) ιηϛ Ἀγο(ρῶν) [7]ϛ ὀκτὼ / ϛη. . ρ( ).

The Emperor whose name is omitted was almost certainly Marcus, since this formula only came into use about the time of his accession, but after the reign of Commodus the poll-tax in ostraca from the east bank at Thebes is called ἐπικεφάλαιον instead of λαογραφία.

48. Market-quarter, second or third century.

Ἀδριανο(ῦ) θ τοῦ ιζϛ ὀνό(ματος) [2]Πατορμο(ύθιος) . . . ( ) καὶ Πατορ(μούθιος) [3]Παρ . ( ) ὑπ(ὲρ) ιϛϛ Ἀγο(ρῶν) ϛ τρεῖς = [4]/ ϛγ= . . . .

The date may refer to Marcus or more probably Severus. The amount here paid for an unnamed tax may perhaps represent an adaeratio of a payment in kind.

49. Receipt, 3 lines, partly illegible; [1]Παῦνι ιϛ τοῦ ι . ϛ ὀνό(ματος) . . . .

50. Late second or early third century.

ιβ$\int$ Φαρμοῦ(θι) $\overline{κθ}$ $\overline{κθ}$ Ἰναρωοῦτος ²Καμήτιος ὑπ(ὲρ) λη(μμάτων) ιβ$\int$ λαογρ(αφίας) καὶ ἄλ(λων) $\int$ ιϛ.

1 $\overline{κθ}$ $\overline{κθ}$ dittography. αρ of Ἰναρωοῦτος corrected. For the formula cf. Petrie 134–5.

51. 12th July 8 A. D.

Ψενετῦμις Πικόρφιος ²καὶ τῶν μετόχω(ν) Σενβούχ(ει) ³Παμώ(νθου) χαίρ(ειν) ἔχειν παρὰ ⁴σοῦ τὸ τέλ(ος) τῶν νεκροτ(άφων) ⁵ὑπ(ὲρ) Παμώνθ(ου) Πετενεφῶτ(ου) ⁶ἀργυ(ρίου) δραχ(μὰς) ϵ . . . . . ⁷Πλήινις Χαρμ( ) ἔγραψε ⁸ὑπὲρ αὐτῶ(ν). Lλζ ⁹Καίσαρος Ἐπεὶφ $\overline{ιη}$.

Probably from the west bank. 2 Read οἱ μέτοχοι, 3 ⟨Ὁμολογοῦμεν⟩ ἔχειν. It is not clear what if any was the connexion between the τέλος τῶν νεκροτάφων and the τέλος ταφῆς.

52. 29–30 A. D.

Ψεμενῶφις Π[ικῶτος ²χα(ίρειν). Ὁμολ(ογοῦμεν) ἀπέχ(ειν) παρὰ σο[ῦ ³. τον χοι( ) προ( ) οβ . . ( ) θ[⁴Lιϛ Τιβερίου Καίσαρος Σεβα[στοῦ

Πικῶτος restored from Bodl. Inv. 669 and 1526.

53. 24th July 33 A. D.

Ἀχιλλᾶς Ὀλυμπίχ(ου) Ψεναμο(ῦνι) ²Βήκιος. Ἔχω ὑπ(ὲρ) τέλ(ους) τοῦ Ἐπεὶφ ³τοῦ ιθL Τιβερίου Καίσαρος ⁴Σεβαστοῦ Ἐπεὶφ $\bar{λ}$.

1 Ὀλυμπίχ(ου) doubtful; the supposed πι looks like ιβ.

54. 3rd April 51 A. D.

Broken off above.

ἀπέχ(ω) . . π . . [. . . . .] ²ιαL Τιβερίου Κλ[αυδίου] ³Καίσαρος Σεβαστοῦ ⁴Γερμανικοῦ Αὐτογρά[τορος] ⁵Φαρμοῦθι $\bar{η}$.

4 Read Αὐτοκράτορος.

55. *c.* 139–161 A. D.

Μ . . . . καὶ μ(έτοχοι) . . . . γερδ(ιακοῦ) Ψ . . [. . . .] ². . . . . χα(ίρειν). Ἀπέχ[ομ(εν)] ³. . . . τέλ(ους) Τῦβ(ι) καὶ Μεχεί[ρ] ⁴[.] . Ἀντωνείνου τοῦ κυρίου ⁵Φαμενὼθ $\bar{β}$. ⁶Δεκ( ) σεσημ(είωμαι). . . λ( ) σ(εσ)η(μείωμαι).

56. First or second century A. D.

Ἡρακ(λείδης) καὶ μ(έτοχοι) τελ(ῶναι) . . . ( ) η . . . . κ( ) τοῦ ηL ²Ὥρωι Παμώνθ(ου) προ . . κ( ) του . . χα(ίρειν). ³Σύμφονοι σ . . . . . ε . . [4]πρός σε τὰ κειμ(ένα) τοῦ πα . θ( ) [5]ψε . μ . χω( ) Νεχθμώ(νθου) κα(ὶ) Ὥρο(υ) ἀδελ(φοῦ) [6]τὴν . μθ( ) ϛ εἰς τὰ ἐργαστή[ρια [7]. ψ . φι . . εφ[[8]ημε( ) . . . [[9]ϛ δύο. L[[10]τοῦ κ[υρίου

This is probably not a receipt, but perhaps an agreement regarding the manner in which payments should be made in future. The date cannot be earlier than 61–62 A. D. nor later than 144–145.

57. Late second or third century.

Ψενεντ(ῆρις) πρ(εσβύτερος) Πλῆνις καὶ μέτοχ(οι) [2]ἐπιτ(ηρηταὶ) τέλ(ους) ἀγ⟨ο⟩ρα(νομίας) ἔσχ(ομεν) ὑπ(ὲρ) Παῦνι [3]ἕως Μεσορὴ μηνῶν γ̄ [4]ὀνό(ματος) Κολαμαῦτ(ος) Ἰναρ[ῶτος] [5]ἁλιεὺς ϛκ . [

1 Read Πλήνιος. 2 παϋνι ostr. 4 ἴναρ ostr. 5 Read ἁλιέως. Cf. O. Petrie 343 and 346.

58.

Ὧρος καὶ μέτοχ(οι) [2]τελ(ῶναι) γερδ(ιακοῦ) Αρ . . . . [3]χα(ίρειν). Ἔσχομ(εν) . . . [4][. . .] . . . . . [5][

It is doubtful whether Ὧρος is the same as in Theb. 57 (156 A. D.).

59. Late second or early third century.

. . . . . [[2]ὀφείλις ὑπὲρ τέλους . . . . . [μη]- [3]νῶν β Παχὼν δε καὶ Παῦνι [4]τοῦ ἐνεστῶτος ἔτους πλῆρες. [5]Lα⸓ Παῦνι λ̄.

2 Read ὀφείλεις. 3 For δε read τε. 5 παϋνι ostr.

60. Thebes, 26th February 129 A. D.

. . χ . . . . μέ(το)χ(οι) τελ(ῶναι) θησ(αυροῦ) ἱερῶν [2]Πανομιεῦς Ἀπολλωδ(ώρου) μη(τρὸς) Σενμούθου. [3]Ἔσχ(ομεν) ὑπ(ὲρ) βαλ(ανευτικοῦ) τοῦ ιγL Ἁδριανοῦ [4]τοῦ κυρίου Φαμενὼθ [5] . . β.

The beginnings of the first two lines have been partly washed out and other writing inserted, in l. 1 Πανομιεῦς Ἀπολλωδώρου, in l. 2 ἄ(ν)δ(ρες) λθ̄ ϟ νε. 2 Read Πανομιεῖ. 5 Before β̄ two signs which I could not read, perhaps not Greek.

61. Thebes, 23rd August 131 A. D.

Πετεχεσπ(οχράτης) καὶ μ(έτοχοι) τελ(ῶναι) θησ(αυροῦ) ἱερῶν [2]Πετεχώ(νσει) Ἑρ . . . . . . ψ . . . Ἔσχο(μεν) [3]ὑπ(ὲρ) βαλ(ανευτικοῦ) τοῦ ιεL Ἁδριανοῦ [4]τοῦ κυρίου Μεσορὴ λ̄.

This Πετεχεσποχράτης was in office from 114 to 133.

62. Thebes, 21st May 162 A. D.

Ἀπελλᾶς καὶ μ(έτοχοι) ἐπιτ(ηρηταὶ) τέλ(ους) θησ(αυροῦ) ἱερῶ(ν) [2]Πετεχώ(νσει) Ψενσεννήσ(ιος) Ἀσκλᾶτο(ς). Ἔσχον [3]τὸ βαλ(ανευτικὸν) τοῦ βϛ Ἀντωνίνου καὶ [4]Οὐήρου τῶν κυρίων Σεβαστῶν [5]Παχὼ(ν) κ̄ϛ̄.

Ἀπελλᾶς same as in O. Petrie 117.

63. Coptos, 18th August 137 A. D.

Μερ(ισμοῦ) . . . . . . *εν* . . . *κ* . . . . ². . *κα𐅵* *α* . . . . ³*𐅵* *ὀκτὼ* / *𐅵η.* L*κα* ⁴*Ἁδριανοῦ Καίσαρος τ(οῦ)* ⁵*κυρίου Μεσ(ορὴ) κε.* ⁶(H. 2) . . . . *σε*

That this ostracon is from Coptos is inferred from the formula; cf. O. Petrie 214–16.

64. Fragment of receipt, parts of last 5 lines.

65. Coptos, 23rd June 83 A. D.

Ἔτους δευτέρου Δομιτιανοῦ τοῦ κυρίου ²*Παῦνι κθ μεμέ(τρηκεν) εἰς θησ(αυρὸν) διοική(σεως)* ³*ὑπ(ὲρ) Φρο(υρίου) Σενμῖνις Πακοίβεως πυροῦ* ⁴— *μίαν ἥμισυ* / ⳨ *α𐅵.* ⁵(H. 2) *Ὡρίω(ν) γρα(μματεὺς)* . . . *κ( ) σεσημ(είωμαι)* ⳨ — *μίαν ἥμισυ* / — *α∠.* ⁶(H. 3) *Σαραπ(ίων) σεση-(μείωμαι)* ⳨ *μίαν ἥμισυ* / ⳨ *α∠.*

That this ostracon is from Coptos is proved by the place-name Φρούριον. In granary receipts from Coptos of the early Roman period the date is placed at the beginning, not at the end as at Thebes.

66. Thebes, 10th August 140 A. D.

[Μεμέ(τρηται) εἰς θη]σ(αυρὸν) μη(τροπόλεως) γ(εν)ή(ματος) γ𐅵 Ἀντω(νίν)ου Καίσαρος ²*[τοῦ κυρίου] Μεσορὴ ιζ ὑπ(ὲρ) Ἀγο(ρῶν) ὀνό(ματος) Οὐεσ-* ³*[τίνου Θινψ]εναμούνιο(ς)* ⳨ *ἥμισυ* / ⳨ ∠. *Γάιο(ς) σε(σ)η(μείωμαι).* ⁴*[Ἄλ(λο)* . . . .*] γ̄* ⳨ 𐅵. *Ἄλ(λο) Παῦνι ᾱ* ⳨ 𐅵. ⁵[. . . . .] ∠ *ο* . . . . . .

Οὐεστῖνος same as in P. S. I. 276–7.

67. Charax, 8th September 140 A. D.

Με(μέτρηται) εἰς θησ(αυρὸν) κωμ(ῶν) γ[ενήμ(ατος) . 𐅵 . . . .] ²*Καίσαρος τοῦ κυρίου* [. . . . ⁝ *ὑπ(ὲρ)* . . ( ) *ὀνό(ματος) Τικῶτος]* ³*Φαήριος μη(τρὸς) Σενεπωνύχο(υ) πυροῦ ἕκτον τε[τ]ρ[ακαιεικ(οστὸν)* / ⳨ *ϛκδ.]* ⁴(H. 2) *Ὧρος πράκ(τωρ) ἀργ(υρικῶν) Χά(ρακος) Τικ[ῶτι Φαήριος]* ⁵*μη(τρὸς) Σενεπωνύχ(ου). Ἔσχ(ον) ὑπ(ὲρ) γεομ(ετρίας) γ𐅵 [Χάρακ(ος)]* ⁶*𐅵 δύο* ϝ / *𐅵βϝ.* L*δ Ἀντωνίν[ου]* ⁷*Καίσαρος τοῦ κυρίου Θὼθ ια.* ⁸*Ἡρακ(λείδης) σεση(μείωμαι).*

1 Probably γ[ενήμ(ατος) γ𐅵 Ἀντωνίνου]; but a date a few years earlier would also be possible. 3 μ^η σενεπωνυχ^ο inserted above the line. 4 Cf. W. O. 630, likewise a receipt from a πράκτωρ ἀργυρικῶν written under a granary receipt. Ὧρος was in office from the 2nd to the 5th year of Antoninus; the signature is presumably that of his γραμματεύς, cf. W. O. 600, 1435, 1581.

68. Thebes, 30th July 149 A. D.

Μέ(τρημα) θησ(αυροῦ) μη(τροπόλεως) γε(ν)ή(ματος) ιβ∫ Ἀντω[νίνου] ²Καίσαρος τοῦ κυρίου Μεσ(ορὴ) ϛ ὑπ(ὲρ) Ἀγο(ρῶν) ὀν[ό(ματος)] ³Ἰναρῶτ(ος) ὁμ(οίως) Ὥ[ρο]υ ⳨ ἀρτάβ(ης) . . . τετρα[κ(αιεικοστὸν)] ⁴/ ⳨ κ´δ´ καὶ ὀνό(ματος) . . . . το( ) ἀδελ(φοῦ) ⁵ὑπ(ὲρ) . . ( ) ⳨ δωδέκ(ατον) . . . . . / ⳨ . . . . ⁶. . . . . ὁμοίω(ς) ⳨ . . . ⁷. . . . . . ⁸. . . . . .

Ἰναρῶς perhaps the same as in no. 47 and in Belfast 14.

69. Thebes, 184 A. D.

[Μέ(τρημα) θησ(αυροῦ)] . . . ( ) γ(εν)ή(ματος) κδ∫ Αὐρηλίου ²[Κομμόδου Ἀντων]είνου Καίσαρος τοῦ κυρίου ³[. . . . .] ὑπ(ὲρ) Ἀγο(ρῶν) ὀνό(ματος) Αρ . . . ( ) πρ(εσβυτέρου) ⁴[. . . . . . . ⳨] ἥμισυ τέταρτον / ⳨ ∠d. ⁵[ ] . . ( ) σ(εσ)η(μείωμαι) ⳨ ∠d.

70. Thebes, 16th June 152 A. D.

Μέ(τρημα) θησ(αυροῦ) μη(τροπόλεως) γε(ν)ή(ματος) ιε∟ ²Ἀντωνίνου Καίσαρος ³τοῦ κυρίου Παῦ(νι) κβ ⁴ὑπ(ὲρ) Νό(του) ὀνό(ματος) Ὥρο(υ) β ὁμ(οίως) πρ(εσβυτέρου) ⁵Ον . . ο( ) διὰ γεω(ργοῦ) Πατήσ(υς) . . . ⁶⳨ μίαν ἥμισυ ὄγδοον ⁷[/] ⳨ α∠η᾽. Ἐπικ(ράτης) σε(σ)η(μείωμαι).

This ought to have been placed before 69.—Ὧρος, it would seem, was the second of three brothers bearing the same name, and his father was the elder of two brothers also named Ὧρος.

71. Thebes, *c.* 198–210 A. D.

[Μ]έ(τρημα) θησ(αυροῦ) μη(τροπόλεως) γεν[ήμ(ατος) . . ∫ τῶν κυρίων] ²[Α]ὐτοκρατόρων Σ[εουήρου καὶ Ἀντωνίνου] ³[Εὐσεβῶ]ν Σεβαστῶν Ἐ(πεὶ)φ κ . [⁴] Πετε(μενώφιος) Πανα(μέως) . . [⁵] . . . . . [

72. Thebes, 12th June 215 A. D.

Μέ(τρημα) θησ(αυροῦ) μη(τρο)π(όλεως) γ(εν)ή(ματος) κγ∫ Μάρκου Αὐρηλίου ²Σεουήρου Ἀντωνίνου Καίσαρος τοῦ ³κ[υρί]ου Παῦνι ιη ὑπ(ὲρ) Νότου ὀνό(ματος) ⁴Α . τ . . . . . . Νεχ . . . ⳨ τρεῖς ⁵/ ⳨ γ. . . . . [. .] ⳨ τρεῖς ⁶/ ⳨ γ.

73. Memnonia, first or second century A. D.

. . . . πα . . . . . . [²ἀ]δελφῶν εἰς θη(σαυρὸν) . [³] . ὑπ(ὲρ) Μεμνο(νείων) [⁴] . . κ( ) ὄγδο[ον ⁵] . . . α . [⁶] . . [

74. Memnonia, third century A. D.

[Πλῆνις Πλήνιος] Ψάιτος πράκ(τωρ) σιτικ(ῶν) κω(μητικῶν) Μεμ(νο-

νείων) [2][ἔσχον ὑπὲρ] ὧν προσεθέ(μην) ἀπὸ γενή(ματος) ιδ∫ ὑπ(ὲρ) λη(μμάτων) τοῦ α(ὐτοῦ) ι̣[δ∫] [3][ὀνό(ματος) . . . . . .] . . η̣σ( ) Πρεμτῶ(του) πυροῦ ἀρτάβ(ης) μιᾶς [4][καὶ ὀνό(ματος) . . .] . ωνθ( ) ἀδελ(φοῦ) πυροῦ μία καὶ ὀνό(ματος) Πλήνιο(ς) [5][. . . . . ἀρ]τ̣άβ(ης) τρίτον καὶ ὀνό(ματος) Π̣λ[ήνιο(ς)] [6][. . . . . κ]αὶ ὀνό(ματος) Α . . . . . [

1 Πλῆνις Πλήνιος restored from Bodl. Inv. 1926. κωμητικά = taxes paid by κωμῆται, as distinguished from those paid by μητροπολῖται; cf. Theb. 79. This distinction seems to have been introduced after 200 A. D., when the μητροπόλεις received the right of municipal self-government. 3 Read ἀρτάβην μίαν. The πράκτωρ σιτικῶν here gives a receipt to five persons on the same ostracon; otherwise W. O. i. 110. The date refers most probably to Severus.

75. 189 A. D.

[ἐπιτηρητὴς] κτημ̣άτω(ν) γενη(ματογραφουμένων) . . . . . . [2]] . . Ἔσχ(ον) ἀπὸ γενή(ματος) κθ∫ [3]]ωτ( ) Μεσου̣ή(ριος) . . . ου Τρεμ- [4]]μίαν τέταρτον [5]] / . . [

1 The word at the end of the line is corrected.—Similar receipts from ἐπιτηρηταὶ κτημάτων γενηματογραφουμένων are extant in W. O. 1446, P. Lips. 76, O. Strassb. 449, and several unpublished ostraca. The γενηματογραφούμενα were the estates of persons in debt to the state, who while retaining the ownership of their lands had to hand over the produce, or its equivalent in money, to the state.

76. Hermonthis, 88 A. D.

Τεῶτο(ς) καὶ μ̣ε̣τ̣ο̣χ(οι) χω(ματεπιμεληταὶ) Ἑρ(μώνθεως) [2]Ψενμ̣ώ̣νθ(η̣) Π̣α̣θ(ώτου). Ἤρ̣γ(ασαι) ἐπὶ . . . [3]. . . Φμοῦ ναυβ(ίον) ∠ [4]τοῦ ζ∫ Δ̣ο̣μ̣ι̣τ̣ιανοῦ [5]Καίσαρος τοῦ κυρίου.

1 Read Τεῶς. On the office of χωματεπιμελητής cf. Oertel *Liturgie* 185. 3 For the place-name Φμοῦ cf. Theb. 127.

77. Memnonia, 119 A. D.

Νεμῷνιος Ἑρμ̣α̣ίου χω(ματεπιμελητὴς) Ἑρμώ̣(νθεως) διὰ . . λ( ) χω̣( ) [2]Ἀτρήο(υς) Ἑριενούπ(ιος). Εἴργ(ασο) χω(ματικὰ) Μ̣ε̣μ̣ν̣ο̣(νείων) τ̣ο̣ῦ̣ γ∫ Ἀδριανο̣ῦ̣ [3]τοῦ κυρίου ναύβ(ιον) μίαν τρίτον / αγ̄.

2 Read Ἀτρῆτι; probably same person as in O. Petrie 147. 3 Read ναύβιον ἕν.

78. Second or third century A. D.

[. . . . . γρ]αμματεῖ σιτολόγων [2][. . . . .] χαίρειν. Διάσ̣τ̣ε̣ι̣λ̣ο̣ν̣ [3][εἰς ὄνομα] τῶν ὑπογεγραμμέ̣ν̣ω̣ν̣ [4][. . . . .] πυροῦ ἀρτάβας τρεῖς ἥ̣μ̣ι̣σ̣υ̣ τρί̣τ̣ο̣ν̣ [5][. . . . .] ἐπὶ τῆς λ̄ τοῦ Παῦνι μηνὸς

^{6}[τοῦ . ἔτους] ὧν εἰς μὲν ὄνομα ^{7}]να(μ) ₰ $\overline{\text{ϛγιβ}}$ ^{8}] Φθομ(ώνθου) Ψενα(μούνιος) ₰ α ^{9}] . . π . . ῳο( ) καὶ Σ . . χ . . . ^{10}] . . . ₰ . . ^{11}]ψ . . . .

79. Decania list.

$\overline{\text{κγ}}$. ^{2}Δεκ(ανὸς) Ἑρμίας Παμοντεκ(ύσιος). ^{3}Φθομῖνις Πετε-χώ(νσιος). ^{4}. . . . ο( ) ῥδ. Παμῴνθ(ου). ^{5}Π . . . ς Πετε[^{6}Καμῆτις [^{7}. . . .]ω[

The names occurring in this text make it probable that it is from the west bank; likewise 80, 81, 82, 87, 90, 99, 100, 102, 108.

80. Decania list.

ἡμ(ερο)φύλ(ακες) Φαρμοῦθι β L. ^{2}ι Ψενσενφθο(μώνθης) υἱὸ(ς) Σεν . . . ιο( ). ^{3}Πετεχώνσιος Πεβῶ[τος ^{4}Ψεν . ωνυ . . . . σῃ . [^{5}Καβίριος [[Α . . χθο( )]] ^{6}Πετεχώνσιος Φατ[ρήους ^{7}Φθομώνθου Πα . [^{8} / ϛ.

1 $η^{μ}$ $φυ^{λ}$ ostr.; cf. O. Strassb. 534, P. Baden iv. 105–6.

81. Decania list.

. . . .] . [.] . ως ^{2}[Π]ατώτης ἀδελ(φός). ^{3}Παρελέκιο(ς) Ψενμῴ(νθου) Πανεχά(του) μη(τρὸς) Ταθώ(τιος). ^{4}Πεκύσιος ἀδελ(φός). ^{5}Πατσέβθιο(ς) Παρελέκιο(ς) Ψενμῴ(νθου) μη(τρὸς) Θαήσιο(ς). ^{6}Χεστφνάχθιο(ς) Καβίριο(ς) Πανεχά(του) μη(τρὸς) Σενπεσο(ύριος). ^{7}Ἰναράυς υἱός. ^{8}Χεμπνεῦς υἱὸ(ς) Σενκαβῖρις Καμήτιο(ς) Περιθ . . ( ). ^{9}Ψενταρέμφιο(ς) Ψενπτούθιο(ς) Πετε . . σι( ) μη(τρὸς) Θαήσιο(ς) ^{10}Σενκα . . ( ). ^{11} / ιβ.

Before l. 1 three lines lost. 3 and 5 Παρελέκις = Παρελῆκις; ib. Ψενμῴ(νθου) or Ψενο(σίριος). 7 Ἰναράυς = Ἰναρῶς. Here as often several of the individuals included in the δεκανία were relatives; Πατσέβθις was no doubt the son of Παρελῆκις and Χεστφνάχθις probably his cousin.

82. Decania list.

ε. ^{2}Πετεχεσποχρά(της) Πεμαῦτο(ς) Πετεχώ(νσιος). ^{3}Πεκύσιο(ς) Παμοντπῶ(τος) Ὥρο(υ) μη(τρὸς) Σενφθομ(ώνθου). ^{4}Φθομώ(νθης) Πετεχώ(νσιος) Φθομώ(νθου) μητ(ρὸς) . . . ρ . . ( ). ^{5}ι Πκαμήνιο(ς) — Ὥρου μητ(ρὸς) Λε . . . [^{6}Πατήμιος ἀδελφός. ^{7}Παθιοῦς . . ω( ) Πκαμήνιος — ^{8}Π . . . θ . . π . . . ( ) . . . ( ) . . . μη(τρὸς) Φ . ε . . . . ^{9}Φ . . . Πασή(μιος) νεω(τέρου) μη(τρὸς) [. . .]τ( ) Σ . . . [^{10}Ψενμοντ . . . [^{11}Πρε . . ω( ) υἱὸ(ς) μητ(ρὸς) . . . [^{12}Πμενχῆ(ς) ἀδελ(φός). ^{13}Κ . . σ . . ( ) ἀδελ(φός) ^{14} / ιβ.

8 μ^{η} φ . ε . . . . inserted below the line. 9 σ̣ . . . inserted below the line. To the left traces of earlier writing washed out.

83. Decania list.

ε̄. ^{2}ῑ Π . . . . (   ) νεώ(τεροος) Ὥρο̣υ̣ . μ . (   ) μη(τρὸς) Σεν-π . . (   ). ^{3}Ὀννῶφρι̣ς̣ Ὥρου Ὀννώ(φριος) μη(τρὸς) Σενφ . . (   ). ^{4}Ψε . . ε . . . Κα . αστ(   ) Ψε . . (   ) μη(τρὸς) Θατρῆ(τος). ^{5}Πα̣σῆ(μις) Κα . αστ(   ) Π . . . . μη(τρὸς) Σεναρ . . (   ). ^{6}Ἀβῶς̣ Πα̣μώ(νθου) Πασή(μιος) μη̣τ(ρὸς) Μεσι . . η . ^{7}Ἀβω . . . . . ^{8}Πατ . . . . Παμῴ(νθου) Πασή(μιος) μητ(ρὸς) Σενο̣ν̣νώ(φριος). ^{9}Πα̣σ(ῆμις) Πετ̣ε̣ . . θ(   ) μητ̣(ρὸς) Σενκ̣ . . . . . (   ). ^{10}Ψεν . . . . . σ̣ . . (   ) υἱο̣ς̣ Τανεχατη . [^{11}Πασῆ(μις) Παήρι(ος) Παου . . ς μη(τρὸς) Θ . [^{12}. . . . . [

84. Decania list.

Α . . . . [^{2}Πα . . . . . [^{3}Π̣ . . . θη . ι̣ος. ^{4}Ἡρακλῆς . ε . . . . . . ^{5}Πικῶς ὁμ(οίως) ὃς κ(αὶ) Π . . . (   ). ^{6}Ͳ Πα̣βῶς ὁμ(οίως) Πετε-χώ(νσιος). ^{7}Τεῶς . . . . . θ(   ). ^{8}Ἀβῶς Α . . . . (   ). ^{9}Ἁ̣ρτο-[φν]άχθης Πετεμε(νώφιος) . . ^{10}Παμώνθ(ης) Πικῶτ(ος) ὁμ(οίως). ^{11}/ . .

The sign for δεκανός is usually written Ͳ in ostraca from the east bank and ῑ in those from the west bank.

85. Decania list.

φ . . . . ^{2}Φθ . . . . μόιτο̣(ς). ^{3}Πεκῦ̣σ̣ις . . . . Ἐπικρά(τους). ^{4}Ψεναμο̣(ῦνις) Κ̣εφάλο(υ) Ψε̣̣ναμο(ύνιος). ^{5}Κο̣μ . . . (   ) ὁμ(οίως) μη(τρὸς) Σενφ . . . (   ). ^{6}Πετε . . . π . . τω(   ) Α̣ . . . . . . ^{7}Ͳ Ἁρσιήσιο(ς) υἱός̣. ^{8}. . . . . Ῥούφου μη(τρὸς) Α . . . . ^{9}. ^{10}. . . . . κ̣ ^{11}[. . . . .] . ς̣ ψ̣[

86. Decania list.

κ̅η̅. ^{2}Περμάμιο(ς) Ὀννώ(φριος) Π . [^{3}λε . [^{4}Πανα(μεῦς) Παρ . [^{5}Π . . [

87. Decania list.

. . . .]. ^{2}[. . . . .] ὁμ(οίως) πρ(εσβυτέρου). ^{3}[. . .]αρπ[ο]-κ(ρατ   ) Ἀβῶς. ^{4}[Ἰν]αρώου̣ς̣ νεώ(τερος). ^{5}ῑ Ἀ̣μο̣ντ(   ) Πα̣ηρ(   ) κ̣[^{6}Πλ(ῆνις) Παμοντκα̣μ̣(ήτιος). ^{7}. . (   ) κ . . σ . (   ). ^{8}/ ἄν-δ(ρες) ιβ.

Before l. 1 six lines lost.

88. Fragment of list of names.

] . ϵ . . [[2]] / [3]] *Παθιοῦς μη(τρὸς)* [[4]] *Λελοῦς μη(τρὸς)* . [[5]] *Καβῖρις μη(τρὸς)* Σ[[6]] . ρ̣ι̣ο( ) *μη(τρὸς) Τεβῶς* . [[7]] /

89. List of names.

Πετεχ . . [[2]*Πακοῖβις Π̣ε̣τε*[[3]*Ψεναμο(ῦνις) Παμώνθου καὶ* [[4]*Π̣ετεμενῶ(φις) Πικῶτος.* [5]*Σ̣τράτων ἀδελφός.*

90. Fragment of list of names.

Πλ(ῆνις) Φ̣[[2]*Πεκυ* . . [[3]*Πεκ(ῦσις) Π* . . . ( ) [[4]*'Ιναρῶ*[*ς* [5]*Π*[

4 ῑ ostr.

91. Fragment of list of names.

Κ . . . . . [[2]*Αμ* . . . . [[3]*Ψενμώ(νθης)* . [[4]*Πασῆμ̣ι̣ς κ* . [[5]*Φθομώ(νθης) Φ* . [[6]*Ψενενο(ῦφις)* . [[7]*Πα* . . [

92. Fragment of list of names.

. . . .] . . *εως* [2]*Π̣ε̣τ̣εμενῶφις.* [3]*Π̣ι̣κῶς.* [4]*Πικῶς 'Απολλω*[[5]*Λολοῦς Ψενμ* . [[6]*Ποριεύθης 'Οννῶ̣*[*φριος* [7]*'Αφροδᾶς* . . . *να*[

93. Fragment of list; parts of 9 lines; 3, 5, 6, and 8 *μη(τρός)*, [7]*'Ιέρ̣ακος.*

94. Fragment of list, ends of 6 lines; [2]*Ψεν*]*ο̣βάστιος* [5]*Παν*]*ε̣χώτο(υ).*

95. Ends of 4 lines, perhaps of a list of names; [1]] . *Ὧρου* [4]] *Π̣ετεμ̣ε̣νώ(φιος).*

96. Ends of 6 lines, perhaps of a list of names; [2]] *Παοῦς*, [3]*'Ηρᾶς.*

97. List of names of women.

] . [2]*Σ̣ενφθ* . [[3]*Σ̣ενφθ̣* . [. . . . .]. [4]*Σ̣ενφθομ̣*[. . . . . .] . . [5]*Θαῆσις̣ Σ̣εν* . . *α̣νος.* [6]*Σεναπάθης̣.* [7]*γυνὴ Παμώνθο̣υ̣.* [8]. . *θυγ(άτηρ) Κρ* . . *ς.* [9]*γυνὴ Πικῶ*[*τος* [10]*Σ̣ενπαμώνθ̣ου.* [11]*Σεν* . . . . *μ* [[12]. *δ*( ) [. .]*εν* . [[13]. [[14]. . . . [

Lines 2–7, 9–11, 13 have double diagonal dashes against them.

98. Account.

ἀργ( ) *βουες* . . . . [2]*Θωρτάις Πετεμενώ(φιος) βοῦ(ς) β ἄ(ν)δ(ρα) α.* [3]*Πε̣τεχῶν(σις) 'Ισιδώρου βοῦ(ς) β ἄ(ν)δ(ρα) α.* [4][*Κο*]*ρνήλιος Πολλίου* βοῦ(ς) β ἄ(ν)δ̣(ρα) α. [5]Φ̣θουμώνθ(ης) Ψεναμούνιος βοῦ(ς) . ἄ(ν)δ(ρας) . [6]"Ε̣ρ̣μων (ερ written above) Πετεχ̣ῶ̣νσιος βοῦ(ς) β̣ ἄ(ν)δ(ρα) α. [7][.]εννους Πετεχῶντος βοῦ(ς) β ἄ(ν)δ(ρα) α. [8][. .] . ις Ν̣εκθανούφιος βοῦ(ς) β ἄ(ν)δ(ρα) α. [9][Κεφ]ά̣λω̣ν̣ Ταύρω(νος) . λ( ) βο(ῶν) ζε(ύγη) . . [10][. . . .] . . . τασ . . ἄ(ν)δ(ρα) α ζε(ῦγος) βο(ῶν) α. [11]Ἡρακλ̣ᾶς ἄ(ν)δ(ρα) α̣ ζε(ῦγος) α. [12][. . . . .] . . . . . . ἄ(ν)δ(ρα) α ζε(ῦγος) α. [13][. . . . .] . . . . ἄ(ν)δ(ρα) α ζε(ῦγος) α. [14][. . . . .] Δ[ιο]δ̣ώρου ἄ(ν)δ(ρα) α ζε(ῦγος) α.

Broken off below.

In left margin at right angles

] καὶ ἀργ( ) ν . . . [[2]]μ . . με( )η . [

1 Read βόες. 2 Θωρτάις = Θορτάις. 2 ff. ϛ^δ ostr. 4 Cf. O.G. 698, where it is not clear whether 'Cornelius Pollius' or 'Cornelius son of Pollius' is meant.

99. Account.

Col. i] / ϛ κε = 2 ἐδ(όθησαν) ϛ καϝ λο(ιπαὶ) ϛ γϝ. [3]] . ϝ λο(ιπαὶ) ϛ γ—. [4][. κ̄ δϛ λο(ιπαὶ) ϛ γϝ. [5]] λ̣ο̣(ιπὰ) κ̄ βϛγη̄ ο . ζ [6]] . κ̄ δϛ.

Col. ii (H. 2) Κοπρ . [[2]Τρεμπε( ) ϛ η. [3]Ψανσ(νῶς) ϛ η. [4]Τρεμ . . . ( ) Πρ . . ο( ) ϛ ι ὀβ(ολοὺς) ς. [5]Πανούριος ϛ η. [6]τι [7]Πλήνιο(ς) Ψενο(σίριος) Ἁρσιήσιο(ς) [8]ϛ η. [9]Πλήνιο(ς) τέκ(των) ϛ ε=. [10]Ψενσενιμούθ(ης) ϛ γ—. [11](H. 1) / ϛ ξζ= [12] διὰ Πλ(ήνιος) ϛ ξγ λο(ιπαὶ) ϛ δ=. [13]Παῦ(νι) κη̄ Π̣εσούριο(ς) ϛ ιγϝ. [14]Τρεμπ . ( ) ϛ β ὀβ(ολοὺς) ς. [15]"Ωρος Ψενσενφθο̣(μώνθου) ϛ ζ ὀβ(ολοὺς) ς̣. [16]. . [. . . . .] . ϛ η.

Broken off below.

Between lines 2 and 3 of col. i space of two lines vacant; between ll. 3 and 4 space of three lines vacant, likewise between ll. 5 and 6. κ̄ in ll. 4–6 perhaps = κ(εράμια). The drachma here contains 7 obols.

100. Account.

Col. i] . . λετ( ) [2]] [3]] . [4]] . λθ ϝ [5]] ἄνδ(ρες) ιγ ϛ θϝ [6]] κε̄ ὁ(μοίως) ϛ βϝ [7]]π̣αφ( ) κε̣̄ ὁ(μοίως) ϛ βϝ [8]] Π̣εχύτου θεοσκ . ( ) ϛ δϝ [9]] . ους ϛ δϝ [10]] . μϝ.

Col. ii κ̣ουαψαλω[[2]Φθο̣(μώνθης) ἀδελ(φὸς) ϛ [[3]Ψεμοντπα[[4]Πατσεθ( ) Ψαν̣[

ii 2 φθō or φμ̄. 4 Possibly Πατσέ⟨β⟩θ(ιος).

101. Fragment of account.

]ζ [2]]μ̣ονυω( ) Ἁτρήο̣(υς) ϛ η [3]] . ς Πατσέβ̣θιο(ς) ϛ δ. [4]] . . Πασήμιο(ς) νεω(τέρου) ϛ δ. [5]] . . Πατῆς ϛ δ. [6]] . . . ϛ δ. [7]] . . . ϛ η.

102. Account of tax payments.

Λόγο(ς) χωμ(ατικοῦ) . . . . ς ^{2}Πα . ι̣α̣ . . π . . . . . . ( ) ʃ δ. ^{3}Πε̣τεχῶν νεώ(τερος) Ψε . . ( ) ʃ β. ^{4}Π̣α̣ . . χ . ( ) ἀδε̣λφὸ̣ς ʃ β. ^{5}. . . . δ̣( ) . . . . . ʃ β. ^{6}Π . . . . . . ( ) ἀδε̣λφὸ̣ς̣ ʃ β. ^{7}῟Ωρο(ς) κ . . . . . ʃ β. ^{8}῟Ωρ̣ο(ς) π . . . . ( ) ^{ϋ}Ωρο(υ) μητ(ρὸς) . . . . ʃ β̣. ^{9}Π . . θ . . . . ωφ . . . . . κ( ) ʃ β. ^{10}Μονκ̣ο̣ρ̣ήο(υς) ἀδε̣λφ̣ὸς ʃ β. ^{11}Τ̣κ̣ . . . σο( ) Κολλούθ(ου) ʃ β. ^{12}Φθομώ̣ν̣θ(ης) Ψεν . . . ( ) ʃ β. ^{13}Σε̣ . α . . . ο( ) Π̣ε̣ . . μι . ʃ β̣. ^{14}Ἀρχία̣ς υἱὸ(ς) ʃ β. ^{15}Ψενσε̣ν̣-μ̣ώνθο(υ) ʃ β. ^{16}. .] . χιο( ) κ . λ̣ . . ( ) ʃ β. ^{17}. .] . . . . . μ̣ . . . ʃ β. ^{18}.] . . . . [

Broken off below.

103. Account, third century.

Λόγ(ος) θ′ διὰ Πτεᾶτος Ιν( ). ^{2}Θὼθ ια̅ τοῖς βαρβάρο̣ι̣ς ^{3}τοῖς ποισι διὰ Πτεῶ̣ς ʃ δ.

2 *βαρβάροις* probably refers to the Blemmyes. 4 Read *παισὶ*? or *ποιοῦσι*?

104. Account.

. βικ̣( ) αλλ . . . [^{2}β μηχανη̣. ^{3}δ̅ Αμμ̣ . . . . θ̣ . . ^{4}ἀρτοκο-π . . . . . ʃ β. ^{5}τηκα . . υ . . . . ʃ β.

105. Fragment of account of wine.

Broken off above.

Π . . . [^{2}Πασήμιος . . . [ ] . ^{3}Π̲ετεουήους ∠. ^{4}Χοία̣κ α̅ π̣εδων κε(ράμιον) α̅ ^{5}Πασήμιος οισ . . . κε(ράμια) [

106. Fragment of account of wine.

]νοπ( ) π(αρὰ) τρ( ) εσ . . [^{2}Με]χεὶρ ϛ̅ ῥόδ(ια) ν κ[ολ(οφώνια) ^{3}ι]α̣̅ ῥόδ(ια) ι κολ(οφώνια) ι̣ ιδ̅ κο[λ(οφώνια) ^{4}] κολ(οφώνια) γ ῥόδ(ια) γ / [^{5}]θ̣̅ ῥόδ(ια) ια ^{6}. πρ[

107. Account of corn, third century.

Broken off above.

. . . .] . . . [^{2}. . . . .] . δ̣ 𐅵 δ[^{3}. . . . ^{ϋ}Α]νθος Ἐπ[εὶ]φ ⁚ . . [^{4}. . .] . . β̅ 𐅵 ιη α̣λ̣( ) 𐅵 δ / δ . . [^{5}γενήματο(ς) γʃ ἀπ̣ὸ̣ τῆς δικ . . κερα̅[^{6}῾Ηρακλεόδωρος Ἐπεὶφ β 𐅵 κ . [^{7}Ἀπολλώνιος Ἐπεὶφ β̅ 𐅵 κ . [^{8}Γερόντις Ἐπεὶφ β 𐅵 κη. ^{9}῎Ανθος Ἐπεὶφ β 𐅵 κη.

5 *της* inserted above the line. 8 Read *Γερόντιος*. To the right below traces of beginnings of lines of a second column.

108. Account of corn, third century.

Πλ(ήνεις) δύο Σενφθουμώ(νθου) Πετ(ε)χώ(νσιος) 𐅵 ϛκδ. [2]ᾱ . . . ( ) . . . Α(ὐρήλιος) Ἑρμίας Ψενχώ(νσιος) 𐅵 d.

109. Fragment of account of corn.

] Θὼθ κδ [2] ⁝ υἱὸ(ς) Τανεχώ(τιος) κρ(ιθῆς) α. [3] . Ἀμενώθ(ου) κρ(ιθῆς) α λυχ( ) α.

3 Read λαχ(άνου)?

110. Fragment, parts of 6 lines, mentioning names Παμώνθ(ης) and]ησ( ) Ἀμμω(νίου).

111. Nine lines, which I cannot read, perhaps forgery.

112. Illegible; perhaps Ptolemaic.

Nos. 113–123. OSTRACA OF THE BYZANTINE AND ARABIC PERIODS.

113. Tax-receipt, late Byzantine.

+ Δέδωκ(εν) Ἰωνᾶς [2]Μωσῆς ὑ(πὲρ) διαγραφ(ῆς) [3]ενναδη ἀρ(ι)θ(μίου) ∟ Ἐπὶφ κγ. [4]Χάληβ στοιχ(εῖ). [5]Χερια . . . υ . .

3 Read ἐνάτης, sc. ἰνδικτίονος.

114. Tax-receipt, 6 lines, beginning +Ἔσχ(ον) παρὰ σοῦ Μ . ρ . . . [2]Ἀντωνίου ὑ(πὲρ) . . . . . .

115. Tax-receipt, 5 lines, illegible.

116. Tax-receipt, eighth century.

+ Δῖος Σαμουῆλ ὑ(πὲρ) [2]πρώτ(ης) καταβολῆ(ς) δ ἰνδ(ικτίονος) [3]νο(μισμάτιον) α. Μεχ(εὶρ) ϛ ἰνδ(ικτίονος) δ. Ἰακῶβ [4]πάπη στοιχεῖ. Ψάτε Πισραῆλ [5][ἔ]γραψα ὑπὲρ ἐτοῦ.

5 Read αὐτοῦ. For Ψάτε cf. O. Petrie 465–7 and *Theban Ostraca*, p. 189.

117. Ribbed pottery; uncial; hymn to the Virgin Mary.

Χαιρ . θεοδοκ . . [[2]α . . ιανε παρθενη σ[[3]. τονθεν . λόγον κε . . . [[4]. ασασ . ασπαρος αγιε [5]οσοθ . . χαῖρε αμιαν- [6]της χαι νυμφε νυμφ . [τος χαῖρε τεξαμενη τὸ[ν] [8][λ]όγον τοῦ ἀγγέλου αγι . [[9]] . . . αιχαριτουμε[[10]] παρθενη . . [[11]] . . . θεν . . . [[12]] . θανα[

1 Read χαῖρε θεοτόκε, 2 ἀμίαντε παρθένε, 4 ἄσπιλος ἁγία (?), 5–6 ἀμίαντε, 6 χαῖρε νύμφη, 7 δεξαμένη, 9 κεχαριτωμένη, 10 παρθένε.

118. Ribbed pottery; uncial; hymn to the Virgin Mary.

] . . . . ε̣ . [²]ε̣ν παρα γε̣ [³]εν χαῖρε συμ̣ . [⁴]λ̣ε . [. . . . .] . α̣ιε χαῖρε ασπρρ . [⁵]ε χαῖρε νύμφη ανο . . . φ . . . [⁶ἄγ]γ̣ελοι ἐπὶ γῆς χορεύουσιν κε̣[(τὰ ουρα [) ⁷]ιτης τοξα ἐν εκιστης Θ̣[εῷ̣ ⁸γ]ῆς εἰρήνης ἐν ανθρ . γ̣ι̣ν [⁹] τον προφητον επροθ̣ε . [¹⁰] . . ν πιρι τῆς τοῦ Κ̣υρίο̣[υ ¹¹] . α̣̣ιοσειτην [¹²] . . ισῃ . [¹³] .]

4 Read ἄσπιλος (?), 6 χορεύουσι, 7 δόξα ἐν ὑψίστοις, 8 εἰρήνη ἐν ἀνθρώποις, 9 τὸν προφήτην or τῶν προφητῶν, 10 περὶ.

Lines 7–8 contain a quotation from Luke ii. 14.

119. Ribbed pottery; uncial; probably religious.

. . .] . . . . . [²σαρτιω εν̣[³τῆς θεολογία̣[ς ⁴ἐπὶ τοῦ τα το . [⁵μα τῆς πατριτ . [⁶τος εἰς τ̣ινουιο[⁷. . . . . ης . [

Broken off above and below. 5 Read πατρίδος?

120. Ribbed pottery; uncial; probably religious.

. ε̣τεν̣ ἁγίας κα[²τὸν ε . . ν̣οντο . [³π . αν̣ε . θ . τηρ̣ασ[⁴. ν ἀγα̣θέ . να . τ[⁵[σ]πέρμα Ἀβ[ραάμ ⁶] . [

121. Ribbed pottery; probably religious.

] . ν̣ . . . . . [²] . δ . τ̣ . . . . [. . . . .] . . . . [³] . ουβ κα̣ὶ τῶν ε̣ὐπροσδεκ[τῶν ⁴] . κ . ἱ̣ερᾶς καὶ ν̣ικηφόρου̣ [⁵] . . . γ̣ρα . . . η . πλ . . [⁶] . [. . . . .] . . . δ . . [⁷]τον[⁸] . [. .] . [

122. Ribbed pottery; probably religious.

] . . ν̣ο . . . . . . ²] τῶν ὁσίων ἔχων̣ ³] . ων ἐὰν ἀρχώμεθα ⁴] . μ̣ενων ἐν τοῖς ϊερημικ . [.] . [⁵] . ω . εκχε . η . . ω . ωτω . . . [⁶]α̣μμενοι ἐλεειν . . ρο . [⁷] . ε ἡ̣μῶν δεσπότου χ̣ . . [⁸] . . . σ̣φ . ε . . . . . . θ . . ω . [⁹] . [.] . . η . . . . [¹⁰] . . . . [

123. Fragment; ribbed pottery.

] λεγ . [²] ευφονιω̣ [³] . . εν τοπω̣ [

124. Coptic.

125. Four lines, cursive, seventh or eighth century; uncertain whether Greek or Coptic.

126. Parts of 8 lines, cursive, sixth or seventh century.

127 and **128**. Coptic.

129. Limestone; Byzantine; Romans viii. 31.
☩ Εἰ ὁ Θεὸς [2]επερ εμον [3]τίς καθ' ἡμῶν.

2 Read ὑπὲρ ἡμῶν.

130. Demotic.

131 + **132** + **133**. Aramaic.

134 and **135**. Coptic.

Nos. 136–141. Given by Rev. Greville Chester in 1890.

136. Demotic.

137. Thebes, 25th November 157 B. C.
Ἔτους κε Φαῶφι κ̅ϛ̅ με(μέτρηκεν) εἰς τὸν ἐν [2]Διὸς πόλει τῆι μεγάλῃι θησαυρὸν [3]ὑπὲρ τοῦ Κοπτίτου κδL Λιβύ(ης) υμ . . φ . . . [4]Ἕλληṇ Δωσιθέου διὰ τοῦ πạτρὸς πυρọῦ [5][τ]εσσαράκοντα ἓξ τρίτον / 𐅵 μϛγ'. [6]Ἀμβρύωṿ. [7](H. 2) [Πτολ]εμạῖος με(μέτρημαι) 𐅵 τεσσαράκοντα ἓξ γ' / μϛγ'.

Πτολεμαῖος same as in no. 10, Ἀμβρύων same as in Bodl. 162. For Ἕλλην cf. Bodl. 160; he there pays ὑπὲρ τοῦ τόπου, but here ὑπὲρ τοῦ Κοπτίτου; it appears, therefore, that he lived at Thebes, but held land both in the nome of Thebes and in that of Coptos. His father was presumably the Δωσίθεος Παχράτου mentioned in W. O. 723, who likewise pays ὑπὲρ τοῦ Κοπτίτου.

138. Coptic.

139. Thebes, 19th November 36 A. D.
Διαγέγρα(φε) Σẹνφθουμώνθ(ης) Ψενχώ(νσιος) ὑπ(ὲρ) φοι(νικώνων) [2]κβL d ξ'δ' ϳ ϵ—c καὶ προσδ(ιαγραφόμενα) ἑξ—c. Lκγ [3]Τιβερίου Καίσαρος Σεβαστοῦ Νέου Σεβαστοῦ κ̅γ̅. Πετεμε(νῶφις) Πικ(ῶτος).

2 As the normal rate of the γεωμετρία φοινικώνων at Thebes was 20 dr. to the arura, on $\frac{17}{64}$ of an arura it should have amounted to 5 dr. 1 ob. 7 ch., but here as often fractions less than $\frac{1}{2}$ obol are neglected. 3 Πετεμενῶφις was τραπεζίτης at Thebes from 33 to 42 A. D.

140. 14th December 84 A. D.
Φατρῆς κὲ με- [2]τọ́χω̣(ν) τελωνῶν ν̄ Τω̣ῦ̣τ Καμῆτις χ(αίρειν).

Τετε- [4]*λώνητε ἐν Τωῦτ* [5]*ὀστᾶ καὶ φ . νκ̄ ὄνος ᾱ.* [6]∟*δ Δομιτιανοῦ τοῦ κυρίου* [7]*Χύαχ ιη̄.*

1 f. Read καὶ μέτοχοι τελῶναι, 3 Καμῆτι, 3 f. Τετελώνηται, 5 φοινίκ(ων). ὀστᾶ is curious, but nothing else seems possible. ν̄ = πεντηκοστῆς, the tax of 2 % on the value of goods transported from one nome to another. Τωύτ is mentioned also in Bodl. Inv. 869, 1629, 1701, but its situation is not ascertained.

141. (= S. B. 7124). Wooden mummy label from Achmim.

PART V

OSTRACA IN VARIOUS MINOR COLLECTIONS.

A. *Ostraca in the Manchester Museum* (given by J. G. Milne).

1 [= 5481]. Thebes, 49 A. D.

Δια(γέγραφε) Παμοντῶς Παμοντεχ( ) . . . . . ὑ[π(ὲρ) . . . . θL] ²ϛ δ. L ἐνάτου Τιβερίου Κλαυδίου Καί[σαρος Σεβαστοῦ] ³Γερμανικοῦ Αὐτοκράτορος Παχὼν [

Marked 'Luxor, 31.12.05'. 1 Possibly ὑ[π(ὲρ) λαογ(ραφίας) Μεμνο(νείων) or Νότου κ(αὶ Λιβὸς).

2 [= 5482]. 29 April 32 A. D.

Ψεμενῶ(φις) Πικ(ῶτος) καὶ μέ(τοχοι) ²Ταρέμφιος χα(ίρειν). Ὁμο-λ(ογοῦμεν) ³ἀπέχ(ειν) ὑπ(ὲρ) Φαρμοῦθ(ι). ⁴Lιη Τιβερίου Καίσαρος ⁵Σεβαστοῦ Παχ(ὼν) δ̄.

Marked 'Luxor, 31.12.05'. 1 Cf. Camb. 52.

3 [= 5479]. Thebes, 28th May 131 A. D.

Κρόνιο(ς) καὶ μ(έτοχοι) τελ(ῶναι) θησ(αυροῦ) ἱερῶ(ν) ²διὰ Ἀσκλᾶτος υἱο(ῦ) Ἑριεῦς ³Φαήριο(ς). Ἔσχ(ομεν) τὸ βαλ(ανευτικὸν) τοῦ ⁴ιεL Ἁδριανοῦ τοῦ ⁵κυρίου Παῦνι γ̄.

2 Cf. note on Petrie 101.

4 [= 5484]. 2nd July 140 A. D.

Ὧρος καὶ μέτοχ(οι) τελ(ῶναι) γερδ(ιακοῦ) ²Ν . . . . . υς καὶ Ψενεσουήριος ³υἱὸς χα(ίρειν). Ἔσχομ(εν) τέλο(ς) Παχὼ(ν) ⁴Παῦνι. Lγ Ἀντωνείνου ⁵Καίσαρος τοῦ κυρίου Ἐπεὶφ η̄.

2–3 Read Ψενεσουήρει υἱῷ.

5 [= 5480]. Thebes, second or third century.

Μεσο(ρὴ) λ̄ τοῦ ιθϛ ὀνό(ματος) ²Τατήους Κύσιος καὶ Ν . . μ . . . Ὀσορουή(ριος) ³ϛ ὀκτὼ / ϛη. Ψανσ(νῶς) Κρο(νίου) σ(εσ)η(μείωμαι).

2 Possibly Νεχθμώνθ(ου). Τατῆς feminine of Πατῆς. The date refers most probably to the reign of Caracalla and Geta (23rd August 211 A.D.).

6 [= 5477]. Thebes, 1st July 127 A. D.

¹Demotic. *²Μέ(τρημα) θη(σαυροῦ) μη(τροπόλεως) γ(εν)ή(ματος)*

ια∫ Ἀδριανοῦ [3]Καίσαρος τοῦ κυρίου Ἐπεὶφ ζ̄ ὀνό(ματος) [4]Ψάεις Ὥρου Ἰμούθου . . . [5]ϡ τρεῖς ἕκτον / ϡ γϛ΄. Πικ(ῶς) σ(εσημείωμαι).

The Demotic not yet deciphered.

7 [=5485]. Thebes, 21st July 214 A. D.

Μέ(τρημα) θησ(αυροῦ) μη(τρο)π(όλεως) γενή(ματος) κβ∫ Μάρκου [2]Αὐρηλίου Σεουήρο(υ) Ἀντωνίνο(υ) [3]Καίσαρος τοῦ κυρίου Ἐπ(εὶ)φ κζ̄ ὑπ(ὲρ) Νό(του) [4]ὀνόμ(ατος) Πετεμ . . . . . . ναθο( ) ϡ δύο [5]/ ϡ β. Πανίσ(κος) βοηθ(ὸς) σιτολ(όγων) σεση(μείωμαι).

4 Possibly Πετεμενώ(φιος) Μανευάθο(υ).

B. *Ostraca in the Public Library at Bootle.*

1 [=290]. Thebes, 23rd May 57 A. D.

Διέγρ(αψε) Πικῶς Πετεχώ(νσιος) ὑπ(ὲρ) λαο(γραφίας) [2]γL ς δέκα βαλ(ανευτικοῦ) ςα—c / ςια—c [3]καὶ τούτω(ν) προ(σδιαγραφόμενα) ἐξ —c. Lγ Νέρωνος [4]Κλαυδίου Καίσαρος Σεβαστοῦ Γερμανικοῦ [5]Αὐτοκράτορος μη(νὸς) Γερμ(ανικείου) κη. Βάσσο(ς) σ(εσ)η(μείωμαι).

2 [=292]. Thebes, 17th January 101 A. D.

Κυνη(γίδων) Χά(ρακος) δL Τραιανοῦ τοῦ κυρίου [2]Τῦβι κβ̄ Ἑριοφμόις Σενοσί(ριος) [3]ῥυπ(αρὰς) ς δέκα . . . . [4]Καμῆ(τις) σ(εσ)η-(μείωμαι).

3 [=289]. From Karnak. Roman period.

[. . . . . .]εινῳ χα(ίρειν). Καλῶς ποιή- [2][σεις ἀδ]ελφὲ τὸ ἐπιβληθέν μοι [3][. . . . . . .]υ διάστιλον εἰς ὄνο- [4][μα . . . . .]πιωνει ὅπου ἐὰν βού- [5][ληται . . . .] . ισθ . ...

3–4 perhaps εἰς ὄνο[μα μου Σαρα]πιώνει. |

4 [=291]. Roman period.

Βῆχις π . . . ( ) Πανομιεῦτο(ς) [2]ὀνό(ματος) Πα . . . . . ν(εωτέρου) Αρε . . ( ) ϭ . [3]καὶ ὀνό(ματος) Πικῶς Φν . . υγο( ) ηλβξδ̄. [4]Φατρῆς Ἀρβήχιο(ς) ∠ηιϛλβ̄ [5]καὶ ὀνό(ματος) Πεκύσιο(ς) Πανᾶτ(ος) [6]Ποριεύθο(υ) . . . . .

C. *Ostraca in the Library of the Cathedral at Durham.*

1. Elephantine, 157 A. D.

Στλάκκιος μισθ(ωτὴς) ἱερᾶς πύλ(ης) Σοή(νης) [διὰ Σερήνου] [2]βοηθ(οῦ). Διέγραψεν Μηνόφειλος με[ί]ζ[(ων) Ὀρβάειτος] [3]μητ(ρὸς)

Τισᾶτις ὑπ(ὲρ) λαο(γραφίας) κϛ δραχ(μὰς) ὀ[κτὼ / ϛη. ∟κ] [4]Ἀντωνείνου Καίσαρος τοῦ κυρ[ίου . . . .] [5]ρ̣λ̣ε̣. Ὁμοίως κγ λαο(γραφίας) δραχ(μὰς) ἐννέα [ὀβολ(ὸν) / ϛιζ— . . . .].

Cf. W. O. 231, 236–7. The reading of the letters at the beginning of l. 5 is uncertain, but they are apparently not the number of the day. 8 dr. + 9 dr. 1 ob. = 17 dr. 1 ob.; cf. W.O. i. 178.

2. Elephantine, 15th September 157 A. D.

Στλάκκιος μισθ(ωτὴς) ἱερᾶ̣ς̣ [2]πύλ(ης) Σοή(νης) διὰ Σερήνου βοη(θοῦ). [3]Διέγρ(αψεν) Μηνόφειλος μείζ(ων) [4]Ὀρβάειτος μητ(ρὸς) Τισᾶτις [5]ὑπ(ὲρ) χ̣ι̣ρ̣ω(ναξίου) κϛ ϛδ= καὶ ὑπ(ὲρ) [6]ε . . λαο(γραφίας) ιϛϛ ϛγ𐅵. ∟κα [7]Ἀντ̣ωνίνου Καίσαρος [8]τοῦ κυρίου Θὼθ ιη.

D. *Ostraca at Queen's University, Belfast* (given by Milne).

1. Hermonthis, 106–105 B. C.

∟ιβ τ̣ο̣ῦ κ̣α̣ὶ̣ θ̣∟ . . . . κθ τέ(τακται) [2]ἐπὶ τὴν ἐν Ἑρμ(ώνθει) τρά(πεζαν) . . . θ∟ [3]Πλάτων̣ . . θωευ . ἑ̣π̣τ̣α̣- [4]κοσί̣α̣ς̣ ο̣ / ψ . . . . . .

2. Thebes, 10th June 156 B. C.

Ἔ̣τ̣ους κε̣ Π̣α̣χ̣ὼν ιγ με(μέτρηκεν) εἰς τ̣ὸν [2]ἐ̣ν Δ̣ι̣ὸ̣ς̣ π̣ό̣λ̣ε̣ι̣ τ̣ῆ̣ι̣ μ̣ε̣-(γάλῃι) θ̣η(σαυρὸν) κδ∟ . . . . ν . . [3]. . . υ . π . . . . ⳨ δ̣έ̣κ̣α̣ π̣έ̣ντε [4]ἕκτον / ⳨ ιεϛ̣′ . Ἀ̣μ̣β̣ρ̣ύ̣ων̣. [5]Π̣τ̣ο̣λ̣ε̣μ̣α̣ῖ̣ο̣ς̣ μ̣ε̣(μέτρημαι) ⳨ δ̣έκα π̣έ̣ντε [6]ϛ′ / ⳨ ιεϛ′. [7]Ἀπολ̣λ̣ώ̣ν̣ι̣ο̣ς̣ μ̣ε̣(μέτρημαι) ⳨ δέκα πέντε ϛ′ [8]/ ⳨ ιεϛ′. [9]Μενεῦς ε . . . . αν . . . . ρ .

3. 43 B. C.

Ἔ̣τ̣ο̣υ̣ς̣ θ Με̣σ̣ο̣ρ̣ὴ ⁒ μ̣ε̣(μέτρηκεν) ε̣ἰ̣ς̣ [2]τὸ αὐτ̣ο ∟ . . . . . ( ) [3]Σε̣λ̣οῦλις Α̣ὐ̣ε̣λ̣έ̣ους̣ ⳨ [4]|δύο / [⳨ β.]

Cf. Theb. 20 and 11.

4. Account, Ptolemaic.

Ὀφειλ( ) 𐅃 α φξ υι( ) μ̣[[2]ὑπὲρ Πετεμ(ενώφιος) 𐅃 β̣ υ̣[[3]ἄλλα 𐅃 . [[4] / 𐅃 . [

5. Ptolemaic. Recto account, 15 lines, partly illegible; verso ends of 8 lines of account in copper drachmae.

6. Ptolemaic; 5 lines, perhaps of receipt, illegible.

7. Traces of about 5 lines, illegible, probably Ptolemaic.

8. First century A. D.

Ἐμέτρησεν Φθομῶνθ(ης) Πεκ[ύσιος ²Παπούσθιος Πετοσορ . . . χε . . . . [³. . . . . ʃ . . . . ( ) πυροῦ . [⁴τετρακαιεικοστὸν / ⁊ . . . ⁵∟ . . ι . . . . απ( ) . ε . . . . [

Perhaps from the west bank; date probably latter half of first century.

9. 14th and 15th June 98 A. D.

Μέτρημα θη(σαυροῦ) [. . . . . γενή(ματος)] ²α∟ Τραιανοῦ το[ῦ κυρίου] ³Παῦνι κ̄ ὀνό(ματος) Ψ[. . . . . .] ⁴Ἐριοφμόιτος [⁊ μίαν] ⁵ἥμυσι / ⁊ α∠. ⁶Ἄλ(λο) Παῦνι κα̅ πυρ[οῦ μίαν] ⁷τρίτον δωδέκατ[ον.] ⁸(H. 2) / ἐπ(ὶ τὸ αὐτὸ) ⁊ βʃγιβ. Πεβ[ῶς.] ⁹Ἄλ(λο) κα̅ ⁊ δωδέκ(ατον) / ⁊ ι′[β′.] ¹⁰Ἄλ(λο) Παχὼ(ν) κη̅ α∟ με[. . . .] ¹¹⁊ ἥμισυ τέταρτον / [⁊ ∠d.

1 Μέτρημα written out, cf. W. O. 1471. 5 Read ἥμισυ.

10. c. 98–117 A. D.

[Μ]έτρημα θησ(αυροῦ) διο⟨ι⟩κ(ήσεως) Κά[τω (το)π(αρχίας) . ʃ] ²[Τρ]αιανοῦ τοῦ κυρίου Ἐπ[εὶ]φ κθ̅ ³[. . . .] . νιον Ταύρωνος δι[ὰ] ⁴[. . . . .]υ Γυμνικὸς ⁊ δύο ἥ[μ]υσι ⁵/ ⁊ β∠. Παμώνθ(ης) σε(σημείωμαι).

4 Read Γυμνικοῦ.

11. Thebes, 3rd May 176 A. D.

Μέ(τρημα) θησ(αυροῦ) μη(τροπόλεως) γ(εν)ή(ματος) ιϛʃ ²Αὐρηλίου Ἀντωνίνου ³Καίσαρος τοῦ κυρίου Παχὼ(ν) η̅ ⁴ὑπ(ὲρ) Νό(του) ὀνό(ματος) . . χ . χ . . . . χο( ) ⁵. . . . . Πετε( ) ⁶⁊ μίαν ἥμισυ τρίτο(ν) ι′[β′] ⁷/ ⁊ αʃγιβ̅. Ἀμώ(νιος) σ(εσ)η(μείωμαι).

12. Thebes, 29th May 178 A. D.

Μέ(τρημα) θησ(αυροῦ) κω(μῶν) γε(ν)ή(ματος) ιηʃ Αὐρηλίων ²Ἀντωνίνου καὶ Κομμόδου ³Καισάρων τῶν κυρίων ⁴Παῦνι δ̄ ὑπ(ὲρ) Ἀγο(ρῶν) ὀνό(ματος) Τεῶς ⁵[Ὥρο]υ ⁊ τρεῖς ἥμισυ ⁶[ ] . . ⁊ γʃ.

5 Ὥρου restored from Bodl. Inv. 71 and 440.

13. Thebes, 25th July 187 A. D.

Μέ(τρημα) θησ(αυροῦ) μη(τροπόλεως) γ(εν)ή(ματος) κζʃ Κομμόδου ²Ἀντωνίνου Καίσαρος τοῦ κυρίου Μεσο(ρὴ) α̅ ³ὑπ(ὲρ) Νό(του) ὀνό(ματος) Τηιονχώνσιο(ς) ⁴Σαχομνέως ⁊ ἥμισυ ⁵τρίτο(ν) / ⁊ ʃγ̄. . . σ(εσ)η(μείωμαι).

14. Thebes, 21st June 190 A. D.

Μέ(τρημα) θησ(αυροῦ) μη(τροπόλεως) γενή(ματος) λϛ Κομμόδου [2]Ἀντωνίνου Καίσαρος τοῦ κυρίου [3]Παῦ(νι) κζ ὑπ(ὲρ) Ἀγο(ρῶν) ὀνό(ματος) Ἰναρῶτο(ς) [4]ὁμ(οίως) Ὥρου καὶ τ . . . . [5]/ ∸ ϛ). Παν(ίσκος) σ(εσ)η(μείωμαι).

3 Cf. Camb. 68. 5 It is uncertain whether anything is lost at the beginning of this line.

15. Thebes, 147 A. D.

Μέ(τρημα) θησ(αυροῦ) μη(τροπόλεως) γε[νή(ματος) ιϛ Ἀντωνίνου] [2]Καίσαρος τοῦ κυρίου Παῦ[νι ‾ ὑπ(ὲρ) . . . ( )] [3]ὀνό(ματος) Π . . . . Μεσουή[ριο(ς) χει(μερινοῦ)] [4]∸ ἥμισυ τρίτον / ∸ ϛγ) καὶ ὀνό(ματος) Κ[α]- [5]μήτιο(ς) υἱο(ῦ) χει(μερινοῦ) ∸ τέταρτο(ν) / ∸ δ. Καρο(ῦρις) σ(εσ)η(μείωμαι).

1 ιϛ Ἀντωνίνου restored from W. O. 888–90.

16. Thebes, second century A. D. Receipt for corn. 7 lines, partly illegible, beginning *Μέ(τρημα) θησ(αυροῦ) μη(τροπόλεως).*

17. Roman period. Fragment, parts of 4 lines. [2]] *ἀχύρου . . ργ( ) μία / ᾱ.*

E. *Ostraca in the New York Metropolitan Museum.*

1. Memnonia; Roman period.

Παῦνι γ̄ [2]Στρατοῦς Φαννίου Αὐληρίου [3]∸ ε∠d. Ἐφεὶπ ζ̄ διὰ Ψενμώνθ(ου) [4]Μονκορήους θησαυροῦ Μεμνυν( ) [5]. . . . . . . νθ( ) . . [6]] . . . . [7]] . . . . . .

2 Φαννίου gen. of Φάννιος = Fannius; but possibly miswritten for Φανίου. For Αὐληρίου read Αὐρηλίου. 4 Read Μεμνονείων; cf. O. Petrie 147. The text seems to be an account rather than a receipt.

2. Kerameia, 11th March 175 A. D.

Ψενμοντε . υ( ) . υμνει . . χ . . . α . . ε . . ( ) δ . . κ( ) [2]Φθομ . . ( ) κ . λ . ( ) Σενπετεχώ(νσιος) . . . υθ( ). Ἔσχ(ον) ὑπ(ὲρ) [3]γεω(μετρίας) Κεραμ(είων) ιδϛ ϛβϝc' χβ. Lιε Αὐρηλίου Ἀντωνίνου [4]Καίσαρος τοῦ κυρίου Φαμ(ενὼθ) ιε̄.

1 It is doubtful whether Ψενμοντεκῦ(σις) can be read. The following word might be read as Δυμνείου, but no such name is known. One would expect πράκτωρ ἀργυρικῶν Κεραμείων, but of this I could see no trace.

3. Account, second or third century.

Ἀπ̣ολλῶς ἀπὸ ἀν̣δ(ρῶν) κϛ̄ ἄνδ(ρες) ι ναύβ(ια) κγγ̄ [2]ἐκ ϛε ϛρ̣ι̣ϛ𐅵 / ριϛ𐅵 ὧν δη(μόσια) ϛ[[κγ𐅵]]μγ= [3]λοιπ(αὶ) ο̣γ𐅶. [4](H. 2) λοιπ(αὶ) ϛιη𐅵 πάντα πλήρη ἔχον- [5]τα καὶ λήψη̣ τὰ δη(μόσια) χαλκ( ) ὁ δεκανός.

1 It is not clear whether Ἀπολλῶς was the δεκανός or some other person. 2 The figure ε corrected from ι.

4. List or account. Roman period.

. . . .] . τισ[[2]. . .]ρος Παήριο(ς) [[3]Φ̣θ̣ο̣μώνθ(ης) Ἁμσούφι[ος [4]Παμ̣ώνθ(ης) Πασή(μιος) καὶ . [[5]Παποῦσθις καὶ Πατ̣σέβθ̣[ις [6]Ψεν-σενφθομώνθ(ης) καὶ τη . [[7]Ἄ̣λ(λοι) ἀπὸ Ἀθὺρ θ̄. [8]Πασῆμις Ὥρου Ϛ̣ . [. .] τηι [[9]Παμώνθ(ης) Ν . . . . . καὶ Ἁρπαήσιο(ς) Πμ̣[[10]. θ( ) ανους̣ γ𐅵 ινο̣τ . ς [[11]δαπάνης [. . .] . β̣ιος [[12][.] . . . . . . [κυ]βερ-νήτης . . [[13][. . . . .] . [ ] ϛρ [14]ϛμ̣[[15] . [

Probably from the west bank. Broken off above and below. 4 μ in παμωνθ corrected. 10 It seems doubtful whether ἄνους can be meant.

5. Decania list. Roman period.

πᾱ. [2]ῑ Πεχύτο(υ) Πμ̣ε̣νχήο(υς) Φθο̣μ̣ώ̣(νθου) μη(τρὸς) Ταπεήειος. [3]Πρεμτώτης̣ ἀδε̣λφός. [4]Π̣ασ̣ήμιο(ς) Πε̣ταρ̣ουήρ̣ι̣ο̣(ς) μη(τρὸς) Σενκα̣-λ̣ήο(υς). [5]Πικῶ̣ς ν̣εώ̣(τερος) Πεκ[ύσ]ι̣ο̣(ς) Φθο(μώνθου) μη(τρὸς) Σενα-μούνιο(ς). [6]Παμ̣ώνθ(ης) β̣ʹ Ἑριενούπ(ιος) μη(τρὸς) Σενκα̣λ̣ήο(υς). [7]Ὧρο̣(ς) Πετ̣οσίρ̣ι̣ο̣(ς) Ὥρου μ̣η(τρὸς) Σ̣ε̣νφθο(μώνθου). [8]Κολ̣α̣μ̣α̣ο̣ῦ̣ς ὁ̣μ(οίως) Φθο̣μώ(νθου) μη(τρὸς) Θαμεί̣ν̣ι̣ο̣(ς). [9]Πατορ̣σ̣οῦς Ἀπ̣ά̣θο(υ) Ἁρκοννήσ(ιος) μη(τρὸς) Τρ̣έμφιος. [10]Π̣α̣ήριο(ς) Φ̣θ̣ο̣μ̣ώ̣ν̣θ̣(ου) Χεστι( ) μη(τρὸς) Θα̣ήσιος. [11]Πετε̣χ̣ῶ̣(νσις) Π̣ατώ(του) ὁ̣μ(οίως) μη(τρὸς) Σε̣νφρ . . ( ) [12]Φθομώ(νθης) Π̣ει( ) νεω(τέρου) Κ̣λεο( ) μη(τρὸς) Σε̣ν̣ψε̣ν̣ . . . . [13]Π̣ει( ) Πετ̣ε̣χώ(νσιος) Ψανσ̣ν̣ῶ(τος) μη(τρὸς) Ἐ̣σουή-ριο̣ς. [14]. . . . . . Φθ . . . . φθ . . .

Probably from the west bank. Very cursively written. 9 Read Πατορσῆς. 12 Perhaps Κλεο(πᾶτος), but if so this is the only Greek name in the list.

6. Tax receipt, Byzantine.

+ Ἔσχ(ον) παρὰ σοῦ Μάρκ(ου) [2]Καμοῦλ ὑ(πὲρ) μέρο(υς) δια-γρ(αφῆς) ι ἰνδ(ικτίονος) [3]τρικ/ . . ε πέντε. Π(α)ῦ(νι) η ἰνδ(ικτίο-νος) . [4]. . ρʹ. Φιλ( ) Ἀνανίας σ[τοι]χ(εῖ). [5]. . . . . .

Verso . . . . [2]+ Πατερμούθ(ιος) στεχ(εῖ). +

7. Late Byzantine or Arabic period. Recto 7 lines, verso 6 lines (broken off below); mentioning name Σενούθ(ιος), &c.

F. *Ostraca in private possession of Mr. W. H. Buckler.*

1. Elephantine, 24th November 126 A. D.

Οὐαλλερίων καὶ Διδυμίων μισθ(ωταὶ) [ἱερᾶς πύλ(ης) Σοή(νης)] [2]διὰ Παλαχ(ήμιος). Διέγραψ(εν) . . . εχυρο . . [. . . . .] [3]Ἑρμοδ . . . . μ . . . . ς διὰ . . α . . . . [. . . . .] [4]ε . . . . φοι . . . . . δεκάτου ς Ἀδριαν[οῦ] [5]Καίσαρος τοῦ κυρίου δραχ(μὰς) δύο ⸓χ^β. [6]Ἀθὺρ κη.

Cf. W. O. 133. 2 The λ in παλαχς is here certain.

2. Elephantine, second century A. D.

[. . . . .]ιος Μοδέρατος Πετορζμῆθι Πετορζμήθ(ιος) χα(ίρειν). [2][Ἔχω πα]ρὰ σοῦ ἀπὸ μέρους κολοφωνήου οἴνο(υ) οὗ ἔ- [3][λαβεν] παρ' ἐμοῦ Πεβῶς δραχμὰς πέντε ὀβολ(οὺς) δύο / ϛε ὀβ(ολοὶ) β. [4][. . . . . . .]απιωνος ἔγραψα ὑπὲρ αὐτοῦ γράμ(μ)ατ(α) μὴ εἰδότος. [5][L . . . .]νου Καίσαρος τοῦ κυρίου Ἐπεὶφ κη̅.

2 Read κολοφωνίου. 4 Ἀπίωνος or Σαρ]απίωνος.

G. *Ostracon in private possession of the Very Rev. Prof. G. Milligan, D.D., Glasgow* (given by Prof. Sayce).

Thebes (S.-quarter), 3rd September 146 A. D.

Ταύρων καὶ Ἡρακλείδ(ης) [2]πράκ(τορες) ἀργ(υρικῶν) Νό(του) Πετο-σίριο(ς) ν(εωτέρου) [3]Ψεντκερήβ(ιος). Ἔσχο(μεν) ὑπ(ὲρ) χω(ματικοῦ) [4]θς ῥυπ(αρὰς) δραχ(μὰς) τέσσαρες / ῥυπ(αραὶ) [5]ϛ δ. L ι Ἀντωνίνου τοῦ [6][κυρ]ίου Θὼθ ε̄. Ἀν( ) σ(εσ)η(μείωμαι). [7][(H. 2) . . .] . . . σεση-(μείωμαι).

1 Ταύρων same as in P. Lips. 74. 2 Read Πετοσῖρι νεωτέρῳ.

H. *Ostracon in private possession of Mr. E. N. Adler.*

Anoubias (Fayûm), second or third century A. D.

Θησαυροῦ Ἀνουβιάδος [2]γενή(ματος) βς⸗ οἴκου πόλεως Ἀλεξ(ανδρέων) [3]διὰ Νείλου καταμεμήσεως [4]ὄνοις Τασουχαρίου ⏆ δ. [5][γς]⸗ Μεχεὶρ κγ̅.

1 For Ἀνουβιάς cf. P. Tebt. ii, p. 367, P. Oxy. xvii, p. 212, W. O. 1095, &c. 2 For οἶκος πόλεως Ἀλεξανδρέων cf. P. Fay. 87. 3 κατανέμησις

synonymous with καταvoμή = pasture; καταγεμήσεως might also be read, but so far as I am aware there is no such word. 5 γ (ἔτους) restored here because l. 2 implies that the harvest of the 2nd year was past, so that a date in Μεχείρ of the same year would be too early. The two slanting strokes after the sign for ἔτους are found occasionally in the second century, frequently in the third century. As the text contains no verb its meaning is somewhat obscure, especially as there is apparently no exact parallel.

PRINTED IN GREAT BRITAIN AT THE UNIVERSITY PRESS, OXFORD
BY JOHN JOHNSON, PRINTER TO THE UNIVERSITY